SAGA PARISIENNE

1942-1958
Un balcon sur le Luxembourg

Gilles Schlesser

SAGA PARISIENNE

1942-1958
Un balcon sur le Luxembourg

PARIGRAMME

ISBN : 978-2-84096-694-4

À Catherine M.

Les familles heureuses se ressemblent toutes ;
les familles malheureuses sont malheureuses
chacune à leur façon.

Léon Tolstoï,
Anna Karénine

1

(Mardi 6 janvier 1942)

C'est un monde en noir et blanc, sans nuance. La neige a recouvert uniformément la rue, les trottoirs et le jardin du Luxembourg. Depuis la fenêtre, dans l'obscurité, Pierre Ormen observe ce paysage glacé. Est-ce l'effet du froid ? Un élancement dans la jambe gauche lui rappelle sa blessure récoltée au front en septembre 1939 dans la région sarroise. Une piteuse expédition annonçant d'autres humiliations, militaires et morales : la drôle de guerre, d'abord, puis la France défaite, Paris occupé !

La rue de Vaugirard semble anesthésiée. Encore deux heures et ce sera le couvre-feu. N'étaient les faibles ampoules teintes en bleu des réverbères, la nuit serait totale. Nous vivons enveloppés de ténèbres, pense Pierre. « Chaque homme dans sa nuit s'en va vers sa lumière »... Pourquoi le souvenir de cette lointaine dissertation au Concours général de français s'impose-t-il précisément à cet instant ? Il a trente ans et plus vraiment le tempérament un rien poseur du jeune garçon qui n'hésitait pas à convoquer les grands esprits pour soigner ses effets. Pierre scrute le Luxembourg. La ligne des toits de l'orangerie a maintenant disparu. J'habite, songe-t-il, à la croisée de mes chemins. Au sud, la ligne de Sceaux qui conduit à la maison familiale de Fontenay-aux-Roses. À l'est, les bancs de Louis-le-Grand et de Normale sup' que j'ai usés durant de longues années. Au nord, le milieu littéraire de Saint-Germain-des-Prés, mes débuts de romancier. À l'ouest, le mystérieux, qui reste à conquérir.

Le passage d'un lourd camion de la Wehrmacht déchire soudain le silence ouaté. Pierre soupire, lisse ses cheveux blonds en arrière, ajuste son bonnet et tire soigneusement le rideau de velours. Il rejoint Ariane, qui attend dans l'entrée. Ils ferment la porte, descendent chez leurs voisins du dessous, au quatrième. Ariane tire la sonnette, un gros crochet en cuivre assorti d'une carte : Isidore et Éliane Bronville. Pierre secoue la tête. Comment Isaac peut-il penser qu'une simple carte de visite suffise à les protéger ?

– Bonsoir, Ariane, bonsoir, Pierre, entrez...

Esther Bronstein s'est exprimée à voix basse, comme si son invite comportait des mots interdits. Elle porte un épais poncho bariolé, un turban en laine et des gants de soie. Pierre s'efface devant Ariane et pénètre à son tour dans l'entrée. Entre deux portes, un Marie Laurencin tente d'apporter une touche de couleur dans la semi-pénombre. Un miroir vénitien s'éclaire par intermittence sous la flamme des bougies. Au sol, un ispahan ivoire à bordure bleue.

Les Bronstein occupent les deux appartements de l'étage, près de deux cent cinquante mètres carrés, mais, depuis deux mois, vivent à l'économie dans trois pièces calfeutrées, afin de lutter contre le froid.

– Pierre !

Isaac Bronstein est un géant. Environ deux mètres, encore plus imposant que Drieu, songe Pierre. Des cheveux noir corbeau, une barbe plus sel que poivre, des mains monstrueuses. Esther, à son côté, ressemble à une enfant. Ariane éprouve une certaine appréhension lorsqu'il la prend dans ses bras : cet homme pourrait broyer un ours blanc. La lourde pèlerine noire qui lui descend jusqu'aux chevilles accentue son allure de moine démoniaque. Contrairement à sa femme, il tonitrue plus qu'il ne parle.

– Venez vous réchauffer !!!

Les rideaux sont tirés, la salamandre rougeoie. Ariane tend les mains. Il fait nettement plus doux que chez elle. Isaac, elle le sait, parvient à se procurer du charbon à prix d'or par le fils de la concierge. Du beurre et du fromage par le coiffeur, de la viande par le bougnat et du tabac par la crémière, c'est ainsi que ça marche pour ceux qui ont les moyens. Et Isaac a les moyens. Ils s'installent tous les quatre sur des chaises Louis XV, autour du feu. Ariane pouffe. On se croirait au théâtre, face au public, dans ces habits hétéroclites et insensés qu'elle a confectionnés, quatre acteurs surgissant de pays et d'époques indéterminés. Créatrice de costumes et remarquable couturière, elle habille tout l'immeuble grâce au vestiaire de l'Atelier.

Ariane semble surgir d'un tableau Renaissance. Le port est altier, la peau très blanche, les tresses blondes forment un diadème sur le haut de son front. Née Rochefort, l'une des plus anciennes lignées de Bretagne, elle se distingue par un anticonformisme piquant, un engagement farouche pour les droits de la femme et une légère myopie qui trouble son regard. Élégante et racée, férue de peinture, elle voue à son mari une admiration raisonnable. Pierre et elle se sont rencontrés huit ans auparavant au théâtre de Dullin, lors de la générale du *Médecin de son honneur* de Pedro Calderón de la Barca, dont elle avait conçu les costumes. La culture stupéfiante du jeune homme timide l'avait éblouie. Son amour de Giono et de Guilloux. Sa certitude tranquille de devenir un jour un écrivain majeur. Et, ce qui ne gâtait rien, des espérances familiales tout à fait conséquentes. Il avait vingt-deux ans, elle vingt-trois. Le coup de foudre. Ils s'étaient mariés en janvier 1935, s'installant dans l'aile droite de l'immense villa de Fontenay-aux-Roses, chez Valentin, le père de Pierre.

Pierre se penche vers Ariane, lui prend la main, y dépose un baiser. Il aime sa femme, admire son caractère et sa force de repartie. L'été dernier, alors qu'elle portait un chapeau vertigineux de sa confection, un officier allemand les avait abordés rue Royale et, se découvrant, avait dit à Ariane : « Je me demande, madame, ce que vous auriez porté sur la tête si la France avait gagné la guerre »... La réponse avait claqué comme une gifle : « Vous auriez dû venir quand vous n'étiez pas là... ! »

– Alors, Pierre, comment vont les mots ? demande Isaac. Quand va-t-on pouvoir vous lire à nouveau, nous avions adoré votre *Herbe folle*...

– J'avance. Lentement. J'aimerais posséder le talent d'Ariane pour faire de belles coutures. Mais, en ce moment, j'arrive à peine à passer le fil dans le chas de l'aiguille. Ce n'est pas très grave. Comment pourrait-on être édité en ce moment ? Les Allemands verrouillent tout, vous savez qu'ils ont mis des scellés rue Sébastien-Bottin ? Et, de toute façon, il n'y a plus de papier.

– Et vous, Ariane ? Quoi de neuf au Sarah-Bernhardt ?

– C'est le théâtre de la Cité, Isaac...

– Mais pour moi ça reste le Sarah-Bernhardt ! Ils ne vont quand même pas rebaptiser la Terre entière !

– Vous avez raison. Et Sarah, c'est si joli. Avec Adam, vous savez, Henri-Georges, je prépare *Les Mouches*, c'est prévu pour juin. Je me demande vraiment si les Allemands l'ont lu, ça me semble incroyable qu'ils laissent passer un machin comme ça, c'est une apologie de la résistance...

– J'ai cru comprendre que Sartre l'avait écrite pour son amie Olga, dit Esther. Vous la connaissez, Pierre ?

– Kosakiewicz ? Vaguement. Je ne fréquente pas beaucoup « la famille ». Et Sartre m'agace. Comment vont les enfants ?

Le visage d'Esther s'éclaire.

– Bien, merci. Ils dorment, je crois.

– Et le bébé se porte bien, ajoute Isaac en posant la main sur le ventre de sa femme.

Il le caresse, à travers les tissus superposés. Esther est enceinte de deux mois. Ce sera une fille, c'est sûr, ils l'appelleront Rebecca.

Ariane et Pierre échangent un regard. Une heure auparavant, ils discutaient de la folie de faire un bébé aujourd'hui. Surtout quand on s'appelle Bronstein.

– Isaac, demande Pierre, avez-vous réfléchi à ma suggestion ? On m'a parlé d'une filière pour l'Espagne, quelque chose de très sûr.

– Pas question.

– Isaac, réfléchissez. J'ai des informations très alarmantes. Bientôt, les Juifs de plus de six ans devront porter une étoile jaune dans la rue. Ils n'auront pas le droit de sortir après 20 heures, de changer de domicile, de fréquenter les salles de spectacle, d'exercer certains métiers, sans doute le vôtre, vous vous rendez compte ?

– Je suis français, je suis chez moi. Et je n'ai plus un seul client.

– Et vous, Esther, insiste Ariane, pensez-vous vraiment que ce soit raisonnable de faire ce bébé ici ? En ce moment ?

Isaac se lève, charge la salamandre d'un geste rageur.

– C'est toujours le moment, n'importe où ! Il n'y a pas de moment où ce ne soit pas le moment. Même dans l'adversité. Je perpétue le peuple juif.

Il se retourne, sourit.

– Et puis, grâce à vous, nous sommes les Bronville. Nous ne figurons pas sur le fichier central. Et la concierge est sûre.

– Isaac...

– Et quand bien même ! Moi aussi, j'ai des informations. Les Juifs qui se sont battus, ceux qui ont eu la croix de guerre en 1914-1918 ne sont pas concernés.

Pierre n'insiste pas. Isaac, il le sait, est un roc d'obstination. À l'autre bout de la grande pièce, une porte s'entrouvre.

– David ! J'avais dit au lit !

Un garçon s'approche, souriant. Les Bronstein ont deux enfants, David, quatorze ans, et Sarah, quatre ans.

– Père, je voulais seulement saluer M. Ormen.

– Cinq minutes, alors. Et tu retournes dans ta chambre, tu vas prendre froid. D'ailleurs, on passe à table.

Le couvert est dressé près de la cheminée, nappe blanche brodée, verres en cristal et argenterie. Il fait presque doux, Ariane hésite à enlever son poncho. David vient l'embrasser, tend la main à Pierre, puis disparaît.

– Beau garçon, commente Pierre.

– Je vous en prie, dit Esther, allons nous asseoir.

La stridulation d'un sifflet à roulette se fait entendre depuis la rue. Esther se précipite, ajuste un rideau. La proximité de l'état-major de la Luftwaffe installé au palais du Luxembourg rend les Allemands particulièrement attentifs à tout rai de lumière. Pierre, avant de passer à table, examine les tableaux qui couvrent les murs, les mains derrière le dos, comme au musée. Perplexe. Il les connaît très bien : Matisse, Bonnard, Courbet, Vuillard, un trésor insensé à la merci du premier cambriolage. Au-dessus de la cheminée, une jeune femme est assise sur un rebord de fenêtre. La chromatique bleue qui nimbe l'ensemble du tableau fait ressortir son déshabillé. *L'Heure bleue.* Pierre adore. Comme il adore les coïncidences : L'Heure Bleue est le parfum que porte sa femme.

Isaac et Ariane s'approchent.

– C'est Olga Khokhlova, n'est-ce pas ? demande Ariane.

– Je crois. Mais c'est un mystère. La période bleue était terminée depuis bien longtemps. Presque dix ans. Cela étant, à la fin de la guerre, Picasso était tenté par un retour au classique, il amorçait une période que l'on peut qualifier d'« ingresque »...

– J'ai une explication, dit Ariane en souriant. Je voulais vous la soumettre depuis un moment.

– Je vous en prie.

– Eh bien, c'est à cause de moi. Enfin, de mon parfum. Nous sommes en 1918. Picasso veut « photographier » Olga. Faire un portrait qui lui ressemble trait pour trait. Il choisit une fin de soirée où le ciel se remplit presque entièrement d'un bleu légèrement plus foncé que le bleu ciel du jour. Olga est assise sur le rebord d'une fenêtre ouverte, lovée dans une mousseline bleue d'où s'échappent des effluves d'iris, de violette et de vanille. Sa source d'inspiration ? Le parfum de Guerlain qui vient de sortir et que porte la jeune femme. Comment s'appelle ce parfum ? interroge Picasso. L'Heure Bleue, répond Olga. Alors, dit Picasso, le tableau s'appellera *L'Heure bleue.*

– Très joli ! Je m'en souviendrai. J'ai acheté ce tableau au début des années 1920. Je l'ai payé le prix d'une grosse côte de bœuf, ma femme m'avait engueulé de dépenser autant d'argent pour un truc pareil. Tu te souviens, Esther ?

– Oui, Isaac, asseyons-nous.

Tandis qu'Esther sert le potage, Isaac demande à Pierre des nouvelles de Valentin, son vieil ami. Pierre remarque qu'il ne s'inquiète pas d'Odette. Ils évoquent Jean-Noël, qui a rejoint Londres dès l'appel du Général, Amédée auquel son père a acheté une salle de sport à Levallois, Amélie, qui s'est installée au sixième dans une des chambres de bonne de l'immeuble et qui va travailler au jardin des Plantes. Puis la guerre, à nouveau, comme chaque jour, comme toujours. Moscou qui résiste, les Américains qui entrent dans la danse, l'espoir, ténu, qui pointe un timide museau. Pierre croise le regard de sa femme. Tendre. Ce sera long, mais cela viendra. Viendra le jour où l'on pourra se promener dans le jardin du Luxembourg, main dans la main comme des collégiens. Où Mme Ticket surgira comme un diable vous faire payer le droit de s'asseoir sur les chaises vertes. Où la rue de Vaugirard ne tremblera plus au passage des chars. Pierre le sait. Cela viendra. Comme un printemps.

*

Pierre et Ariane sont remontés chez eux vers 22 h 30. Un rôti de bœuf, du fromage, du vin : les Bronstein ont dû dépenser une fortune pour ce dîner. Amélie attend, emmitouflée, plongée dans un livre de botanique. Elle lève la tête, se force à sourire. Oui, les enfants ont été sages, oui, ils dorment.

Amélie, la jeune sœur de Pierre, est une jolie fille de dix-huit ans. Blonde, comme tous les Ormen. Grands yeux bleus, visage lisse. Timide, presque craintive, peu loquace. Mi-octobre, elle a quitté brusquement Fontenay pour s'installer rue de Vaugirard, malgré la fureur paternelle. Tu n'es pas majeure, ma petite fille. Tu restes à la maison avec ton père. Pierre, consulté, avait réussi à infléchir la sentence, ce qui n'avait pas été trop difficile. Pour Valentin, la parole de son fils aîné a valeur d'Évangile.

Pierre et Ariane allument une cigarette, jaune pour lui, brune pour elle. Pierre dévisage sa sœur avec inquiétude : où est passée la petite fille qui riait aux éclats à tout propos et qui considérait Fontenay comme le paradis terrestre ?

– Je vais monter, annonce Amélie en refermant son livre.

Pierre se penche pour l'embrasser. Elle se détourne, se lève.

– Bonsoir, dit-il en fronçant les sourcils, à demain…

– Laisse-la, soupire Ariane, Amélie n'aime pas qu'on la touche, tu le sais bien, elle n'embrasse que les enfants.

Dans le salon sombre glacé, le poêle s'est éteint. Une ampoule éclaire chichement la pièce. Ariane allume quelques bougies.

– Tu n'as pas l'impression qu'elle a un peu forci ? demande Pierre.

– Non, je n'ai pas remarqué. Et, avec ce qu'on mange, comment veux-tu qu'elle grossisse ? On aurait dû l'inviter chez Isaac, elle a vraiment une petite mine.

Ariane secoue la tête. Elle a défait sa coiffure, les longs cheveux ondulent.

– Pourtant, franchement, on n'est pas à plaindre. J'ai parfois honte…

Tous les vendredis, Ariane se rend à Fontenay pour se ravitailler. Sans Valentin et Mme Farge, qui entretient basse-cour et potager dans le parc, ils mangeraient chaque jour des topinambours.

– Tu vas veiller encore longtemps ?

Pierre ne dort que trois ou quatre heures par nuit, ce qu'il considère comme un privilège. Avec l'appoint de quelques petites siestes de cinq à dix minutes dans l'après-midi, cela lui suffit.

– Je ne sais pas, chérie. Sûrement. D'abord la TSF, puis je me mets au travail. Je ne te réveillerai pas, promis.

– Si ! Réveille-moi !

Tandis qu'Ariane se rend dans la chambre des enfants pour vérifier les couvertures, Pierre se dirige vers la cuisine, une pièce de taille moyenne toute carrelée de blanc, ornée d'une frise noire à damiers verts. Il ouvre un des placards installés sous la paillasse, dégage un double fond, sort la grosse TSF. Il règle Radio-Londres, écoute les nouvelles. Depuis un mois, il attend « Grand-mère s'occupe du jardin », le signal d'une première réunion rue Quatrefages. Son engagement dans la Résistance date d'une rencontre avec un collègue du lycée monté à Paris pour créer une extension du réseau Brutus. L'homme avait tâté le terrain, interrogé Pierre sur ses inclinations politiques et lui avait proposé de devenir agent de liaison.

Pierre éteint le poste, réintègre le salon pour se remettre au travail. Il doit livrer son manuscrit à Barbezat dans trois semaines, la nouvelle devant paraître l'automne prochain dans *L'Arbalète*. Sur la table basse, au milieu du salon, la boîte de Week-end scintille sous la flamme de la bougie. Une boîte de cinquante, cadeau de son père acheté une fortune au marché noir. Il se lève, allume une nouvelle cigarette, s'assied sur le canapé. Le texte qu'il a soumis à Barbezat par l'intermédiaire de Sartre lui semble d'une qualité moyenne. À côté d'Aragon, Lorca, Michaux, Robert Ganzo, il risque de faire pâle figure. Eh merde ! l'essentiel est d'être édité. D'ailleurs, est-ce si mauvais ? Et pourquoi Sartre l'a-t-il poussé ? Pierre se souvient de leur dernière discussion chez les Leiris, quai des Grands-Augustins. Le cours de philo de l'homme à la pipe. Les hommes sont ce qu'ils se font. Heidegger, Hegel, l'existence, l'essence. Il avait eu du mal à exprimer son point de vue, à contrer ce terrifiant concentré d'intelligence. Pour Pierre, les hommes sont ce qu'ils sont. Ce qu'en ont fait l'enfance, le milieu social, les amours, le hasard. Il aime partir du particulier pour aller au général, et non le contraire. Il rêve d'écrire le grand récit des petites gens, comme son père et son grand-père. Sans humilité devant le réel, songe-t-il dans la pénombre, il n'y a pas de vrai roman. Il se lève, va noter la phrase, puis la biffe d'un trait rageur. Il est poète, pas philosophe.

*

(Samedi 11 mai 1942)

La porte du Pacha-Club, rue Copernic, s'orne d'un judas doré permettant de filtrer les visiteurs. Il fait beau sur Paris, chacun a oublié ce terrible hiver durant lequel le thermomètre est descendu jusqu'à – 13 °C. Amédée jette un coup d'œil vers la Traction à gazogène stationnée devant la porte, frappe trois coups, se fait reconnaître. Il est vêtu d'une veste à croisure basse très épaulée de chez Chatard, portée sur un pantalon à revers légèrement flottant. L'ensemble, marron foncé, est agrémenté de fines rayures beiges. Amédée s'arrête au vestiaire, y dépose son chapeau mou, longe un immense bar aux cuivres rutilants et rejoint un petit groupe installé autour d'une table basse, près d'une estrade où s'effeuillent, chaque soir, quelques jeunettes soigneusement choisies. L'une d'elles, une brune élastique, a retenu son attention. Deux jolis seins pointus. Et un petit cul bien tendu.

À vingt-deux ans, Amédée Ormen est un très beau garçon sur lequel les femmes se retournent fréquemment dans la rue. Plus mince que son frère Pierre, sosie en blond de l'acteur Louis Jourdan, il dégage néanmoins une impression de mollesse qu'accentue un regard souvent fuyant. Ancien Croix de feu, profondément antisémite, il évite soigneusement d'étaler ses convictions, surtout à Fontenay, où il occupe l'orangerie : son père et son frère ne le supporteraient pas. Après un an passé au ministère de la Guerre, il cherche vaguement sa voie, la salle de sport de Levallois n'ayant pas encore ouvert ses portes.

– Salut, Médé !

Amédée serre les mains, s'assied du bout des fesses sur la banquette en velours rouge, légèrement intimidé. Ziegler est quelqu'un d'important, un proche de Doriot. Ils se sont rencontrés par l'intermédiaire d'un journaliste du *Cri du peuple*, et, peu à peu, plus par désœuvrement que par conviction, Amédée s'est intégré à la petite bande. Tous les membres sont là : Blanc, Morel, Ducasse et un nommé P'tit Louis, une force de la nature, assis derrière le bar.

– Une fine à l'eau, Amédée ?

Ziegler a souri en posant la question. Ziegler sourit en permanence.

– Non merci. Un café, si c'est possible.

Ziegler claque sèchement des doigts en direction du bar. Ancien avocat radié du barreau, il dirige depuis trois mois un bureau d'achats pour le compte de la Wehrmacht et, auprès du général von Behr, responsable des Affaires juives, conduit avec brio différentes missions hautement lucratives. L'homme possède ses entrées dans tous les ministères, habite Neuilly dans un somptueux hôtel particulier avenue de Madrid et, paraît-il, possède désormais la nationalité allemande assortie d'un grade de capitaine.

Ziegler, amusé, regarde Amédée avec insistance. Ce fils de bourgeois l'amuse, sa compagnie le change de celle des voyous qui sortent de la Santé et qui confondent circoncis et circonscrit. Amédée est cultivé, cela peut servir. Et sa salle de sport peut servir également. La veille, il l'a invité au Chantaco, rue de la Pompe, un restaurant de haute tenue où l'on vous apporte un millefeuille en guise d'addition, un geste délicat pour signifier mille francs par personne, le salaire mensuel d'un ouvrier parisien.

– Marcel, au rapport !

Marcel Ducasse se redresse. Il ne lui manque que les ergots. Il toussote, sort un papier, énumère les marchés, les intermédiaires, les commissions. Cinquante mille boîtes de sardines, un wagon de chaussettes, dix mille fausses cartes de charbon.

– Résultat ?

– Dans les cinq cent mille.

– Bien. Blanc ?

– Cinq cent mille hier, avec l'essence.

– Morel ?

– J'attends des précisions pour les camions, ça devrait faire dans les sept cent mille. J'ai cinq ballots de bas de soie qui attendent. Et il y a l'affaire de Montrouge…

– On t'écoute…

Tandis que Morel s'engage dans un long développement relativement technique, Amédée observe ses compagnons. Marcel Ducasse incarne jusqu'à la caricature le titi parisien, hâbleur et rusé, l'esprit toujours en mouvement. Blanc, avec ses petites lunettes rondes et sa barbiche taillée en pointe, paraît beaucoup plus posé. Mais ses mains d'étrangleur semblent parfois lui échapper, des mains nerveuses, striées de veines bleues. Morel serait plutôt du genre anguille, regard huileux, insaisissable, visage d'une pâleur extrême. Quant à P'tit Louis, le tonneau de la famille, c'est le prototype même de la brute épaisse, roulant derrière son front des pensées trop lourdes pour lui. Mais qu'est-ce que je fais ici avec ces abrutis ? se demande Amédée. C'est cela, l'ordre nouveau, l'avenir radieux de l'Europe antibolchevique ?

– Ormen ?

Amédée sursaute, lève la tête. La voix est sèche, mais le regard de Ziegler est amical.

– Mais oui, mon cher Amédée. Il serait temps que nous nous mettions au travail, ensemble. Tu connais Confucius : « Choisissez un travail que vous aimez et vous n'aurez pas à travailler un seul jour de votre vie. » Ou, si tu préfères, il y a Dumas, Alexandre Dumas fils : « Le travail est indispensable au bonheur de l'homme ; il l'élève, il le console ; et peu importe la nature du travail, pourvu qu'il profite à quelqu'un. » Joli, non ? Mais ce n'est pas à toi, monsieur le licencié, que je vais apprendre tout cela. Parle-nous de Levallois. Tu possèdes bien une salle de sport à Levallois ?

– Oui.

– Elle fonctionne ?

– Non, pas encore. Il faudrait effectuer quelques travaux. J'aimerais bien trouver un ring pour lancer la boxe.

– Et le sous-sol, le grand garage ?

– Il est vide.

– Quelle surface ? demande Ziegler.

Marcel Ducasse lève la main.

– Je l'ai visité, patron. Environ deux cents mètres carrés, un plancher en béton, beaucoup de poteaux.

– Bien, très bien. Vois-tu, Amédée, l'important chez Dumas, à propos du travail, c'est la dernière phrase : « pourvu qu'il profite à quelqu'un ». Et ce quelqu'un, c'est nous. Toi, moi, nous tous. Comme tu le sais, nous sommes un peu à l'étroit à Passy. Et cela manque de discrétion. Nous pourrions utiliser Levallois comme entrepôt, qu'en dis-tu ?

Amédée hésite. Il aimerait bien lancer sa salle. Mais il ne voudrait pas prendre trop de risques. Ziegler, comme d'habitude, semble lire ses pensées.

– Tu sais, poursuit-il, tout cela est parfaitement légal. Nous sommes mandatés par les autorités allemandes. Et nous participons à l'édification de l'Europe totale, tous pays réunis, pour faire face aux dangers hégémoniques du bolchevisme et de l'impérialisme américain. Juifs et communistes, voici notre combat. Pour que la France souillée retrouve son honneur et sa place légitime au côté de l'Allemagne. Tu me diras que Levallois n'est qu'un grain de sable dans l'édification de la Maison commune. Mais chaque grain de sable participe au mortier. N'est-ce pas, messieurs ?

Le petit groupe approuve en hochant la tête. Ils connaissent bien Ziegler : acquiescer, ne pas répondre, attendre que le flot se tarisse de lui-même. Ziegler poursuit sa péroraison pendant quelques minutes, puis revient à son sujet.

– Alors, monsieur Ormen ? Faisons-nous affaire ?

Amédée a réfléchi pendant le petit discours. La pseudo-légalité dont parle Ziegler lui semble quelque peu suspecte. Mais, par les temps qui courent, est-ce vraiment important ? Dire non, c'est s'exclure de la bande et passer à côté d'une opportunité financière évidente. Que lui demande-t-on ? De stocker de la marchandise provenant des comptoirs d'achat officiels. Quels risques encourt-il ? Aucun, a priori. À part celui de mettre le doigt dans un engrenage dont personne ne connaît vraiment les aboutissants. Ziegler est un voyou, mais Ziegler le fascine. Ce type a la foi.

– D'accord, dit Amédée. Je signe pour le sous-sol. Mais, en échange, on effectue les travaux dans la salle.

Ziegler se lève, vient s'asseoir près de lui, lui tapote l'épaule.

– Parfait, Ormen, bonne décision. Je me charge de tout. Messieurs, un autre point. Comme vous le savez, le général von Behr a bien voulu nous associer à la lutte antijuive, qui réclame méthode et détermination. Notre travail, a-t-il souligné, mérite une juste récompense. Pas besoin d'un dessin, vous me comprenez. J'attends donc de vous des noms, des adresses. Activez vos réseaux personnels, faites les concierges, faites ce que vous voulez, mais trouvez-moi ces adresses, de préférence à Auteuil plutôt qu'à Belleville. Ce sera tout pour aujourd'hui.

Ziegler claque dans ses doigts en direction du bar. Champagne pour tout le monde. Amédée se lève, contemple l'estrade et repense à la petite brune. Ziegler le prend par le bras, l'entraîne vers le bar, sourit.

– Bienvenue, Amédée. Tu ne seras pas déçu.

– Je l'espère. Et j'espère aussi que nous resterons dans la légalité.

Ziegler hoche la tête, saisit deux coupes de champagne.

– Tu viens, ce soir ? demande-t-il. Il y aura la brunette.

Amédée tressaille. Ce type lit vraiment dans ses pensées. Il ne faudra jamais l'oublier.

*

(Lundi 20 mai 1942)

Après avoir déposé les jumeaux à la garderie de la rue Guynemer et Marie à l'École alsacienne, Ariane s'est rendue à l'école du Père-Castor, 141, boulevard Saint-Michel, afin de se renseigner pour la rentrée. Paul Faucher, le directeur, lui a fait visiter les locaux et communiqué les tarifs. Cher, très cher. Mais tout à fait remarquable, paraît-il. Elle est ensuite revenue sur ses pas pour prendre le métro à Notre-Dame-des-Champs, en passant par la rue Auguste-Comte et la rue Vavin.

Derrière les grilles du Luxembourg, quelques femmes peu vêtues prennent le soleil, l'œil fixé sur les fenêtres du lycée Montaigne occupé par les Allemands. Ariane détourne les yeux, presse le pas. Pauvres filles. Sur un geste de la main, elles montent pour quelques dizaines de francs, de quoi se payer un café à l'orge grillée ou quelques cigarettes. Et ce vieux monsieur, là-bas, un filet à la main, cherchant à capturer un pigeon ? Et cette femme, courbée, ramassant un infâme mégot dans le caniveau. Paris pleure de partout, la faim, la peur, la rage, la honte. Rue Vavin, la queue des ménagères devant la crémerie s'étire sur une vingtaine de mètres. Certaines sont là depuis des heures, dans l'espoir d'obtenir un peu de beurre avec leurs tickets du mois. Mais le beurre ne quitte pas l'arrière-boutique, il n'y en a plus, ma petite dame, il faudra attendre, à moins que, évidemment... En deux ans, bouchers, crémiers, boulangers ou bougnats sont devenus les maîtres du 6e arrondissement après Dieu et les Allemands, distribuant les bons et les mauvais points, régnant sans partage sur un petit peuple hébété et soumis. Ariane remercie le Ciel de pouvoir éviter cette humiliation quotidienne dispensée par la nouvelle aristocratie. Grâce au potager de Fontenay et aux colis de ses parents, le ravitaillement ne pose pas trop de problème même si rutabagas, scorsonères et topinambours figurent bien souvent au menu du soir. L'usine de son frère Henri, près du Mans, s'avère particulièrement utile. Les boîtes de pâté de porc « fermier » qui s'empilent dans les placards de la cuisine permettent de faire du troc par l'intermédiaire de Mme Crié, la concierge, et de se fournir en pain, en laitages, en cigarettes.

Ariane n'a pas vu sa famille depuis deux ans. Lorsque l'armée allemande s'était approchée de Paris, ses parents affolés avaient insisté pour que le couple vienne s'installer chez eux, dans leur propriété de Sainte-Anne-d'Auray, près de Vannes. Ariane avait refusé. Pas question de quitter Paris. Elle avait vu le 6e arrondissement se vider totalement, comme tous les beaux quartiers, laissant à ceux qui restaient des rues et des avenues d'une rare beauté, une ville endormie sans le moindre bruit.

La station Notre-Dame-des-Champs est encore fermée. Ariane hésite. Il est fort possible que Rennes le soit également, mieux vaut aller directement à Montparnasse. Au coin du boulevard Raspail, la statue de Balzac a disparu. Bientôt, il n'y aura plus une seule statue de bronze à Paris.

À 10 heures du matin, le métro parisien présente un visage acceptable : les rames ne sont pas totalement bondées et l'odeur de sueur des premières heures s'est dissipée. Coincée entre deux cols blancs, Ariane écoute les dernières nouvelles. Le général de Gaulle serait mort lors des bombardements de Londres. Et on aurait mis ses cendres à la place de celles de l'Aiglon, afin qu'il soit enterré aux Invalides au nez et à la barbe des Allemands ! Si, si, c'est confirmé ! La rumeur va bientôt sortir du métro, pénétrer sournoisement dans les loges de concierge, monter dans les immeubles, ricocher de fenêtre en fenêtre, sauter de table en table dans les restaurants, se propager dans les squares, dans les files d'attente. Ariane sourit. La dernière en date n'était pas mal non plus : les Anglais auraient mis au point une poudre spéciale permettant à l'eau de s'enflammer. Impossible de débarquer sur les côtes anglaises !

À la station Abbesses, les dessins représentant des scènes de l'exode sont toujours en place. Pourquoi la CMP laisse-t-elle ces fresques avilissantes sur les murs, ces pauvres gens fuyant sur les routes de campagne, dos courbés, emmenant quelques affaires dans un chariot d'enfant ?

Sur la place Dancourt, une quinzaine de personnes, livret à la main, accompagnent une chanteuse et son accordéon : « *Je viens de fermer ma fenêtre / Le brouillard qui tombe est glacé / Jusque dans ma chambre il pénètre / Notre chambre pleure le passé...* »

Ariane soupire. Cette chanson de Marjane, mon Dieu, quelle tristesse !

– Ariane ?

Barsacq sort du théâtre, serviette à la main. Depuis le départ de Dullin, il a mis en scène trois pièces d'Anouilh, une de Pirandello et cette comédie d'Alfred Adam, *Sylvie et le Fantôme*, pour laquelle Ariane a conçu les costumes.

– Bonjour, André. Il paraît que j'ai un fantôme à recoudre ?

– Exact. Julien s'est marché dessus, hier, il a tout déchiré, toute la salle s'est marrée. Merci d'être passée. Comment va Pierre ?

– Bien. Toujours les secondes à Charlemagne, et il écrit toutes les nuits.

– Rappelle-lui qu'il me doit une pièce de théâtre !

– Je n'y manquerai pas.

– Et les enfants ?

– Les jumeaux ? Sept ans à eux deux. Des terribles.

– Je te laisse, excuse-moi, je suis pressé. Embrasse Pierre pour moi...

Ariane le regarde disparaître dans la rue d'Orsel. Si tout va bien, elle interviendra sur la pièce de Musset qu'il envisage pour la fin d'année.

Peu avant midi, retouches effectuées, Ariane quitte l'Atelier sous une petite pluie fine. La chanteuse de rue et son accordéon ont disparu, un vélo-taxi maraude autour de la place. Au coin de la rue des Trois-Frères, entouré de trois policiers, un jeune type se tient les mains en l'air. De sa valise ouverte au milieu du trottoir, un des policiers a sorti triomphalement un gigot enveloppé dans un torchon rougi. Ariane détourne les yeux, hèle le vélo-taxi. Elle en profitera pour s'arrêter à la Civette, au Palais Royal, afin de toucher sa décade de tabac. À l'abri dans la cabine, bien protégée de la pluie, elle repense aux Bronstein et à leur entêtement. Tout cela va mal finir, comme pour ce jeune type sur la place Dancourt. Comment leur faire part de son affreux pressentiment ? Esther devrait accoucher dans deux mois au plus tard. Après la naissance, peut-être accepteront-ils plus facilement de quitter Paris et de passer en Espagne ?

*

(Vendredi 12 juin 1942)

La villa de Fontenay-aux-Roses est un immense pâté d'obédience médiévale flanqué de deux tours gothiques miniatures plutôt ridicules. Le parc d'un demi-hectare est adjacent à celui du château Boucicaut et s'enorgueillit d'une pièce d'eau aux jets croisés. Près de l'aile gauche du bâtiment, une charmante orangerie indépendante, à l'angle de la rue des Roses et de la rue Antoine-Petit, étonne par l'élégance de ses proportions et de sa façade vitrée. Le garage, au fond du parc, accueille deux voitures, une Chenard et Walcker décapotable et une Rosengart bleue montée sur cales. La villa comporte trois étages, une douzaine de pièces et un ascenseur. Construite sur des plans de Valentin Ormen, elle arbore des boursouflures qui tiennent plus du rêve d'enfant que de l'ostentation d'une richesse trop vite acquise. Dans les années 1910, sentant la guerre se préciser, Valentin, qui avait vu son père manier le papier de verre toute la journée dans son petit atelier de menuiserie, s'était lancé dans le polissage des métaux. Car il faudrait des obus, de beaux obus dodus pour contrer les Prussiens. Il avait monté un atelier à Bagnolet, puis un autre à Bagneux, lequel était rapidement devenu une petite puis une grande usine. Fortune acquise dès 1917, Valentin avait acheté une grande propriété à Fontenay-aux-Roses dans laquelle il s'était installé avec Marie-Thérèse, sa femme, et ses deux fils, Pierre et Jean-Noël.

En ce vendredi radieux, Valentin s'est levé très tôt, comme à son habitude. Il a expédié sa toilette et s'est rendu aussitôt dans sa « cuisine », celle du sous-sol, interdite à quiconque, même à Mme Farge. En souvenir de son père et des années difficiles du début du siècle, il a reconstitué la pièce de la villa Godin – une impasse misérable près du Père-Lachaise – qui servait de salon, de chambre à coucher et d'atelier de menuiserie. Rien ne manque : l'établi, le poêle à bois, le même lit-cage en fer où il dormait enfant. Pour son petit déjeuner, Valentin a sorti du pain, un demi-oignon, du pâté de campagne. Il extrait l'œil de verre de son orbite, le pose sur la table, fixe l'objet de son œil valide. C'est ce qu'il appelle se regarder dans les yeux pour mieux faire le point, chaque matin.

Depuis que l'usine de Bagneux a été bombardée par les Allemands, début juin 1940, Valentin tourne en rond. S'il a cru mourir en voyant l'œuvre de sa vie pulvérisée en quelques minutes, il s'en félicite aujourd'hui : il aurait certainement été réquisitionné pour travailler pour l'occupant. En croquant dans l'oignon, il songe à ses enfants et à sa solitude. Pierre, le brillant, qui a combattu en 1939 et qui lui offre de beaux petits-enfants. Jean-Noël, l'impétueux, qui n'a pas accepté la défaite et qui a rejoint Londres dès le discours de ce général. Amédée le taciturne, qui compte ouvrir une salle de sport à Levallois. Amélie, la petite dernière, qui a quitté Fontenay il y a huit mois sur un coup de tête et qui vient de trouver un emploi au jardin des Plantes.

À cinquante-sept ans, Valentin Ormen s'estime satisfait. Son père serait fier, il a fait ce qu'il fallait. Après la mort en couches de Marie-Thérèse lors de la naissance d'Amélie, il s'est occupé des enfants avec Mme Farge, engagée comme bonne, puis comme gouvernante. Une solide éducation, avec des principes. Il a strictement respecté les usages – et même au-delà – avant de se remarier. Les enfants ont grandi dans un petit paradis, ils ont fait des études, n'ont manqué de rien. Et aujourd'hui, devoir accompli,

Valentin s'ennuie. À part Amédée, qui occupe l'orangerie mais qui dort le plus souvent à Levallois, les enfants ont déserté. Entre Odette et Mme Farge, il a l'impression de rétrécir, de se dessécher comme un croûton de pain. Odette, sa femme, la seule erreur d'une vie bien droite. Comment a-t-il pu faire une telle bêtise ?

Née Russier, ex-Miss Roubaix, ex-danseuse du Moulin Rouge, elle avait – paraît-il – tenu quelques petits rôles au cinéma sous le nom d'Olga Roblès au début des années 1920 quoiqu'il n'ait jamais vu un seul de ses films. De quinze ans sa cadette, c'était une très jolie femme dont le visage pointu, les petites dents blanches et le regard acéré témoignaient d'un caractère vif et volontaire. Il l'avait rencontrée en 1926, trois ans après la mort de Marie-Thérèse, dans un des petits salons de Lapérouse judicieusement aménagés pour faciliter les transactions lors des déjeuners d'affaires. Au terme de quelques séances de polissonneries et d'une période de deuil réglementaire, elle s'était fait épouser sans trop de difficultés, s'installant à Fontenay dans sa nouvelle famille. Pierre avait alors quatorze ans, Jean-Noël neuf, Amédée six et Amélie tout juste trois ans. Odette avait un fils à peine plus âgé qu'Amélie, Olivier, né de père inconnu et qu'il avait recueilli. Après avoir longtemps et vainement insisté pour qu'il l'adopte, elle avait renoncé à son projet. Pierre, il s'en souvient, était farouchement contre cette idée. Par mesure de rétorsion, le jour anniversaire de ses trente-cinq ans, Odette avait exigé de faire chambre à part et pris un amant. Pas n'importe lequel. Valentin sourit : comment n'a-t-elle pas fini écrasée, broyée dans les bras de son ami Isaac ? Jusqu'à la drôle de guerre, chaque vendredi après-midi, Odette s'était rendue dans sa petite garçonnière de la rue d'Anjou, près de l'étude notariale du boulevard Malesherbes. Il avait laissé faire et n'en avait pas voulu le moins du monde à Isaac. Au terme de sept ans de mariage, sa femme lui était soudain apparue telle qu'il aurait dû la voir dès leur première rencontre : frivole, calculatrice, dépensière. Aujourd'hui pourtant, tout lui semble différent. Occupation allemande oblige, la liaison a cessé, Odette s'est calmée. Ils ont tous deux vieilli. Valentin souhaiterait faire la paix mais ne sait quel geste il conviendrait de faire, quels mots choisir. Ils déjeunent chaque jour l'un en face de l'autre dans l'immense salle à manger, échangeant des banalités sur le déroulement de la guerre, le cours de la Bourse, l'entretien de la maison. Valentin, parfois, sollicite son avis sur la gestion de son patrimoine. Et l'écoute attentivement : Odette a le sens des affaires et une vision très aiguisée sur les opportunités immobilières du moment. Mais la tendresse, cette belle tendresse qui lui réchauffait le cœur avec Marie-Thérèse, n'a jamais été au rendez-vous. Valentin se demande souvent qui est sa femme. Et si elle l'a jamais vraiment aimé.

*

(Mardi 7 juillet 1942)

Pierre quitte la NRF par la rue du Bac, passe devant le local réservé à l'expédition des colis. Derrière de longues tables, des femmes taillent dans du papier d'emballage, coupent, nouent, collent des étiquettes. Jamais, songe-t-il, jamais on n'a tant lu à Paris.

Le rendez-vous avec Drieu s'est fort mal passé. Il aurait dû écouter Camus. Le grand blond chauve au regard embué est manifestement une vraie vipère. Et Gaston Gallimard, flanqué de son étonnant tandem Paulhan-Drieu – le résistant et le collabo –, joue une curieuse partition. Au carrefour du Bac, la statue représentant Claude Chappe devant son télégraphe a disparu, comme celle de Balzac dont parlait Ariane l'autre jour. Pierre observe un passant portant l'étoile jaune, immobile devant une affiche pour la Police nationale : « Police d'élite, cadre d'élite ». L'illustration évoque très nettement un officier allemand. Pierre repense aux propos de Laval du mois dernier souhaitant ouvertement la victoire allemande. Paradoxalement, ce vœu le réconforte : pour la première fois, de façon induite mais officielle, on admet que la victoire peut changer de camp. Le soleil caressant et la perspective des trois mois de vacances scolaires ravivent son optimisme. Il va pouvoir écrire. Un quart d'heure plus tard, il pousse la lourde porte encadrée de deux pilastres, salue de la main les tourterelles de la concierge et gravit les marches de l'escalier deux à deux. Ariane l'attend sur le pas de la porte avec Marie et les jumeaux.

– Pierre, va vite voir ta sœur. Je crois que c'est sérieux.

– Qu'est-ce qu'elle a ?

– Elle se plaint de maux de ventre, elle dit qu'elle a très chaud. J'ai demandé à David de venir garder les enfants un moment : monte vite et, dès qu'il arrive, je te rejoins.

La chambre de bonne qu'occupe Amélie est située au bout du couloir du sixième. Pierre frappe, pousse la porte. Sa sœur, recroquevillée sur le lit, est pratiquement nue. Les yeux hagards, elle chantonne doucement en remuant la tête de gauche à droite. Sur le drap maculé de sang, il aperçoit un gros bouchon de glaire, épais, rosacé, légèrement élastique et filandreux. Pierre réprime un haut-le-cœur. Mais qu'est-ce que c'est que cette… chose ? Et ce sang ?

– Amélie, c'est moi, Amélie, tu m'entends ?

Sa sœur se laisse tomber sur le côté, pose les mains sur son ventre et se met à gémir.

– J'ai mal, j'ai mal… ça se serre dans mon ventre.

Pierre, désemparé, n'ose pas la regarder. Il va s'asseoir près d'elle, lui caresse le front.

– Ça va aller, ne t'inquiète pas, j'entends Ariane qui arrive, je vais chercher un médecin.

– J'ai mal, j'ai mal…

Des semelles de bois claquent sur le palier. Ariane ouvre la porte, la referme d'un coup de talon.

– Alors, qu'est-ce qui se passe ?

– Je ne sais pas, répond Pierre, elle a mal au ventre. Regarde, sur le drap…

Ariane, incrédule, contemple le bouchon muqueux.

– Nom de Dieu, elle va accoucher !

– Quoi ?

– Elle accouche, je te dis ! Aide-moi !

Pierre recule vers la fenêtre, abasourdi. Comment est-ce possible ? Amélie n'est pas enceinte !

– Tu es sûre ?

– On s'étonnera plus tard. Aide-moi…

– Je ne veux pas, je ne peux pas voir ça !

Ariane hausse le ton.

– Tu le peux. Ferme les yeux si tu veux, mais bouge-toi, on va l'asseoir contre le mur ; tu lui cales les reins avec les coussins et elle va bien écarter les jambes.

– Ariane, je crois que je vais vomir !

– Dépêche-toi !

Ariane se penche vers Amélie dont les yeux fixent le plafond, épouvantés. Elle-même n'en mène pas large, ses mains sont moites, son pouls s'est accéléré. Surtout, rester calme. Et ne pas laisser entrevoir son début de panique.

– Écoute-moi, Amélie, tout va bien se passer. Je vais t'expliquer ce que tu dois faire pour faire sortir ce bébé.

– Quel bébé ?

– Tu respires profondément, régulièrement, et quand je te dirai de pousser, tu pousseras, d'accord ?

– Mais quel bébé ? Je n'ai pas de bébé !

– Respire, respire bien fort…

Ariane se penche, évalue l'ouverture.

– Elle se dilate comme il faut, c'est bien, ça va passer !

Pierre, horrifié, aimerait ne pas avoir entendu. Il ne sait plus où poser son regard.

– Qu'est-ce que je dois faire ?

– Dégage la couverture, j'en aurai besoin. Trouve-moi des serviettes. La cuvette, là, tu me la remplis d'eau au robinet du couloir.

Pierre déglutit, saisit la cuvette en fer, se rend au point d'eau. Ses mains tremblent, il a le plus grand mal à ne pas tout renverser.

– C'est bien, chéri. Trouve-moi des ciseaux.

Amélie se met à gémir. Les contractions se sont accélérées, elle se mord la main pour ne pas hurler.

– Pousse, Amélie, pousse ! Tu vas y arriver, pousse !

Pierre ouvre quelques tiroirs, trouve des ciseaux à bouts pointus, ne se retourne pas. Il attend que son cœur veuille bien se calmer. Par la fenêtre de toit à moitié entrouverte, des nuages s'amusent. L'un d'eux ressemble à un lapin. Ou à un petit ours, le ciel change si vite. Amélie, enceinte ! Et ils n'ont rien vu ! Derrière lui, Ariane poursuit ses encouragements. « Pousse, Amélie, pousse ! » Pierre, malgré lui, sent son ventre se contracter, comme s'il poussait lui aussi, afin d'aider sa sœur. Son cœur s'assagit, il tente de respirer régulièrement, de dissiper sa panique. Pourquoi les hommes sont-ils totalement démunis dans ces circonstances ? Pourquoi ne peuvent-ils pas regarder la nature en face ? Lui, en tout cas. Lors des deux accouchements d'Ariane, il avait catégoriquement refusé d'assister aux naissances. La peur, sans doute, le souvenir de sa mère.

– Pierre, il sort !

Pierre se retourne, s'approche, se force à regarder. Une tête, une épaule, et le reste du corps glisse comme une savonnette. Ariane s'empare de la petite chose mouillée et luisante, la tend à sa mère. Amélie se recule, se met à hurler :

– Non !!! Il n'est pas à moi… !

Ariane reprend le bébé, le saisit par les pieds et lui donne une tape sur les fesses. Une autre. Le cri, enfin, jaillit. « Bravo bébé, bravo », murmure-t-elle. Rassurée, elle le dépose délicatement sur le ventre de sa belle-sœur, qui a fermé les yeux. Il lui semble que le bébé rampe vers le sein droit.

Ariane se penche, inspecte l'entrejambe, soupire de soulagement.

– Elle a une déchirure, mais rien d'important, Dieu merci, il n'y a pas besoin de recoudre, j'en aurais été incapable…

Elle prend les ciseaux, les tend à Pierre.

– Tiens, coupe le cordon ! Tu pourras dire que tu as participé.

Pierre déglutit.

– Où ça ? Je coupe quoi ? Et où ?

– Tu laisses quelques centimètres, allez, dépêche-toi !

Pierre s'exécute en serrant les dents, alors qu'une curieuse matière sort du ventre d'Amélie. Qu'est-ce que c'est que cette horreur ?

– Ariane, regarde, il y a un autre bébé, enfin, un machin !

– Arrête, Pierre, cesse de faire l'idiot. C'est le placenta. Enveloppe l'enfant dans une serviette.

– Qu'est-ce qu'il reste à faire ? Je veux dire, pour le bébé ?

– Occupe-toi d'Amélie. Regarde ses yeux : ils sont révulsés, elle est totalement absente. Fais quelque chose !

Avec le drap, Pierre recouvre le bas du corps de sa sœur, s'assied au bord du lit. Il approche sa main, hésite entre une gifle et une caresse. Amélie se met à chantonner, les yeux dans le vague.

– Il y a Bompart, dit Pierre, tu sais, l'ami de papa qui a une clinique dans le 17e, près des Ternes. Il pourrait l'examiner et la garder quelques jours en observation. Qu'en penses-tu ?

– Oui, c'est une bonne idée. Je m'occuperai du bébé pendant ce temps-là, on le gardera à la maison jusqu'à ce qu'Amélie puisse le reprendre.

Pierre se lève.

– J'appelle Bompart et je l'emmène à la clinique. La Chenard est en bas, j'en ai pour une demi-heure.

– Tu as le droit de circuler ?

– Mais oui.

– Pierre ?

– Oui ?

– Tu as été formidable…

– Tu parles ! J'ai failli m'évanouir !

– C'était parfait, chéri. Va téléphoner et passe au cinquième pour prévenir Esther, qu'elle vienne me donner un coup de main si elle le peut. Demande à Isaac de t'aider à transporter Amélie jusqu'à la voiture.

– Ariane ?

– Oui ?
– Le bébé, c'est quoi ? Un garçon ou une fille ?
Ariane saisit le bébé enveloppé dans une serviette.
– C'est une fille, Pierre. Une jolie petite fille... Dépêche-toi !
Dans la chambre de bonne, un rai de soleil illumine le lit taché de sang. Le bébé dans ses bras, Ariane s'émerveille de ce petit bout de vie balbutiant. Lui parle. Le caresse. Elle sourit de bonheur. Pierre a été très bien. Mais les hommes, elle le sait, ne peuvent pas comprendre la magie bouleversante d'un enfant vagissant. L'irrésistible élan d'amour qui submerge les femmes. Comment le pourraient-ils, d'ailleurs ? Elle se remémore la conversation avec Esther Bronstein, il y a six mois, lors du dîner, lorsqu'elle avait demandé si c'était raisonnable d'accoucher à Paris en ce moment. Même quand le monde est à feu et à sang, même quand la mort rôde, un bébé est un don, une promesse d'avenir. Oui. C'est toujours le moment.

*

Trois heures plus tard, la Chenard et Walcker se gare rue du Canivet, à l'angle de la rue Servandoni. Pierre coupe le contact et soupire de soulagement : il ne s'est pas fait arrêter. Il verrouille soigneusement les portières, remonte la petite rue, tombe sur une patrouille allemande pratiquement en bas de chez lui. Ne pas croiser leur regard. Regarder droit devant soi. Salopards. *Schweinehund !* Profitez de l'été avant l'hiver russe, mes petits Fritz chéris, profitez bien : les cosaques ne vont pas tarder à vous écrabouiller.

Parvenu au cinquième, Pierre tend l'oreille. Il y a bien longtemps qu'il n'avait pas entendu un bébé pleurer. Ariane est au salon en compagnie des enfants. Dans un berceau de fortune, le bébé s'agite. Pierre le contemple longuement, va embrasser sa fille et les deux jumeaux.

À sept ans, Marie en paraît dix. Soignée, comme sa mère. Et une très jolie voix : chaque vendredi, elle se rend rue Saint-Jacques afin de chanter dans une chorale de la Schola Cantorum. Julien et François viennent d'avoir quatre ans et s'annoncent déjà comme de parfaits garnements, partageant les bêtises à parts strictement égales.

– Maman, est-ce qu'il me voit ? demande Marie.

– Non, chérie, pas encore. Juste des taches d'ombre et de lumière.

Marie se penche.

– Et moi, j'étais aussi laide quand je suis née ?

– Mais non, il est beau !

Marie n'aime pas l'idée d'avoir été bébé. Ce n'est pas beau, un bébé. Et puis, d'où vient-il ? On va l'avoir combien de temps à la maison ?

– Comment ça s'est passé ? demande Ariane à Pierre.

Les jumeaux, totalement indifférents à l'événement, arpentent le couloir en bombant le torse et en chantant à tue-tête « *Maréchal nous boira* ».

– Ça suffit, les jumeaux !

– Qu'est-ce qu'il va manger ? poursuit Marie. Il a des dents ?

– Il lui faut du lait, répond Ariane. Heureusement, il y a Mme Farge.

– Il va prendre notre lait ? Moi, je ne lui donne pas ma part !

Ariane la rassure.

– Mais non, mais non, on se procurera plus de lait, c'est tout.

– Alors d'accord, dit Marie, il n'est pas si moche que ça. Tu me laisses le prendre un moment dans mes bras ? Je ferai attention…

– Plus tard, chérie, plus tard.

Pierre frappe dans ses mains, demande aux enfants de rejoindre leur chambre.

– Allez ouste ! En route, mauvaise troupe !

Il s'assied dans le fauteuil, étouffe un bâillement.

– Excuse-moi, je suis crevé !

– Comment ça s'est passé ?

– Bien et mal, je ne sais pas. Qu'est-ce que tu as raconté aux petits ?

– Rien pour le moment. J'ai dit qu'on nous l'avait confié, le temps que la maman se remette de l'accouchement. Raconte.

Pierre ouvre la boîte de Week-end, allume une cigarette, se renverse en arrière, expire vers le plafond.

– Bompart a été au poil. Vraiment un ami. Il a fait examiner Amélie par un médecin ; sur le plan physique, il n'y a rien à dire. Il m'a d'ailleurs chargé de t'adresser ses compliments : il n'en revenait pas, jamais il n'a vu un accouchement aussi propre.

– Et alors ?

Pierre, de l'index, tapote le haut de son crâne.

– Alors, c'est de ce côté-là qu'il y a un problème. Dans la voiture, avec Isaac, nous l'avions allongée à l'arrière. Déjà, elle délirait. Elle tenait des propos incompréhensibles, à part « C'est pas ma faute » ou bien « Je n'ai pas de bébé, je n'ai pas de bébé ». Dès son arrivée à la clinique, on l'a mise au lit, une infirmière est venue. Amélie s'est mise aussitôt à hurler sans raison apparente, elle a griffé la fille au visage, une vraie furie, puis elle s'est mise à pleurer. Bompart a demandé à tout le monde de sortir, moi compris, il est resté avec elle une bonne demi-heure. Quand nous sommes revenus, ma sœur s'est mise à hurler à nouveau. Bompart a dû lui faire une piqûre pour la calmer. Il a fallu qu'on la sangle sur le lit pour l'empêcher de bouger. Amélie s'est endormie, attachée, je ne savais plus quoi faire, quoi penser.

– Mais lui, qu'est-ce qu'il en pense ? Il est psychiatre !

– Je n'ai pas tout compris. Mais, ce qui est certain, c'est qu'elle a fait un déni de grossesse. Cela s'appelle comme ça. C'est quand…

– Je sais, Pierre.

– Ah bon ? Moi, je ne connaissais pas. Il paraît que c'est très rare, mais que cela existe. Il dit qu'Amélie ne s'est jamais sue enceinte. Qu'elle a ordonné à son corps de dissimuler. C'est possible, ça?

– Oui, bien sûr. Je suppose qu'il a évoqué un possible traumatisme?

– Il m'a demandé où était Amélie il y a neuf mois. J'ai tout de suite fait le rapprochement : Amélie a quitté Fontenay le 7 octobre, cela fait pratiquement neuf mois jour pour jour...

– Mon Dieu... Qu'est-ce qui s'est passé là-bas ? Elle a parlé du père du bébé?

– Avec Bompart, peut-être, mais il ne m'a rien dit. Je lui téléphonerai chaque jour et on se reverra mardi prochain : il l'a mise en cure de sommeil, pour une semaine. Je vais appeler Fontenay pour les tenir au courant. Uniquement pour la clinique, j'expliquerai qu'il s'agit d'une petite dépression ; pour le bébé, on verra après.

– Mais Bompart, s'ils lui parlent?

– Il ne dira rien. Il me l'a assuré. Un bâtard, tu te rends compte? Et Amélie a dix-huit ans! S'il apprend la vérité, mon père risque de faire une attaque.

Pierre se lève, ouvre la porte-fenêtre pour prendre l'air sur le balcon. Trois moineaux s'envolent. De l'autre côté de la rue, les cimes des marronniers ondulent paresseusement. Ariane le rejoint, bouscule quelques pots. Il va falloir arroser, les tomates tirent la langue, les radis sont rabougris.

– Demande du lait à Mme Farge, dit-elle en remettant un pot en place. Beaucoup de lait.

Pierre hoche la tête. Il s'inquiète plus de sa sœur que du bébé.

– Je ne parviens toujours pas à comprendre comment nous sommes passés à côté. Elle venait ici presque tous les jours. On a vécu avec elle!

– Cela arrive, Pierre. Elle n'avait pas grossi.

– Oui, d'accord. Mais on aurait dû voir qu'elle n'était pas bien. S'inquiéter de son mutisme, de ses sautes d'humeur, je ne sais pas, la faire parler, l'aider...

– Tu as raison. On est passés totalement à côté. Mais c'est maintenant qu'il faut l'aider.

Le mugissement d'une sirène, toute proche, les fait sursauter. Le Luxembourg. Ou Saint-Sulpice.

– Et merde, on n'avait pas besoin de ça !

– Qu'est-ce qu'on fait ? On descend ?

Pierre secoue la tête. Non. On reste là. La dernière fois, ils sont restés deux heures dans la cave. Et pas le moindre bombardement.

Ariane et Pierre rentrent dans le salon, ferment la fenêtre. Les jumeaux font irruption, hilares.

– À la cave, à la cave !

– Ça suffit, les jumeaux ! Retournez dans votre chambre ! Ça va s'arrêter.

Marie s'est faufilée entre le canapé et le berceau. Perplexe, elle contemple à nouveau le bébé. C'est beau ou c'est pas beau, un bébé ? Et quand pourra-t-elle le prendre dans ses bras ?

Pierre la soulève à la hauteur de son visage, l'embrasse sur les deux joues, la repose à terre.

– Toi aussi, ma chérie, va jouer, on va bientôt dîner, on t'appellera... Laisse-nous un moment...

Marie se retourne, vérifie que personne ne la voit, tire la langue et disparaît en faisant claquer la porte du salon.

Ariane soupire. Quatre enfants à la maison dont un nourrisson. Les lessives, les couches, les courses. Elle pensait en avoir fini avec tout ça.

– Pierre ?

– Oui.

– Il faut savoir qui est le père. C'est important.

– On le saura, chérie, ne t'inquiète pas. Bompart va nous aider.

– Et ce bébé, on le met où ? Dans notre chambre, tu veux bien ?

– Non. Je vais demander à Valentin et Odette de prendre les enfants à Fontenay pendant un moment, ça leur fera des vacances. Odile, la sœur de Mme Farge, va venir t'aider, on l'installera dans une des chambres de bonne. Et on mettra le bébé dans la chambre de Marie, à côté de la nôtre.

Les sirènes se sont tues. Pierre attire sa femme vers lui, l'embrasse au coin de l'œil. Que va dire Valentin quand il apprendra la naissance du bébé ? Depuis le départ précipité de sa fille en octobre dernier, il ne faut plus lui parler d'Amélie. Et voilà que maintenant elle offre à la famille un petit bâtard, comme Olivier, le fils d'Odette. Il faut vraiment trouver celui qui a fait ça. Et vite.

*

(Mercredi 15 juillet 1942)

La clinique du professeur Bompart est située rue Villaret-de-Joyeuse, à une cinquantaine de mètres de la rue des Acacias. Discrète et cossue, elle occupe l'ensemble du rez-de-chaussée d'un petit immeuble de style haussmannien et bénéficie d'un jardin privatif s'étendant jusqu'à la rue Brunel. Les tarifs sont à la hauteur de sa réputation : un quart de traitement mensuel de fonctionnaire par journée d'hospitalisation.

Pierre a pris le métro, bondé, comme d'habitude. Les roues métalliques font un vacarme d'enfer, les gens se battent pour monter, ils puent. Par pure provocation, Pierre a choisi la dernière rame, celle attribuée aux Juifs. Il a parcouru *Le Petit Parisien*, décryptant les nouvelles avec effarement, hésitant entre le rire et la consternation. Ce style d'écolier, ces emphases d'ivrogne, ces horreurs et ces mensonges, ce sont des Français qui écrivent ça...

La semaine écoulée a été difficile, impossible d'aligner trois mots. Les événements se sont bousculés : l'installation d'Odile dans la chambre de bonne ; les allers-retours incessants entre Fontenay et Vaugirard ; l'accouchement difficile d'Esther Bronstein ; les deux réunions de réseau rue Quatrefages ; et cette rumeur insistante dont lui a parlé Ménélas et qui inquiète Ariane : quelque chose se prépare contre les Juifs. Un nom de code du genre « Vent de printemps » ou « Vent printanier », quelque chose comme ça. En clair, une nouvelle vague d'arrestations de grande ampleur se précise.

– Il vous attend dans son bureau.

L'hôtesse lui sourit. Bronzée. Peau satinée et grain de beauté parfaitement centré entre deux seins un peu trop estivaux.

– La seconde à droite...

Pierre frappe, pousse la porte. Bompart est assis derrière son bureau ; la fenêtre, derrière lui, ouvre sur une grande terrasse. Malgré la chaleur, il porte un veston et arbore son éternel nœud papillon.

– Bonjour, Pierre.

– Professeur...

Pierre s'assied dans un lourd fauteuil noir, croise les jambes, ôte son chapeau. Chaque jour de la semaine, par téléphone, il a pris des nouvelles d'Amélie.

– Alors ? demande-t-il.

Bompart hoche la tête, ajuste ses lunettes. Il ouvre le dossier rouge posé devant lui.

– Elle est réveillée.

– Je peux la voir ?

– Bien sûr. Mais j'ai peur que cela ne vous apporte pas grand-chose. Votre sœur est toujours en état de choc, elle alterne violence et prostration, un état psychotique qui m'inquiète beaucoup. Je dois absolument la garder ici pendant un moment...

– Professeur, je n'en ai pas les moyens...

– Laissez, Pierre. Votre père est passé, je me suis arrangé avec lui. Nous verrons cela après la guerre. Car elle va bien finir un jour, non ? J'ai entendu dire que les Américains commençaient à prendre de Gaulle un peu plus au sérieux. À cause de l'empire, sans doute : beaucoup de bases ralliées leur seraient utiles pour la reconquête par l'Afrique, qu'en pensez-vous ?

Pierre le regarde, étonné. Est-ce bien le moment ? Bompart veut-il le sonder ?

– Je ne sais pas, professeur, parlez-moi d'Amélie.

Bompart observe un léger silence.

– Bien. Nous allons garder votre sœur, comme je vous l'ai expliqué. Dans l'aile psychiatrie. Je ne peux pas vous dire pendant combien de temps. Je ne vous cache pas que cela peut durer longtemps. Des mois, des années peut-être…

– Mais elle n'est pas folle !

– Je n'ai pas dit cela. Elle est malade. Elle a subi un traumatisme qu'elle refoule avec violence, elle…

– Quel traumatisme ? Qu'est-ce qui s'est passé ?

Bompart se lève, ouvre en grand la porte-fenêtre.

– Vous avez vu ? Il y a même des lauriers roses. Tout à fait étonnant pour…

– Professeur !

– Oui, j'y viens. Désolé de vous annoncer cela brutalement, Pierre, mais l'enfant de votre sœur est le fruit d'un viol… comme c'est souvent le cas lors des dénis de grossesse. Amélie a été violée.

Pierre contemple l'extrémité de ses chaussures. Il s'en doutait, il redoutait.

– Elle vous l'a dit ? demande-t-il.

– Elle a parlé, oui. Venez, Pierre, allons dans le jardin faire quelques pas.

Pierre sort son paquet de Balto, extrait une cigarette. Il craque une allumette, ses mains tremblent légèrement. Amélie violée… Mais par qui ?

– Vous avez des… des détails ? Des précisions ?

Bompart lui prend le bras, l'entraîne vers une fontaine tulipe affublée de trois Grâces au fond du jardin. Pierre songe à la détresse de sa sœur, au sentiment de culpabilité qu'on éprouve toujours après avoir été abusée. Et lui, il n'a rien vu des appels au secours qu'elle lui envoyait lors de sa grossesse. Amélie violée… S'il le trouve, il va tuer ce salopard.

– Je suis très ennuyé, dit Bompart. Comme vous le savez, Valentin est mon ami, j'étais témoin à son mariage, le premier, avec votre mère, Marie-Thérèse. Je vous ai tous connus petits, à Fontenay, vous, Jean-Noël, Amédée, Amélie… C'est une belle famille… À propos, avez-vous des nouvelles de votre frère ? Il est à Londres, c'est cela ?

Pierre ne répond pas. Les lauriers roses tout à l'heure. Londres maintenant. Les circonlocutions de Bompart le mettent mal à l'aise.

– Oui, bien sûr, reprend Bompart, ne parlons pas de cela. Discrétion, bien sûr. Et Amédée, vous l'avez vu récemment ?

– Je l'ai informé en même temps que Valentin. Pour l'entrée en clinique, pas pour le bébé, comme nous en étions convenus. J'attendais d'en savoir un peu plus.

Pierre refrène un geste d'énervement. Il éteint soigneusement sa cigarette à demi consumée, glisse le mégot dans sa poche. Que se passe-t-il ? À quoi joue-t-il ? Un viol, ça ne lui suffit pas ?

– Professeur, si vous avez quelque chose à me dire, dites-le-moi. À part Amélie, la famille va très bien, je vous assure.

Bompart se penche vers la fontaine, enlève ses lunettes. À l'aide de son mouchoir, il passe de l'eau sur son visage.

– Oui, vous avez raison, j'y viens. Mais j'ai peur qu'elle n'aille plus très bien après ce que je vais vous dire…

– Pourquoi ?

– C'est à cause du viol…

– Quoi, le viol ?

– Comme ça arrive parfois, c'est quelqu'un de la famille…

Pierre attend en silence, pétrifié, sans quitter Bompart des yeux. Bompart lui pose la main sur le bras, comme il fait chaque fois qu'il doit annoncer une mauvaise nouvelle.

– C'est Amédée, Pierre. Amédée a violé votre sœur.

*

Sur la place de l'Étoile, les Allemands paradent, le pied haut, fanfares carnavalesques, sous l'œil indifférent de quelques badauds et des vélos-taxis. Au loin, vers l'ouest, un soleil rouge sang s'affaisse lentement sur Puteaux. Pierre descend les Champs-Élysées en proie à une totale confusion. Amédée, son propre frère ! Il voudrait le tuer, lui trancher la queue, lui arracher les couilles. Que va-t-il dire à Ariane ? À la famille ? L'idée de rentrer à Vaugirard lui semble insupportable. Comment passer la soirée avec elle sans lui révéler la vérité ? Pierre marche et murmure : « C'est Amédée, Pierre, Amédée a violé votre sœur », en essayant de retrouver ce ton si particulier qu'ont certains médecins pour vous annoncer d'un ton calme la mort d'un proche. Bompart lui a dit cela comme s'il disait : « C'est Amédée, Pierre, Amédée a volé un vélo. » D'un ton égal. Clinique. Pierre ricane intérieurement. Un viol, c'est quoi pour lui ? Un hasard malheureux ? Un accident ? Pas même un crime, si on se réfère au droit français. La petite phrase revient, ignoble : « C'est Amédée, Pierre, Amédée a violé votre sœur »... Il tente d'en faire le tour, d'en comprendre toutes les facettes. Pourquoi le psychiatre a-t-il dit « a violé votre sœur » plutôt que « a violé sa sœur » ? Pour atténuer l'inceste ? Pour lui faire porter, à lui, Pierre, une part de responsabilité ? Il se force à visualiser la scène. C'était forcément en octobre dernier, probablement dans l'orangerie, à trente mètres de la villa. Et le bel Amédée qui plaque la petite sur le lit en l'immobilisant d'une main, l'autre main posée sur sa bouche pour l'empêcher de crier. Amédée, son frère chéri, Amédée son préféré. Que s'est-il passé ? S'est-elle débattue ? A-t-elle appelé ? Pourquoi Mme Farge n'a-t-elle rien entendu ?

Devant la Propagandastaffel, deux sentinelles semblent figées pour l'éternité dans leur garde-à-vous de pierre. Deux uniformes bleus du PPF surgissent de l'immeuble, se heurtent à une grosse dame affublée d'une ombrelle et d'un chapeau à fleurs.

– Dites donc, ça va pas bien ?

Pierre s'écarte, reprend sa route en claudiquant un peu plus fort que d'habitude. Non, ça ne va pas bien. Sa blessure le lance. Il dépasse le Pam-Pam, rejoint le Rond-Point, fouille ses poches à la recherche d'un jeton de téléphone. Au milieu de la vitre, l'affichette habituelle précise en lettres capitales : « Accès interdit aux Juifs ».

– Chérie, c'est moi.

– Comment va-t-elle, Pierre ?

Pierre hésite un court instant.

– Bien, elle va bien, dit-il. Elle dort. Bompart s'en occupe. J'y retournerai demain ou après-demain.

– Très bien. Tu rentreras tard ?

Pierre hésite à nouveau.

– Je ne sais pas, répond-il. La réunion risque de se prolonger. Je dormirai peut-être sur place.

– Sois prudent, chéri. Fais attention à toi. Je t'aime.

– Je t'aime aussi. Bonne soirée, chérie, embrasse les enfants, on se voit demain matin.

Pierre raccroche, perplexe. Pourquoi a-t-il menti ? Pourquoi ne peut-il pas rentrer chez lui, tout raconter à Ariane, s'enfouir en elle, partager cette horreur ? Il ne peut pas, c'est tout. Il respire la honte par tous les pores de sa peau, comme s'il était lui-même l'auteur du viol. Prisonnier de son frère et de ses pensées, il se dirige vers les Tuileries en songeant à sa femme. Ariane est sans doute en ce moment avec le bébé, l'enfant d'Amédée et d'Amélie, un bébé innocent qui n'a rien demandé. Pierre serre les dents. Personne. Personne ne doit savoir. Ni elle ni Valentin.

Place de la Concorde, déserte, le drapeau allemand flotte sur l'hôtel Crillon. Paris, lui aussi, ne cesse d'être violé. Les pancartes, lettres noires sur fond blanc, indiquent les directions de Cherbourg, d'Orléans, de Strasbourg. Pierre remonte la rue de Rivoli par le trottoir de droite, longe le jardin : la fraîcheur des arcades est interdite aux civils. Après avoir dépassé la Kommandantur, il traverse, tourne à gauche dans la rue d'Alger, scrute les fenêtres du numéro six. Celles du deuxième sont ouvertes. Mireille. Il faut que Mireille soit là. Il se demande pourquoi ses pas l'ont amené là, pourquoi il n'a pas bifurqué vers Saint-Germain. Il le sait : il a besoin du réconfort d'une femme et ce ne peut pas être Ariane. Pas pour l'instant.

– C'est qui ?

– Miguel !

La jeune femme ouvre la porte, s'efface pour le laisser entrer.

– Qu'est-ce qui se passe ? Une urgence ?

Mireille Leroyer est courrier dans le réseau Cervantès. Petite brune plutôt jolie, nez en trompette, une quarantaine d'années.

– Je ne peux pas rentrer chez moi, j'ai besoin de dormir ici cette nuit. Je peux ?

– Oui. Mais… il n'y a qu'un lit.

– On s'arrangera…

Mireille s'interroge. Qu'entend-il par « s'arranger » ?

– Je te fais un café ? Un bon café à l'orge grillée ?

– Non. Je vais au lit. Il faut que je dorme.

Mireille, perplexe, le regarde se déshabiller. Se cacher sous le drap. Rapide, le lieutenant Miguel ! Mais elle a eu le temps de le détailler. La grande cicatrice qui court sur sa cuisse gauche. Les membres un peu trop maigres pour sa taille et sa corpulence. Et cette touffe de poils au milieu de la poitrine ! Franchement, il est beaucoup plus beau lorsqu'il est en costume. Elle se déshabille à son tour, plie soigneusement sa robe, se glisse dans le lit en ne conservant que son slip et son soutien-gorge. Pierre tend la main, l'attire contre lui, enfouit sa tête entre ses seins. Elle caresse ses cheveux, ses joues, ses paupières.

– Tu veux faire l'amour ? demande-t-elle.

Pierre se redresse.

– Quoi ? Mais pas du tout !

– Mais qu'est-ce qu'on fait là, alors ?

Pierre déglutit. Oui, qu'est-ce qu'on fait là ?

– On fait, dit-il, que j'ai envie d'une cigarette. Que je m'excuse. Que j'ai eu soudain besoin d'une maman. Que je ne peux pas t'expliquer.

Mireille s'écarte, quitte le lit. Merci pour le compliment. Et dommage, dommage. Elle se serait bien envoyé le lieutenant Miguel. Que lui arrive-t-il ? Venir dormir ici, sans prévenir ? C'est sûr, sa femme l'a plaqué. Elle le regarde, le trouve émouvant.

– J'ai des Gauloises, si tu veux…

– Oui, merci.

Elle fouille son sac, sort un paquet de P4. Elle s'assied près de lui, glisse une main sous le drap, la pose sur sa cuisse. Peut-être est-il du genre à se faire prier ? Ou simplement timide ?

– Miguel, j'ai envie...

Pierre allume sa cigarette, les yeux fixés sur le plafond, vaguement étonné par la proposition.

– Non, s'il te plaît. Je crois finalement que je vais rentrer.

La main de Mireille remonte vers le bas-ventre, se fait plus insistante, il sent son sexe durcir et soulever le drap de façon ridicule. Il se tourne vers elle, la regarde fixement, éteint sa cigarette. Mireille retire son soutien-gorge, approche son sein droit de sa bouche. Il tète longuement, ferme les yeux. C'est chaud et c'est doux. Mireille s'est emparée du sexe, elle le caresse doucement, de bas en haut, de haut en bas. Et merde, songe-t-il en gémissant, ça ne compte pas. Tromper sans amour, ce n'est pas tromper.

*

(Jeudi 16 juillet 1942)

Le métro pue. Pas comme la veille. Différemment. L'odeur du poisson, rapporté des Halles dans d'immenses cabas par de solides matrones pour quelques restaurants chics de la Rive gauche. Châtelet, Cité, Saint-Michel, Odéon, il est 8 heures. Soleil, déjà. Pierre remonte la rue de Tournon, cœur serré. Comment a-t-il pu tromper Ariane avec cette fille ? Et que va-t-il faire pour Amédée ? Devant l'hôtel d'Entragues, un petit groupe s'agite, têtes levées, désignant du doigt un des étages. Pierre remonte la rue, presse le pas, s'engage dans la rue de Vaugirard. Le silence est inhabituel, vaguement oppressant. Devant son immeuble, sur le trottoir, une poupée de chiffon embrasse une chaussure. Des papiers. Des lunettes brisées. Pierre pousse la porte, traverse la cour, se précipite vers l'escalier. Au quatrième, chez les Bronstein, la porte est grande ouverte, Ariane pleure dans l'entrée.

– Ariane !

Elle aperçoit Pierre, se jette dans ses bras.

– Pierre ! Ils les ont emmenés !

– Qui ça ?

– Ils sont arrivés à 6 heures du matin. Des policiers français. Ils les ont tous emmenés dans un autobus !

Pierre lui caresse les cheveux, blêmit. À 6 heures du matin, il était encore dans le lit de Mireille.

– Tous ?

– Oui. Isaac, Esther et les enfants. Esther avait son bébé dans les bras. Elle hurlait.

– Et Isaac ?

– Ils étaient six, Pierre, des policiers et des gendarmes français, armés, tu te rends compte ? Pas des Allemands ! Isaac leur a dit qu'il était français, qu'il s'appelait Bronville, mais ils n'ont rien voulu savoir. Ce sont les hurlements d'Esther qui m'ont réveillée. Lorsque je suis sortie, ils étaient déjà dans l'escalier. Je suis descendue, j'ai voulu prendre le bébé d'Esther, mais ils s'y sont opposés. D'après la concierge, ils ont été emmenés au vélodrome d'Hiver. Une rafle gigantesque, dans tout Paris.

Ariane s'essuie les yeux, renifle.

– J'ai un double de la clef. Je ferme et on monte.

Elle verrouille la porte des Bronstein à double tour, agrippe son mari par la manche, le secoue.

– Pierre, ils ont été emmenés. Tu peux faire quelque chose, ton réseau, tout ça ?

– Je ne sais pas. Je ne crois pas. Il faut que je me renseigne...

– Tu sais, hier soir, quand tu m'as dit que tu ne pouvais pas rentrer, je ne sais pas pourquoi, j'ai eu peur. Comme un pressentiment. J'avais l'impression que tu étais en danger... Mais c'étaient eux qui étaient en danger. Mon Dieu ! Esther et son bébé ! Tu te rends compte ?

La porte du cinquième est restée ouverte. Dans le salon, Odile est assise près du berceau.

– Il a pris son biberon, Madame. Et les gens du quatrième, qu'est-ce qui s'est passé ?

– C'était une rafle, Odile, c'est terrible. Ramenez le bébé dans la chambre et préparez-nous du café, s'il vous plaît.

– Oui, Madame.

– Je suis morte, dit Ariane en se laissant tomber sur le canapé. Anéantie. Pierre, qu'est-ce qu'on va leur faire ?

– Je ne sais pas, chérie. Isaac est français, ils vont peut-être les relâcher…

– Il y a une enveloppe pour toi sur le guéridon. Un jeune homme l'a apportée hier en fin d'après-midi.

Pierre fronce les sourcils, se rend dans l'entrée, reconnaît l'enveloppe grise qu'utilise la préfecture. Au mépris de toutes les règles de sécurité, Ménélas, son contact, lui a envoyé un billet. Il l'ouvre, lit rapidement : « Demain 16 à l'aube, vaste rafle J dans tout Paris. Même enfants moins de 6 ans. Prévenir. Au 38, les B. ont été ajoutés à la liste. Dénoncés par téléphone. M. »

Pierre relit, une fois, deux fois. Une goutte de sueur perle entre ses omoplates. Il froisse le feuillet en boule, le dépose dans un cendrier, y met le feu. Le papier, de mauvaise qualité, brûle difficilement. Il contemple la flamme bleue, pose la boîte d'allumettes sur le guéridon. Les Bronstein, c'est probable, vont être envoyés en Allemagne.

– Qu'est-ce que tu fais ?

Pierre ne parvient pas à détacher ses yeux du papier calciné. Que vont-ils devenir ? Des rumeurs terrifiantes circulent sur le sort des déportés, gazés, puis brûlés dans des fours crématoires. Le message a fini de se consumer dans le cendrier ; ne subsistent qu'un tas de cendres et une odeur âcre. Les larmes ne viennent pas, il se sent sec et vide. S'il était rentré hier soir, les Bronstein seraient en sûreté. Cinq arrestations, pour une minable histoire de cul… Il se regarde dans la glace, s'efforce de soutenir son regard puis détourne les yeux.

Amélie, Amédée et maintenant les Bronstein. Mon Dieu, mon Dieu, pourquoi m'as-tu abandonné ?

*

– Cours, David, cours !

Il avait regardé sa mère, épouvanté, puis il avait couru, éperdument, profitant d'une seconde d'inattention des gardiens. Hurlements, sifflets. On l'avait poursuivi mais il avait réussi à s'échapper, abandonnant sa famille à l'entrée du Vél' d'Hiv', sans savoir s'il la reverrait un jour.

Depuis plus de sept heures, David attend sous la verrière de la gare du Luxembourg, à quelques centaines de mètres de l'appartement familial. À chaque arrivée de train, il entre et sort de la gare en se mêlant au flot des voyageurs afin de ne pas se faire remarquer.

Depuis le boulevard de Grenelle, il a marché au hasard, vers l'est, en suivant un moment la ligne du métro aérien. Attentif à éviter les patrouilles allemandes, tremblant de peur à chaque carrefour, il a procédé par bonds fiévreux, se cachant dans les immeubles puis reprenant sa route, sous l'œil étonné de quelques concierges. Boulevard Garibaldi, boulevard Pasteur, Montparnasse. À la Closerie des Lilas, il a bifurqué à gauche sur le boulevard Saint-Michel, retrouvant un peu de confiance dans ce quartier qu'il connaît bien. Il s'est interrogé. Aller sonner chez les Ormen ? Impossible. L'immeuble doit être surveillé et il n'a pas le droit de les mettre en danger. Ne reste que la gare, sa seule planche de salut : Pierre et Ariane prennent souvent la ligne de Sceaux pour se rendre à Fontenay. Et il y a Odette, qui vient à Paris pratiquement tous les jours. Avec un peu de chance, il croisera quelqu'un. Ce soir, si personne ne vient, il ira se réfugier dans le jardin du Luxembourg, il connaît un endroit du côté des serres de la rue Auguste-Comte où il pourra passer la nuit.

À quatorze ans, David est un long garçon poussé trop vite, ne sachant pas trop quoi faire de ses bras disproportionnés. Sa taille le vieillit. Du haut de son mètre soixante-quinze, près de l'arrêt du 38, il scrute les voyageurs qui sortent de la gare, serre les dents pour ne pas pleurer. S'il pleure, il est perdu. Il revoit le visage de sa mère serrant le bébé dans ses bras, celui de sa petite sœur apeurée, il croit entendre encore les hurlements, les ordres, la stridence des sifflets. Qu'est-ce qu'on va leur faire ? Pour la centième fois, il entre dans la gare, se poste près du marchand de journaux qui le regarde bizarrement. Une petite bonne femme s'arrête près de lui, fouille son sac, sort un ticket. Le cœur de David fait un bond prodigieux.

– Dadou... ?

Odette se retourne. Son visage défait s'illumine un court instant. David ! Mais qu'est-ce qu'il fait ici ? À l'étude dont elle revient, boulevard Malesherbes, elle a appris qu'Isaac avait été arrêté à l'aube avec toute sa famille. Seraient-ils passés entre les mailles du filet ?

– David ! C'est toi ? Vous avez été relâchés ?

Le garçon secoue la tête.

– Non. Ils sont là-bas. J'ai pu m'échapper.

– Viens, ne restons pas ici.

Odette le prend par le bras, l'entraîne chez Capoulade au coin de la rue Soufflot. Ils s'installent dans un coin tranquille du premier étage, commandent deux menthes à l'eau.

– Raconte, David.

David lui raconte. Les policiers à 6 heures du matin. La fermeture des compteurs de gaz, d'eau et d'électricité. Prendre une couverture, un pull et des chaussettes. Les clefs chez la concierge. Le long trajet en autobus dans un Paris désert. Et la petite Sarah qui pleurait parce qu'elle avait perdu sa poupée.

– Mais qu'est-ce qu'on vous a dit, là-bas ?

– Rien. D'attendre. Il y avait des centaines, des milliers de personnes, ils les faisaient entrer dans le vélodrome par paquets de dix, il faisait déjà chaud, c'était terrible. À un moment, il y a eu une bousculade. Maman m'a dit de courir, de m'enfuir, j'ai hésité un instant, et puis j'ai couru. C'est mal, Dadou ?

Odette lui prend la main, la caresse doucement.

– Non, David. Tu as bien fait. Et ce n'est peut-être qu'une vérification d'identité ?

David dégage sa main, se mouche sur son poignet. Odette sort de son sac un mouchoir brodé, le lui tend.

– Tu les reverras bientôt, j'en suis sûre, dit-elle.

David baisse la tête, se met à pleurer silencieusement. Les larmes tombent dans son verre.

– Qu'est-ce que je vais faire, Dadou ?

Odette réfléchit, envisage les possibilités. Fontenay ? Non. Trop compliqué. Trop dangereux. Le mieux, pour l'instant, c'est de cacher David dans la garçonnière de la rue d'Anjou et d'aviser pour la suite. Heureusement, elle a les clefs.

– Ton père loue un petit studio, près de l'étude. Il n'y a pas de concierge, c'est un immeuble tranquille. Tu vas t'y installer, le temps d'y voir plus clair. Tu ne sortiras pas, je viendrai chaque jour t'apporter de quoi manger. D'accord ?

– D'accord. Merci, Dadou. C'est quoi, ce studio ? Tu as les clefs ?

Odette se demande si le garçon est au courant de sa liaison avec Isaac. Pourvu qu'elle n'ait pas laissé traîner quelques affaires trop personnelles. Enfin, qu'importe. C'est si loin, tout ça...

– On va y aller maintenant, tous les deux. Je vais te laisser de l'argent, les clefs, je reviendrai demain matin avec des vêtements et des affaires de toilette. Tu vas tenir le coup ? Tu n'auras pas peur ?

– Ça ira, Dadou. Je vais tenir. Tu écouteras les nouvelles ? Tu m'apporteras le journal ?

– Mais oui, ne t'inquiète pas. Je vais essayer de contacter Simon Levitte, un ami de ton père qui s'occupait des Éclaireurs israélites, rue Claude-Bernard, c'est à deux pas. Ça va s'arranger. Tu ne sortiras pas, tu ne parleras à personne, tu m'as compris ?

– Oui.

– Bon. On y va.

Odette règle les consommations, consulte sa montre. Trois quarts d'heure pour l'aller, trois quarts d'heure pour revenir, vingt minutes de train, elle sera à Fontenay pour le dîner.

*

De la rue de Vaugirard monte un bruit de bottes, pas lents, pesants. Encore une patrouille.

– Tu as téléphoné ? demande-t-elle en dénouant ses cheveux.

– Ariane ! Tu sais bien que cela ne se passe pas comme ça. On ne se téléphone pas, c'est cloisonné.

Ariane connaît peu de chose des activités souterraines de Pierre. Qui veille à perpétuer cet état de fait : moins elle en sait, mieux cela vaut.

Elle va chercher une brosse sur la commode. Pierre est attablé, il corrige une épreuve. Son roman ? Un tract ?

– Tu as du nouveau ? poursuit-elle.

– Pas grand-chose. Ils sont entassés au Vél' d'Hiv', c'est un centre de tri. Ensuite, il y a les camps, Drancy, Compiègne, Pithiviers. Ils ont tiré sur ceux qui tentaient de s'enfuir, une centaine de morts, c'est vraiment l'horreur.

– Tu peux intervenir ?

Pierre esquisse un geste las. Non, il ne peut rien faire. Sinon attendre. Durant toute la journée, la pensée des Bronstein ne l'a pas quitté. Il est marqué, marqué au fer rouge sur l'épaule droite, comme les bagnards.

– Qu'est-ce qu'il y a, chéri ?

Pierre hésite. Tout dire. Amédée, Mireille…

– Rien. Le contrecoup. Le bébé d'Amélie, la rafle ce matin, ça fait beaucoup…

– Je sais. Pour moi aussi. Mais nous sommes deux.

– Oui.

– Tu as eu ton père au téléphone ?

– Oui.

– Qu'est-ce qu'il dit ? Les enfants vont bien ? Odette s'en occupe ?

– Oui.

Ariane, agacée, va ajuster le rideau.

– Oui, oui, oui ! Je croyais que tu étais écrivain, tu connais d'autres mots ?

Pierre ébauche un sourire, pour s'excuser.

– J'ai mis mon père au courant, il était effondré. Il connaît Isaac depuis plus de trente ans. J'ai tenté de le rassurer, j'ai raconté n'importe quoi, je ne devais pas être très convaincant.

Ariane vient s'asseoir sur ses genoux, cale la tête contre son épaule. Ses cheveux cachent son visage.

– Tu sais, Pierre, j'ai tellement besoin de toi. J'ai l'air forte, comme ça, mais je suis toute petite. Ce monde me dépasse. Heureusement, tu es là.

– Je me sens tout petit, moi aussi. Si petit…

– Nous y arriverons, *darling*… Il va falloir que je m'occupe du biberon, Odile est montée dans sa chambre. Tu ne m'as pas dit, pour Amélie. Elle dort toujours ? Elle a parlé du père de l'enfant ?

Pierre se dégage doucement.

– Bompart est pessimiste. Amélie est choquée, bloquée, elle ne se souvient même plus de l'accouchement.

– À ce point-là ?

– Elle refuse l'idée d'avoir eu un enfant, alors le père, tu parles, il n'existe pas ! Bompart parle d'un état névrotique qui pourrait durer des années. En fait, cette névrose était probablement sous-jacente : elle se sent responsable de la mort de sa mère, le viol a tout ravivé. Il dit qu'Amélie n'acceptera jamais cet enfant.

– Qu'est-ce qu'on va en faire ? On ne peut tout de même pas le mettre à l'Assistance publique !

Ariane se lève, tend l'oreille. Le bébé ne va pas tarder à se réveiller. Elle ouvre la boîte de Week-end, sort deux cigarettes. L'une pour elle, l'autre pour lui.

– On va le garder, dit-elle.

– Pardon ?

– Oui, Pierre, on va faire ça. Nous n'avons pas le choix. Nous allons le déclarer à la mairie comme si c'était le nôtre.

Pierre tend la main, attrape la cigarette allumée.

– Mais les enfants, les voisins ? Qu'est-ce qu'on va dire ? Ils ont bien vu que tu n'étais pas enceinte !

– On verra. On dira que c'est un bébé abandonné, que nous l'avons adopté.

Pierre ne répond pas. Un quatrième enfant, un nouveau-né, alors qu'ils sortent enfin de la période difficile avec les leurs. Il se lève brusquement, furieux de sa réaction. Il songe au bébé Bronstein déshydraté dans la chaleur étouffante du Vél' d'Hiv', cette petite Rebecca au destin si fragile qui risque de mourir avant d'avoir vécu. Oui, bien sûr, on va l'adopter. Comme si les deux bébés – celui d'Amélie et celui d'Esther – se tendaient la main au-dessus des saloperies du monde pour tenter de s'entraider. Cela ne répare rien, songe-t-il, mais cela permettra de rester à peu près droit, de pouvoir se regarder dans la glace le matin.

– D'accord, chérie. On fait comme ça. Je vais m'en occuper, le déclarer à la mairie. Mais il y a un problème…

– Quoi ?

Pierre sourit, un sourire de gamin.

– Il faudrait un prénom… Choisis !

Ariane se jette dans ses bras, murmure quelques mots à son oreille.

– C'est ça que tu veux ? Comme dans *Les Contes du chat perché* ?

– Oui ! Marie les adore.

– Très bien. Delphine. Bienvenue dans la famille, Delphine Ormen…

*

(Lundi 20 juillet 1942)

Dans la rue Marjolin, près des abattoirs de la place Collange, la salle de sport d'Amédée se cache au fond d'une petite cour recouverte de pavés disjoints. Le bâtiment, un ancien atelier de réparation automobile, échappe aux regards de la rue grâce à deux hauts murs reliés par une vaste porte à pans coulissants.

Les deux Berliet diesel reconditionnés portant l'inscription « Le Bon Lait » pénètrent dans la cour, se rangent en marche arrière devant un grand perron flanqué de deux volées de marches en pierre. Sur la droite, une rampe bétonnée permet d'accéder au sous-sol, un vaste espace qui servait autrefois à stocker les véhicules.

Blanc et Ducasse éteignent les moteurs, sautent de leur cabine.

– Et voilà le travail !

Ziegler leur fait signe de débâcher, de se mettre au travail. Il prend Amédée par le bras, l'entraîne vers le perron. Ce « Vent printanier » a été une bénédiction : trois appartements en deux jours ! Pour la rue de Vaugirard, la concierge de l'immeuble n'en revenait pas. Tous les biens confisqués ? Elle avait chaussé ses lunettes, épluché l'ordre de réquisition, le bon de déménagement signé des « Professionnels réunis » et les différents papiers à en-tête allemande. Elle s'était étonnée : ça part où, tout cela ?

– Mais en Allemagne, madame, pour soulager les victimes allemandes des bombardements !

Ziegler sourit. Bonne pioche, merci Amédée. L'affaire n'avait pas pris plus de deux heures. Si von Behr savait ce qu'ils avaient trouvé dans l'appartement ! Les meubles et les bijoux, à vue de nez, dans les quatre cent mille francs. Quant aux tableaux, ça pourrait être le gros lot !

– C'étaient qui, ces gens ? demande-t-il.

– Je ne sais pas, répond Amédée. Des Juifs qui se cachaient sous le nom de Bronville. J'ai eu le tuyau par un informateur.

– Il en connaît d'autres comme ça, ton informateur ?

– Non, je ne crois pas, pas pour l'instant.

Ziegler évite le regard d'Amédée. Il faudra que Monsieur lui explique pourquoi le nom d'Ormen figurait chez la concierge sur la liste les locataires de l'immeuble.

– Bon, dit-il. On va les aider à décharger. C'est vraiment à toi, cet entrepôt ?

– Mon père me l'a acheté avant la guerre. Pour en faire une salle de sport. Mais il faudrait que je fasse des travaux. Cloisonner, construire des vestiaires, refaire l'électricité, aménager le parking dans la cour…

Ziegler ricane.

– Ne t'inquiète pas pour ça. Tu vas pouvoir commencer plus vite que tu ne le crois. Les voisins ?

– Deux garages. Ils bricolent dans le gazobois, les pièces détachées, je ne les ai jamais vus.

– Parfait. Continue comme ça. S'ils se montrent un peu trop curieux, tu m'en parles, j'irai leur rendre une petite visite. Maintenant, montre-moi, visitons le palais.

P'tit Louis s'approche en chaloupant, touche sa casquette du doigt.

– On pose tout où, patron ?

– Au sous-sol, par la rampe. Vous avez vingt minutes ! Et pas n'importe comment : on aura besoin de place pour les prochains chargements !

La porte du perron ouvre sur une belle entrée, une mezzanine métallique surplombant la grande salle. Un large escalier en colimaçon relie les deux niveaux. L'étage supérieur comporte par ailleurs un bureau doté de cloisons ajourées et une pièce de bonnes dimensions, meublée sommairement : un lit, une armoire, deux bicyclettes, une table et ses deux chaises.

– Tu dors ici ? demande Ziegler.

– Le plus souvent, répond Amédée. Fontenay-aux-Roses, c'est loin.

– Et tu veux monter une salle de sport ?

– Oui. Et de boxe. Je cherche un ring.

– On te trouvera ça. On peut accéder au sous-sol, par l'intérieur ?

Ils descendent l'escalier, traversent la grande salle, descendent à nouveau vers le sous-sol par un escalier de pierre.

– Il y avait un monte-charge entre les trois niveaux, signale Amédée, mais il ne fonctionne plus. Et il y a des caves, en plus.

Le sous-sol est la réplique de la salle du haut, piliers en plus. Les hommes de Ziegler sont en train d'empiler les meubles en les protégeant avec des couvertures.

– Bel endroit, dit Ziegler. Difficile de trouver mieux. Qu'est-ce que tu as ? Je te trouve soucieux...

– Non, je réfléchissais.

Amédée contemple la commode que Ducasse et Blanc placent précautionneusement contre un grand miroir, la commode Louis XV qui trônait dans l'entrée de l'appartement des Bronstein. Où sont-ils aujourd'hui ? À Drancy ? À Pithiviers ? Il n'éprouve pas le moindre remords : c'étaient des Juifs, des profiteurs, des âpres au gain. Des amis de son père, c'est vrai. Et alors ? Les amis de son père ne sont pas forcément ses amis. Et son père, de toute façon, ne l'a jamais aimé.

Amédée regarde P'tit Louis déplacer un bronze, fort lourd, représentant une scène de chasse. Il n'y en avait que pour Pierre, l'aîné chéri, pour Jean-Noël, le puîné adoré. Lui était arrivé en 1920, troisième garçon, en lieu et place de la fille qu'ils espéraient. La fille était née trois ans plus tard, trois ans trop tard : Amélie, la seule qui l'a aimé, Amélie, qui dort toute la journée dans une clinique du 17e arrondissement.

Lorsque Pierre l'a appelé une dizaine de jours auparavant pour le mettre au courant – et en lui demandant de garder le secret – Amédée a compté sur ses doigts. De un jusqu'à neuf. Et merde ! Comment a-t-il dit ? Déni de grossesse ? Il a remercié le dieu des dénis, celui qui dit non, celui qui transforme la mémoire en gruyère. C'était en octobre, il se souvient, à l'orangerie. Il avait bu. Amélie était blottie contre lui sur le lit, comme d'habitude, les choses s'étaient enchaînées, un geste puis l'autre, ce n'est pas sa faute, il avait bu. Et puis, elle n'avait pas résisté, enfin, pas beaucoup ; elle n'avait même pas crié. Il ne voulait pas lui faire de mal, surtout pas, simplement lui dire qu'elle était son ange, qu'elle était sa raison de vivre ; et puis, il y avait eu ces gestes, il n'avait pas trouvé les mots, uniquement les gestes, pour lui dire qu'il l'aimait…

– Toujours soucieux, Mister Ormen ?

– Je pense à ma sœur. Ma sœur Amélie. Elle est très malade…

– Pauvre vieux !

Oui, comme du gruyère. De gros trous de mémoire. Elle ne parlera pas, c'est sûr. Plus maintenant. Elle n'en a pas parlé pendant tous ces mois, pourquoi le ferait-elle aujourd'hui ? Amédée contemple son nouveau royaume : les hommes de Ziegler ont terminé le travail, les meubles des trois appartements occupent à peine le dixième de la surface disponible.

Où a-t-il dit qu'elle était ? Chez le docteur Bompart, rue Villaret-de-Joyeuse ? Dans quelque temps, il lui rendra visite, pour voir. Et pour l'embrasser.

*

(Mardi 21 juillet 1942)

Que lui avait dit Paulhan ? Que la vie est joyeuse dans les pires moments, qu'elle a un goût de joie, comme les roses ont un parfum de rose. Mais que la joie ne fait pas souvenir. Qu'elle est trop naturelle, insaisissable. Que la tristesse et le désespoir, eux, demeurent pour toujours. C'était rue des Arènes, au début de la guerre. Pierre se demande si sa tristesse va disparaître un jour. Il n'a pas écrit une ligne depuis fin juin. Et, depuis jeudi dernier, il ne cesse de penser à sa sœur Amélie et à l'arrestation des Bronstein. Une semaine à tenter de calmer sa rage, à prendre des nouvelles, à réfléchir.

– Miguel !

– Oui ?

– Autre chose ?

– Non.

Le commandant Titus – Jacques Lancelot dans le civil – clôt la séance en refermant sèchement l'annuaire du téléphone sur lequel il a coché quelques noms. Pierre secoue la tête : quel pseudonyme à la con. Pourquoi puisent-ils tous leur identité dans les cendres de l'Empire romain, comme s'ils retournaient sur les bancs de l'école ? Mais bon. Peut-être est-il souhaitable qu'il y ait parfois un peu de jeu dans la guerre. La réunion s'est achevée dans la confusion à propos d'un éventuel rapprochement avec les communistes du réseau Olympe.

– La vache, qu'est-ce qu'il leur a mis !

Pierre se retourne, acquiesce. Ménélas est un jeune homme, presque un gamin, responsable de la section des faux papiers. Employé à la préfecture, il fait la liaison avec tous les sympathisants travaillant en mairies.

– Salut, Ménélas !

– Comment ça s'est passé, pour jeudi dernier ? Tu as eu mon message ?

– Quoi ?

– La rafle…

Pierre aimerait oublier le message de Ménélas. Oublier cette soirée chez Mireille, tout oublier.

– Rien pu faire. Emmenés.

– La vache ! Tu te rends compte ? Plus de dix mille Juifs. Remarque, ils en espéraient vingt-cinq mille…

– Je vais avoir besoin de toi, mon vieux.

– Oui ?

– Il me faut des papiers, je ne sais pas comment ça se passe. Je veux déclarer à mon nom un bébé qui n'est pas le mien.

Les yeux de Ménélas pétillent de plaisir. Son billet, au mépris des usages en vigueur dans le réseau, a donc servi à quelque chose.

– C'est le bébé Bronstein ? Tu as pu le sauver ?

Pierre ferme les yeux, grimace : sa main droite s'est mise à lui démanger.

– Il s'agit d'une petite fille. Elle s'appellera Delphine Ormen.

– Tu veux vraiment adopter un enfant juif ?

– Ménélas, s'il te plaît, je n'ai pas envie de parler de ça !

– D'accord, d'accord. Je vais m'en occuper. Tu auras les papiers dans dix jours au plus tard.

Titus s'approche d'eux, pose la main sur l'épaule du jeune garçon.

– Alors, les intellos, on complote ?

Le visage de Ménélas s'illumine à nouveau. Ses taches de rousseur brillent de bonheur. On ne l'avait jamais qualifié d'intellectuel.

– Ce Miguel, commandant, c'est vraiment quelqu'un !

– Je sais. Laissez-nous un moment, j'ai besoin de lui parler.

La petite salle à manger dans laquelle ils se réunissent s'est vidée peu à peu. Les membres du réseau sont sortis les uns après les autres, à une minute d'intervalle.

– Miguel, j'ai un message pour vous. De Londres. Votre frère vous salue et vous embrasse.

– Comment va-t-il ?

– Bien, d'après ce que je sais. Il vient d'être nommé au CE du Bureau central, comme bras droit de Wybot.

– CE ? interroge Pierre.

– Contre-espionnage. La section chargée de détecter et d'éliminer les agents ennemis infiltrés dans la Résistance, en France et à Londres. Votre frère a fait une ascension fulgurante. Quel âge a-t-il ?

– Vingt-cinq ans.

– Compliments. Vous repartez avec moi ? Je vous offre un verre, je connais un bar à pastis absolument remarquable.

– Non merci, j'ai un rendez-vous important. Avec un infiltré.

– Vous rigolez ?

– Bien sûr. Rien qui nous concerne. Juste un agent ennemi, un ennemi de la famille qui s'est infiltré dans le lit de ma sœur.

– Pas d'exécution, donc ? demande en souriant le commandant Titus.

Pierre regarde autour de lui. Ils seront les derniers à quitter la pièce.

– Pas sûr, commandant...

Titus tend la main, Pierre hésite à tendre la sienne : elle est brûlante.

*

Amédée pousse la porte du Royal Saint-Germain, parcourt des yeux la salle à moitié vide : en cette fin juillet, tout le monde est en terrasse, excepté deux officiers allemands installés sous la grande fresque représentant une ronde de jeunes femmes. Amédée repère son frère sur la gauche, cherche à deviner sur son visage le sens de ce rendez-vous. Amélie aurait-elle parlé ? Il s'approche, enlève son chapeau, glisse ses lunettes de soleil dans la petite poche d'une veste en lin immaculée.

Pierre fronce les sourcils. Son frère porte des chaussures à semelles de crêpe, une montre de prix au poignet. Comment fait-il pour mener ce train de vie ?

Amédée s'assied sur une chaise face à la banquette, tire légèrement sur son pantalon pour ne pas le froisser, appelle un serveur.

– Un café, un vrai. Et pour toi ?

– Pareil.

Les deux frères s'observent. Le cendrier déborde, Pierre doit l'attendre depuis un moment.

– Et deux cafés, deux !

Le garçon pose les deux tasses et une soucoupe de saccharine sur la table en marbre.

– Alors, Pierre, tu voulais me voir ? Désolé pour les Bron… ville, c'est moche, tu as des nouvelles ?

Pierre le dévisage avec dégoût. Un violeur et très probablement un combinard de trafiquant. À l'aise, le petit salopard. Il saisit sa tasse, la repose. Trop chaud. Tu voulais des nouvelles ? Tu vas en avoir.

– Oui, j'ai des nouvelles. De très mauvaises nouvelles. Pour toi. Regarde-moi dans les yeux, Amédée. Je sais que c'est toi.

Amédée pâlit, sa main droite se met à trembler. Impossible. À part Ziegler, pour les Bronstein, personne ne peut savoir.

– Comment cela, c'est moi ?

– Le bébé d'Amélie, c'est toi. Et je sais comment cela s'est passé.

La main d'Amédée retrouve son calme. Il saisit sa tasse de café, boit posément. Fouchtra, il a eu chaud ! Quant à sa sœur, elle a parlé, évidemment…

– Tu ne dis rien ? demande Pierre.

Amédée baisse les yeux.

– Qu'est-ce que tu veux que je te dise, puisque tu sais tout ? Oui, c'est moi. Mais ce n'est pas ma faute. J'avais bu, j'étais ivre.

Pierre se retient de ne pas le gifler.

– Pauvre larve ! Comment oses-tu ?

– Je t'assure, Pierre, je regrette, je regrette vraiment, je ne sais pas ce qui m'a pris, j'avais bu, je ne voulais pas lui faire de mal…

– Tu me dégoûtes ! Tiens, paye !

Amédée lui jette un regard haineux. Ils le regardent comme une merde, dans cette famille ! Pourquoi ? Parce qu'il n'est pas un héros ? Parce qu'il ne se gargarise pas de jolis mots ? S'ils connaissaient la vérité, tous, quand il a eu sa primo-infection, quand on l'a envoyé en home d'enfants, tout seul au milieu des grands, ils comprendraient peut-être. La seule qui lui ait témoigné un peu d'amour durant toute son enfance, c'était elle. Amélie. Maintenant il est tout seul, comme là-bas, au pensionnat.

– Qui est au courant ? demande-t-il.

– Personne, à part moi et le médecin. Et Amélie, bien sûr.

– Comment va-t-elle ?

– Tu te fous de moi ? Tu l'as rendue folle ; tu lui as volé sa vie ; d'une certaine façon, tu l'as tuée. Et tu veux savoir comment elle va ? Tu n'as pas l'air de comprendre, petit con : c'est terminé pour toi, tu n'as plus de frère, plus de sœur, plus de famille. Estime-toi heureux que je n'aille pas chez les flics.

Amédée se met à ricaner.

– Les flics, ils ont autre chose à foutre, en ce moment !

Pierre le regarde avec effarement : son frère ne manifeste pas le moindre sentiment de culpabilité.

– Tu vas partir, Amédée, il y a déjà assez de dégâts comme ça, papa ne s'en remettrait pas. Pars où tu veux – très loin, si j'étais toi. Tu prends tes affaires et tu dégages. Tu ne remettras plus les pieds à Fontenay. Tu ne remettras plus les pieds rue de Vaugirard. Tu n'iras jamais à la clinique. Je ne veux plus te revoir. Si tu te tiens à distance, cette histoire restera entre nous. Je n'en parlerai ni à Ariane, ni à Odette, ni à Valentin. Mais si l'un d'eux l'apprend un jour, je saurai que c'est toi. Et je t'arracherai les yeux, compris ?

Amédée croise les bras, se cale contre la banquette.

– Je suis banni, c'est cela ? Et c'est toi qui prononces la sentence ?

– Appelle ça comme tu veux.

– Eh bien je vais te dire, Monsieur la Morale : j'en ai rien à foutre ! Le père et son Odette, tu parles d'une famille ! Évidemment, pour toi, c'est autre chose : la famille, c'est ton truc, Monsieur Premier-en-classe, Monsieur Premier-en-tout, collectionneur de compliments, chouchou à ses parents !

– Barre-toi, Amédée, barre-toi avant que je ne me fâche vraiment !

Amédée se lève, attrape rageusement sa veste et son chapeau.

– Oui, Caïn, je me barre. Tu n'entendras plus parler de moi.

Il s'éloigne, fait demi-tour, revient sur ses pas. Il sort son portefeuille, extrait un billet. Soixante-dix francs pour deux cafés, une fortune.

– Tiens, connard, garde la monnaie. Et souviens-toi d'une chose : Amélie, je l'aimais. Tu comprends ? Je l'aime !

Dans le miroir surplombant la banquette, Pierre regarde son frère disparaître vers la rue de Rennes. Caïn : le premier fils d'Adam et d'Ève, Caïn le meurtrier, le salopard : son frère mélange un peu les genres. L'épithète, pourtant, s'insinue comme un poison dans le sang : avait-il le droit de bannir son frère de la famille, de nier son existence comme Amélie nie son enfant ? À l'autre bout de la salle, il croit reconnaître Montherlant marchant le cul haut, un imperméable posé sur le poing droit, avançant telle une patère ambulante se prenant pour un Grand d'Espagne. Décidément, c'est le jour des salopards. Le vieil homme qui se prosterne sans honte devant le pagano-fascisme et crache avec mépris sur la judéo-démocrassouille l'a approché récemment pour écrire dans *La Gerbe*, ce qu'il a évidemment refusé. Drieu, Brasillach, Giraudoux, Céline, Montherlant. Comment peuvent-ils se fourvoyer ainsi ?

Et moi, songe Pierre en se levant, qu'est-ce que je vaux exactement ? Quelle devra être ma pénitence pour effacer mes fautes ? Et qui suis-je, pour condamner ?

*

Tout au bout du boulevard Saint-Germain, vers la Chambre des députés, un soleil déclinant empourpre les nuages. Pierre traverse la place, longe l'église et pousse la porte du Divan, la librairie au coin de la rue Bonaparte et de la rue de l'Abbaye. Henri Martineau, prince des stendhaliens et poète à ses heures, le salue d'un signe de tête.

– Je cherche, dit Pierre, quelque chose sur le pardon. Sur le rachat des fautes.

– C'est pour offrir ou à consommer sur place ?

– Je ne plaisante pas, Henri.

Martineau se gratte le menton.

– Ce qui est pardonnable est déjà pardonné, par définition. Reste donc l'impardonnable, qui ne court pas franchement les rues. Nous pourrions investiguer chez Rousseau. Ou chez Diderot. Qu'en penses-tu ?

– C'est la merde, Henri, je ne fais que des conneries.

– Quelles conneries, fiston ?

Martineau a l'âge de Valentin. Même un peu plus. Pierre, comme de nombreux clients du Flore, de Lipp ou des Deux Magots, fait partie de ses nombreux « fistons ».

– Des conneries, Henri, de grosses conneries. Je ne peux pas en parler.

– Si tu ne peux pas en parler, tu n'as qu'à les écrire. Ma revue te tend les bras.

– C'est sérieux, Henri. Par ma faute, ma bêtise, des amis vont sans doute être déportés en Allemagne. J'aurais pu les sauver et j'ai complètement merdé. Il y a aussi ma sœur : elle m'a appelé au secours et je n'ai rien entendu. Et, pour finir, j'ai banni mon frère de la famille de mon propre chef, sans en parler à personne. Je ne sais plus qui je suis, je suinte la culpabilité par tous les pores de ma peau.

Les mots se bousculent, les phrases sont hachées. Martineau pose une main sur l'épaule de Pierre.

– Calme-toi. Je ne comprends rien à ton histoire, je ne veux pas la connaître, mais toi, je te connais : tu n'as pas mal agi, j'en suis certain. Tu en es incapable.

– J'ai honte, Henri.

– Mieux vaut la honte sur le visage que la tache dans le cœur…

– Marc Aurèle ?

– Non, Don Quichotte.

– Trouve-moi Marc Aurèle. Quelque chose sur le pardon, je ne me souviens plus très bien.

Henri Martineau monte sur un tabouret, extrait un petit livre de la bibliothèque.

– « Le pardon, dit-il sans ouvrir le livre, est la réponse de la lumière devant la manifestation de l'ombre. »

– C'est cela, approuve Pierre. *Les Pensées*. Je te le prends.

– Mais non, fils, je te le donne. Toujours marié ?

– Évidemment.

– Elle est au courant, pour tes bêtises ?

– Non, c'est une partie du problème.

– Parle-lui, Ormen. Il n'y a que les femmes pour apaiser ces peines.

– Je vais y réfléchir. Merci pour le livre.

– C'est cela, dit Martineau en l'accompagnant vers la porte. Réfléchis. Et repasse me voir quand tu y verras plus clair.

Pierre sourit. Il aime bien ce type.

– Déportés en Allemagne ? demande Martineau sur le pas de la porte.

– Oui. Dans un camp.

Martineau hoche la tête.

– Regarde cette place, dit-il, regarde-les se pavaner aux terrasses des cafés. Ils n'imaginent pas ce qui les attend sur le front de l'est. Avec un peu de chance, dans deux ans, on ne verra plus un seul uniforme allemand dans Paris. Et toi, va en paix : *ego te absolvo*.

2

(Mardi 6 novembre 1945)

Ça crachouille un peu. Mais c'est beau. Et moderne. Mme Farge, évidemment, n'a pas voulu le croire. Voir ce qui existe ailleurs en même temps que ça se passe là-bas, à des kilomètres de distance, ce n'est pas possible. Il a tenté de lui expliquer comment cela fonctionnait, le direct, les ondes, tout ça. Mais elle n'a pas cédé : de vieilles images, d'accord. Mais pas en même temps que ça se passe ailleurs. C'est impossible. Et puis, combien ça coûte, ce machin-là ? Il n'a pas osé lui donner le prix. Trente mille francs. Ce soir, il y aura une pièce de théâtre, *La Demande en mariage*, d'un nommé Tchekhov, un Russe. Peut-être Odette voudra-t-elle la regarder avec lui ?

Depuis la mort de Jean-Noël dans les locaux de la Gestapo, en juillet 1944, le visage de Valentin s'est ratatiné comme une pauvre pomme ridée. Son corps est parfois secoué par de mystérieux tremblements, sa main gauche refuse souvent de lui obéir. La Libération tant attendue l'a laissé indifférent. La guerre est finie mais ne laisse que des ruines : son fils, mort sous la torture et dont le corps n'a jamais été retrouvé ; les Bronstein, exterminés à Auschwitz ; Amélie, enfermée dans une clinique depuis trois ans ; Amédée, le collabo, le déshonneur de la famille. Ne reste que Pierre, son soleil d'automne. Et le vin d'Anjou pour lui tenir compagnie.

L'orangerie, après le départ d'Amédée, s'est peu à peu transformée en atelier de peinture. Une centaine de toiles s'y entassent aujourd'hui, pêle-mêle. Chaque matin, Valentin y passe deux heures à peindre ce qu'il aperçoit de son unique œil par les larges baies qui s'ouvrent sur le parc. Toujours le même tableau : la fontaine, le cèdre vert, le ciel bleu ou gris, l'amorce blanche de la villa.

La lumière a changé. Valentin, perplexe, mélange ses couleurs, ajoute une touche de gris, rectifie le bleu, applaudit les nuages qui sont vraiment ressemblants. Il pose son pinceau, contemple son œuvre en penchant la tête sur le côté. Pas mal. Il consulte sa montre, se verse un petit verre, songe au plan de la journée : passer voir son conseiller bancaire, appeler Vaugirard pour confirmer le déjeuner de dimanche, prendre rendez-vous avec le médecin, faire les comptes, expédier le courrier. En fin d'après-midi, il ira au ministère pour tenter de régler le problème de l'indemnisation de l'usine de Bagneux. Il soupire : cette agitation le fatigue. Il aimerait rester seul, à peindre ou à rêver, ou se réfugier dans sa villa Godin pour terminer le buffet miniature qu'il veut offrir à Delphine. D'où sort-elle, celle-là ? Drôle d'histoire. Une chose est sûre : Ariane n'était pas enceinte. D'après Odette, il pourrait s'agir d'une bâtarde de Pierre, l'enfant d'une maîtresse qui serait morte ou disparue. Et alors ? songe-t-il. Même si c'était vrai, ce dont il doute fort, ce serait tout à l'honneur de sa bru. Et cette petite Delphine, on l'aime, c'est tout !

Verre à la main, Valentin contemple le jardin, le jardin du paradis où, dans les années 1920, surgissaient des bosquets gendarmes et voleurs, Indiens et cow-boys, tels des pantins montés sur ressort et bondissant hors de leur boîte. Aujourd'hui, le parc et la villa sont vides. Ne restent que lui, Odette et Mme Farge. L'envie parfois lui prend de tout vendre et de partir, mais Pierre s'y oppose : on ne vend pas son enfance. Il se penche, tente d'apercevoir la fenêtre d'Odette, sur l'aile gauche. Que fait-elle ?

*

Odette remonte l'oreiller, se cale confortablement. Elle feuillette son *Elle*, lit le début de l'article de Paul Géraldy : « Apprenez à téléphoner ». Suit un dossier sur la jeunesse des femmes, avec des tranches d'âge. Odette s'interroge. Est-elle dans la catégorie des « encore jeunes » ou dans celle des « toujours jeunes » ? Elle hausse les épaules, jette le magazine sur le lit. Quinze francs pour ces bêtises. Elle se regarde dans la glace, approuve discrètement d'un léger signe de tête. Elle porte une gaine incrustée de dentelles, une combinaison de soie noire et, par-dessus, une sorte de kimono à fleurs rouges et mauves qui lui tient lieu de robe de chambre. Sur la coiffeuse s'entassent produits de beauté et parfums, petits tubes noirs de fards-crème Pinaud pour les cils, pan-cake de Max Factor, crème Suraline d'Isabelle Lancray, boîtes rondes de poudre de riz Caron avec leur houppette en cygne rose, un flacon de Passion, de Zofaly, qu'elle a oublié de refermer.

À quarante-six ans, Odette reste une jolie femme, coquette et soignée. Certes, la pupille des hommes ne se dilate plus comme avant-guerre, son œil malicieux est devenu plus sévère, mais les regards masculins témoignent d'une concupiscence réfléchie, presque affectueuse. Accentuant son allure de femme-bonbon, ses tenues privilégient les couleurs acidulées, gants, voilettes et chapeaux excentriques. Les yeux mi-clos, comme chaque matin, elle entame ses exercices de respiration, les bras le long du corps : son naturel impétueux a besoin d'être canalisé, de faire provision de calme pour la journée.

À travers les voilages de la porte-fenêtre, un pâle soleil de novembre tente de réchauffer le parc. Dès la fin de ses exercices, elle se rendra sur la petite terrasse, écartera les bras, contemplera son petit royaume. Est-elle heureuse ? L'a-t-elle été ? Elle n'en sait rien. Il lui semble parfois être passée à côté de sa vie, à jouer les bourgeoises, abandonnant tout lien avec son milieu naturel – la nuit, le cabaret – et en coupant les ponts avec une famille indigente dont elle ne prend jamais la moindre nouvelle.

La mort d'Isaac, l'amour de sa vie, a brisé net ses insouciances d'antan. Isaac… Devant ses avances, il avait résisté dans un premier temps puis avait craqué, encouragé par la permissivité amicale de Valentin. Elle a aimé sa force, ses grandes mains qui faisaient le tour de sa taille, son appétit sexuel, son rire tonitruant. Elle l'a aimé, tout simplement. Que reste-t-il aujourd'hui dans son cœur rabougri ? Son fils Olivier qui vit sa vie, comme on dit, Olivier le mystère. Elle n'a jamais vraiment su qui était le géniteur. Ils s'y étaient mis à trois, dans un hangar désaffecté, c'est tout ce dont elle se souvient. Et que ça n'avait pas été désagréable. Olivier le saltimbanque, sans père et sans repères, le papillon de nuit se brûlant constamment à la lumière des femmes, comme pour mieux l'oublier, elle.

Heureusement il y a David, qu'elle a caché pendant quinze jours dans la garçonnière de la rue d'Anjou et qui a survécu grâce à Simon Levitte, le secrétaire général des Éclaireurs israélites de France. Depuis qu'il est rentré à Paris, il y a un an, elle lui rend visite tous les deux jours dans le quartier des Halles, le nourrit, finance ses études.

Odette referme la fenêtre. David : il faudra bien un jour dévoiler son existence. Mais, pour l'instant, c'est son secret. Et le garçon refuse catégoriquement l'idée de revoir la famille Ormen. Certains bruits courent sur Amédée, concernant l'arrestation de ses parents.

Mme Farge a frappé et ouvert la porte sans attendre la réponse. Elle est « Madame Farge », servante mais souveraine. Aujourd'hui, surprise, il y a un œuf. Il est vrai que les œufs sont en vente libre depuis un mois.

– Merci, Madame Farge. Merci pour l'œuf…

– Ils sont à douze francs. Treize francs les gros. Ça fait cher, mais ça reste raisonnable.

Mme Farge est née avec le siècle. C'est une petite bonne femme d'à peine un mètre cinquante aux cheveux gris noués en chignon strict. Son accent savoyard faisait rire les enfants, sa gaucherie paysanne faisait sourire Odette. Rapidement dégrossie, elle est devenue gouvernante des enfants et sa sœur – Odile – l'a remplacée pour les travaux ménagers. Odette la soupçonne d'avoir été – et d'être toujours – amoureuse de Valentin, ce qui lui semble cocasse : un ver de terre amoureux d'un saint-bernard ! Les deux femmes ont le même âge, mais Mme Farge en paraît quinze de plus. Maintenant qu'Odile est à Vaugirard, elle trottine dans la villa du matin au soir, javel et chiffon à la main. Elle traque les microbes, cette horreur qu'on vient d'inventer, encaustique le bois et passe le balai-brosse avec férocité. Les deux femmes ne s'apprécient guère mais se respectent. On se dit Madame Farge, on se dit Madame Odette. Odette lui est reconnaissante d'avoir traité Olivier comme les petits Ormen, ni plus ni moins, en le considérant comme le cinquième enfant de la famille. Mme Farge, elle, ne se pose pas de questions. Odette est Madame Odette, épouse de Monsieur Valentin, pour le meilleur et pour le pire. Le meilleur, ce furent les cinq premières années à Fontenay, Monsieur Valentin rayonnait. Le pire, ce fut ce brusque changement d'attitude chez Madame Odette, les chambres séparées, la liaison avec ce notaire parisien. Puis les nombreuses visites de Monsieur Valentin à la petite bonne du château des voisins, les Boucicaut, en passant par un trou aménagé dans le grillage, un vrai gamin, le manège avait duré jusqu'à la déclaration de guerre…

– Madame Odette…

– Oui, Madame Farge ?

– J'aimerais prendre mon samedi. Et mon dimanche. Ma mère ne va pas bien. Il faut que j'aille au village.

– Deux jours ?

– Oui. Peut-être trois, ou quatre, s'il y a un enterrement.

Odette examine les traits de son visage fatigué. L'idée qu'elle puisse avoir une mère ne lui était jamais venue à l'esprit.

– Bien sûr, Madame Farge. Et, si vous le voulez bien, nous nous occuperons des billets de train.

– Merci, Madame Odette.

– Vous savez où se trouve Monsieur ?

– Dans le jardin, Madame, il a fini de peindre.

Odette se lève. Par la fenêtre, elle aperçoit Valentin immobile près du petit cèdre, celui qu'il a planté de ses mains deux ans auparavant, auquel il rend visite chaque matin. Au début, il pleurait. Aujourd'hui, il reste debout pendant un long moment, les mains derrière le dos, à contempler l'arbre. Odette sait qu'il a construit de ses mains et enterré au pied du cèdre un cercueil miniature contenant probablement une photo ou une mèche de cheveux. Ils n'en parlent jamais. Odette tente parfois d'imaginer son chagrin. Comment survivre à la mort d'un enfant ? Que serait-elle, elle, si son fils Olivier était mort torturé, déchiqueté, si on n'avait jamais retrouvé son corps ? Pauvre vieux. Il faudra, se dit-elle, songer à être un peu plus gentille avec lui. Oui. À midi, durant le déjeuner, elle essaiera.

*

(Mercredi 21 novembre 1945)

Amédée a écouté le verdict sans broncher. Une chambre civique, tu parles ! Cinq ans d'indignité nationale pour ses liens avec Ziegler, c'est vraiment cher payé. Qui a parlé ? Qu'importe. La page est tournée. Ziegler et P'tit Louis ont été fusillés par les FFI, Morel et Blanc ont disparu avec leur division Waffen-SS en Poméranie, Marcel Ducasse s'est réfugié au Paraguay ou en Argentine, le temps a fait place nette. Cher payé ? Pas si sûr, au fond. Si on en reste là, il s'en tire à bon compte, grâce aux circonstances atténuantes. Dès le début 1944, il a commencé à prendre ses distances avec la petite bande, nouant même quelques contacts avec la Résistance. En août, lors de la libération de Paris, il s'est fait remarquer pour sa témérité sur les barricades de la rue de Rivoli. Ensuite, sagement, il s'est abstenu de toute vente de bijou ou de meuble. Rien n'a bougé à Levallois. Un tombeau égyptien aux trésors pharaoniques dont il reste le seul dépositaire.

Sur le boulevard du Palais, la neige commence à fondre. Amédée relève le col de son paletot, se presse vers le métro tout proche. Il n'a plus le droit de voter, de gérer une société, mais rien ne l'empêche de s'enrichir. Et d'acheter une voiture, pour commencer. Sur le quai du métro Cité, direction Clignancourt, les gens font la gueule. Où sont passées les joies délirantes de la Victoire, les petits bals spontanés à chaque coin de rue, ces inconnus qui s'embrassaient ? Les Allemands ne sont plus là depuis quinze mois, mais le froid et la faim, eux, n'ont pas disparu. Il songe à cette guerre qui a duré cinq ans, aux petits carrefours du destin. Son engagement précoce dans les Croix de feu, pour faire enrager son père. Sa jubilation secrète devant le spectacle des troupes motorisées allemandes défilant boulevard Saint-Germain dans un vacarme assourdissant, le bruit des bottes, lent, lourd, comme s'il pesait une tonne, pour mieux écraser les Parisiens. Enfin de l'ordre !

La guerre est finie, songe Amédée, la France est libérée, mais à quel prix ? Hier, le ministre de l'Information a fait une déclaration plutôt cocasse. Après des années de censure, la presse sera libre, mais seulement sur deux pages : il n'y a pas de papier.

Adossée à la cabine du chef de station, une femme, foulard sur la tête, fouille le sol du regard. Vingt ans à peine. Tout le quai a deviné, la tient à l'écart. Amédée s'approche, détaille la silhouette. Ce doit être excitant, une femme tondue. Après avoir changé à Réaumur-Sébastopol, il prend la ligne 3 en direction de Levallois. Peu de monde en première. Les réclames défilent entre les stations. Dubo, Dubon, Dubonnet… Il allonge les jambes, ferme les yeux. Il l'imagine : elle est à genoux en pleurs devant lui, les seins à l'air, il la gifle puis la tond aux ciseaux, pendant qu'elle lui fait une gâterie. Une femme s'est installée en face de lui, manteau de lapin, leurs genoux s'effleurent. La femme lui sourit puis détourne la tête. Amédée accentue la pression du genou, délicatement, en gentleman. Il adore les femmes.

*

(Vendredi 10 mai 1946)

Jamais il n'a fait aussi beau sur Paris. Pierre s'accoude, hume le silence poivré. Sur sa gauche, le dôme du Panthéon s'éclaircit lentement, réfléchissant la lumière naissante. Face à lui, en quelques minutes, les arbres ont déjà changé de couleurs, déclinant toutes les nuances du vert. Le long du balcon qui surplombe l'orangerie du jardin du Luxembourg, Ariane a entreposé à la diable une vingtaine de pots qu'il doit enjamber pour passer dans le salon. Sur le minuscule bureau coincé entre deux murs – son réduit –, les feuillets forment une masse blanche et compacte parfaitement d'équerre. Il fixe pendant un long moment la bouteille d'encre rectangulaire et le porte-plume en nacre. Les outils du supplice et de ses joies inquiètes. Depuis un mois, il peine sur la fin de son roman. Il repense à la phrase magique qui marqua sa petite enfance, la dernière phrase d'un roman d'aventures dont le héros solitaire traquait sans faiblesse les injustices du monde : « Et il s'enfonça dans la nuit. » Cette phrase lapidaire, porteuse de tous les mystères et de tous les possibles, lui semblait le summum de la réussite littéraire. Sans la moindre honte, il avait écrit dans un cahier bleu une sombre histoire de cow-boys et d'Indiens et placé la phrase avant le mot « fin ». Aujourd'hui, trente ans plus tard, la phrase magique a du mal à sortir.

Pieds nus, précautionneusement, Pierre se dirige vers la cuisine en veillant à ne pas faire grincer le parquet, emportant sous son bras *Combat* et *Les Nouvelles littéraires*. C'est le moment qu'il préfère, lorsque ses pensées dérivent à la vitesse des continents dans son petit jardin du matin. Un mois auparavant, Ariane a totalement réaménagé la cuisine : formica, bakélite, machine à laver Mors, sol en linoléum et, comble du luxe, le dernier Frigidaire.

Café, chicorée. Pierre allume une Balto. Il a travaillé pratiquement toute la nuit, ne dormant que trois heures sur le divan.

Il a lu toutes sortes de revues, terminé un article pour *Les Temps modernes*, remodelé deux chapitres de son roman.

Le dernier, *Loin de soi* – une sombre histoire sur la solitude d'un gamin de onze ans qui perd sa mère et, plus globalement, sur le thème de l'abandon –, vient de recevoir le prix des Lombards. Trois ans de travail le plus souvent la nuit à tordre, désosser, restructurer. Publié aux éditions Charlot auprès d'auteurs prestigieux comme Henri Bosco et Jules Roy, *Loin de soi* a reçu un accueil chaleureux. Ce n'est pas le blanc et rouge de la NRF, mais il ne regrette rien : ses deux rencontres avec Drieu durant la guerre le font encore frémir et Edmond Charlot est un bon éditeur dont il adore les locaux, rue Grégoire-de-Tours, dans l'ancien bordel que fréquentait Apollinaire. Cela étant, il le sait, Gallimard reste l'objectif ultime, la consécration. Pierre possède quelques contacts dans la maison, Sartre, bien sûr, quoique leurs rapports se soient distendus, Queneau et Camus, auquel il rend souvent visite rue Séguier.

Pierre parcourt le *Combat* de la veille, en commençant par le billet de Raymond Aron : pauvre France ! Depuis le départ du Général, les partis ont repris leurs petites combines d'avant-guerre. Non que Pierre soit gaulliste, l'homme lui fait peur, mais ce régime d'assemblée le désole. Ce gouvernement Gouin va tenir combien de temps ? Un mois ? Deux mois ? Il délaisse *Combat*, saisit *Les Nouvelles littéraires.* Pas un mot sur lui. Mais un article de Verniot qu'il connaît bien, professeur à la Sorbonne très infatué de sa personne. L'article sonne aussi creux que son auteur : « La vie de l'écrivain commande-t-elle son art ? » Sa réponse est non, ponctuée d'une phrase péremptoire : « Une œuvre n'est pas meilleure parce qu'on vous a révélé pourquoi elle fut ce qu'elle est. » Pierre hausse les épaules et se plonge dans l'article sur Troyat en page deux.

– Bonjour, monsieur Ormen…

Pierre se retourne, sourit. Sa femme en chemise de nuit semble sortir d'un défilé. Ariane suit la mode comme on suivrait le joueur de flûte : Grès, Lelong, Fath, Mad Carpentier. En 1943, elle fut une des premières Parisiennes à choisir Coco Chanel, à oser les robes raccourcies et le pantalon.

– Bonjour, mon cœur…

Ariane se penche vers lui, l'embrasse sur le front. Pierre referme son journal.

– Bien dormi, *darling*? demande-t-il.

– Ne sois pas snob!

– Bien dormi, chérie?

– Non. J'ai rêvé que l'Araignée décidait finalement d'habiller la troupe en cuirasse et haubert, gantelets et jambières, cela faisait un bruit d'enfer.

Ariane prépare actuellement *La Terre est ronde* au Sarah-Bernhardt et peine sur les costumes florentins que l'Araignée, comme elle surnomme Dullin, trouve toujours trop austères. Dullin est peut-être un acteur et un metteur en scène génial, mais il ne comprend rien aux chiffons. Cela se passait mieux avec Barsacq, à l'Atelier.

– Café?

– Oui, merci.

Pierre se lève, réchauffe le café, pose une main sur l'épaule légèrement dénudée, caresse les longs cheveux.

– Tu aurais pu rêver de moi…

– Pas besoin. Tu occupes suffisamment mes pensées dans la journée. Tu m'emmènes au Châtelet en fin de matinée?

– J'ai la voiture du vieux et ses bons d'essence. Tu peux la prendre si tu veux. Et ils ont remis le 21 en service, c'est direct.

– Non. Emmène-moi.

Après des années de marche à pied et de bicyclettes brinquebalantes, Ariane raffole de leurs balades parisiennes dans la Chenard décapotée, la tête sur l'épaule de l'homme de sa vie. Pierre soulève la chemise, caresse un sein.

– J'aime, murmure-t-il, quand tu es en cheveux. Et quand tu ne l'es pas. Je t'aime comme tu es et comme tu n'es pas. Je vous aime, Ariane.

– C'est une phrase pour ton prochain roman?

– Oui. Je l'avais préparée pour ton réveil, j'ai travaillé dessus durant toute la nuit.

– Tu y arriveras, chéri. Tu seras grand. Plus grand que Morand et Gide réunis, on oubliera même ton prénom.

Pierre grimace. Il ne souhaite pas être plus grand que quiconque. Il aimerait écrire ce qui n'a jamais été écrit. Il rêve d'un livre où tout ce qu'il a appris, admiré, ne servirait plus à rien.

Ariane noue ses cheveux à la diable, commence à préparer le petit déjeuner des enfants. Phoscao, Grill'Or de l'Alsacienne.

– J'ai promis à Picabia de passer vers 18 heures à la galerie. Il lance le sur-irréalisme, ça semble intéressant, tu viendras avec moi ?

– Non. Je n'y comprends rien.

– Viens !

– Non. J'irai peut-être voir Amélie. Bon. Je retourne dans mon antre, il me reste quelques copies à corriger.

Pierre rejoint le salon, café à la main, jauge le petit espace de ses rêves de grandeur. Dans mon coin, songe-t-il, je vais au coin. Pourquoi écrire est-il pour moi une forme de punition ? C'était à Fontenay, il s'en souvient, dans le bureau de Valentin, juste après son bac. Lorsqu'il avait annoncé à son père qu'il ne reprendrait jamais l'usine, qu'il ferait hypokhâgne et non maths sup, le petit bonhomme était devenu livide. Après un long silence, il avait demandé : Pourquoi me punis-tu, fils ? Cette usine, c'est notre vie, notre sang... Pierre n'avait pas osé lui dire qu'il était hors de question pour lui de participer à l'élaboration d'armes de guerre, fût-ce contre les Allemands. Son arme à lui, ce serait l'écriture, les mots, pour tenter de réconcilier les hommes. Il sourit : comment avait-il pu être aussi pompeux ?

Pierre aime son père. Le petit homme borgne et râblé sorti du ruisseau de la sinistre villa Godin, près de la rue des Pyrénées, l'émeut profondément. Il songe avec tendresse aux déjeuners dominicaux durant lesquels son père extirpait l'œil de verre de son orbite gauche et frappait sur l'assiette pour imposer le silence. L'assiette parfois se brisait, provoquant l'hilarité des enfants, l'agacement d'Odette et la réprobation muette de Mme Farge. Jean-Noël ne manquait jamais de faire remarquer : « Il est pas poli, son œil », ce à quoi Olivier répliquait immanquablement : « Mais les obus, si ! »

Une demi-heure plus tard, Ariane le rejoint au salon alors qu'il annote la dernière copie, celle de Cathala. Fatigant, Cathala. Un talent désinvolte qu'on aimerait gifler. Pierre inscrit dans la marge : « 16/20, mais peut mieux faire ». Il range les copies dans sa serviette, consulte la pendule. Dans une heure, il faudra emmener les enfants à l'école puis se rendre à Charlemagne. Ariane vient s'asseoir sur ses genoux.

– Tu as travaillé le concours, cette nuit ?

– Un peu. Je suis dans les temps.

– C'est difficile ?

– Pour moi, oui. Mais il paraît que les faits d'armes durant la guerre sont un sérieux plus.

– Fais voir ta main, chéri. Tu as eu une attaque ?

L'allergie eczémateuse qui affecte sa main droite se manifeste par intermittence. Accompagnées de fortes démangeaisons, des taches rouges apparaissent au niveau de la jointure des doigts, et sa peau devient brûlante. Généralement, le mal disparaît une heure plus tard, aussi vite qu'il est apparu.

– Tu en as parlé à Bompart ? demande Ariane. C'est ennuyeux, cette irritation !

Pierre secoue la tête. Nul besoin d'être psychiatre pour deviner l'origine de cette affection subite. Quand sa main brûle en enfer, il ne peut plus écrire. Cette nuit, heureusement, la crise a été de courte durée, il a pu consacrer quelques heures à ses révisions. Dans un mois, s'il réussit le concours de la Cour des comptes et s'il devient auditeur, il pourra remiser Molière et Corneille au placard. Et faire vivre sa famille un peu plus décemment sans faire appel à Valentin.

Ariane cherche son porte-cigarettes, allume une Gauloise. Les jaunes l'écœurent.

– Je ne comprends toujours pas : comment un homme de mots peut-il bifurquer soudainement vers les chiffres ?

– J'ai deux cerveaux, tu le sais bien. Un cerveau de nuit pour réaliser mes rêves, et un cerveau de jour pour affronter la réalité.

Le son d'un violon se fait entendre. Pierre soupire. Encore cette foutue sonate en *la*. Mais quel talent !

Il y a trois ans, Ariane a offert à Marie le violon de son enfance, un petit violon d'étude en érable. Passionnée par son nouveau jouet, la petite a appris à jouer toute seule. Devant ses dons manifestes, Ariane a engagé un professeur. Une année plus tard, à neuf ans, Marie est entrée au Conservatoire dans la classe de René Benedetti. Aujourd'hui, tout le monde crie au génie. Elle vient de remporter le Premier Prix et la Première Médaille de musique de chambre, en interprétant la *Sonate en la majeur* pour violon et piano de Mozart.

Pierre est perplexe. Sa fille est une énigme. Comment peut-on avoir cette rage de réussite à onze ans ? Cette maturité froide ? Et ce grain de folie qu'il sent germer dans sa cervelle d'enfant ? L'avenir de Marie est un des rares sujets de désaccord avec Ariane. Il souhaiterait freiner, elle encourage sa fille à accélérer.

– Son violon t'agace ?

– Non, mais tu t'en occupes trop, tu vas hypertrophier son ego.

– Et toi, tu ne t'en occupes pas assez. Je sais, il y a eu la guerre, mais elle ne t'a pas beaucoup vu pendant ces années. Elle compense, c'est tout…

Ariane, songeuse, s'assied au bord du canapé, écrase sa cigarette dans un cendrier de la Transatlantique. Dans trois semaines, Marie va faire ses débuts en concert à Gaveau avec le concerto de Max Bruch. Et si Pierre avait raison ? Que va-t-elle devenir ? Une petite péronnelle fantasque et insupportable ? Un jouet mondain ?

– Bonjour la !

– Tout l'monde a bien ?

En langage gémello-ormenien, cela signifie : « Bonjour, la compagnie ! Tout le monde a bien dormi ? »

Les jumeaux font irruption dans le salon, se précipitent vers leur mère pour lui embrasser équitablement les mains. Julien, la droite et François, la gauche. Ils portent évidemment la même chemise de nuit. Ils ont fait le même rêve. Et Marie les a encore réveillés, au même moment.

– Et Delphine ? demande Ariane, en ébouriffant les deux têtes.

– Elle dort. Elle a de la chance.

Tandis qu'Ariane se lève pour s'occuper du déjeuner des garçons, Pierre se rend dans la chambre de Delphine. La petite fille dort. Il s'assied au bord du lit, contemple avec étonnement ce qui n'était qu'un bout de viande violacée dans une scène de cauchemar, il y a quatre ans. Le sang partout, Amélie hurlant. La fillette aux traits délicats est devenue son bonheur. Ce soir, il ira la chercher à la garderie et ils iront se promener au Luxembourg. Il l'emmènera sur les chevaux de bois du père Piquet et à la séance de Guignol – Guignol part au pôle Nord –, il le lui a promis.

Pierre quitte la chambre, retourne dans le salon par un couloir encombré de livres. Il faudrait repeindre tout ça. Il examine les murs, cherche à retrouver la date exacte de son entrée dans l'appartement. C'était en 1938, en avril ou mai. Ariane attendait les jumeaux. Isaac l'avait informé qu'un appartement se libérait au-dessus de chez lui, à mi-chemin au mètre près entre Montparnasse et Saint-Germain-des-Prés. Le souvenir des Bronstein, comme toujours, lui transperce le cœur. Cette date-là, il s'en souvient avec précision : 16 juillet 1942, 8 heures du matin, le billet de Ménélas. Aujourd'hui, il le sait – c'est officiel –, les Bronstein sont morts une semaine après leur arrivée à Auschwitz. Gazés et brûlés. Pierre traverse le salon, enjambe les pots de fleurs, s'accoude au balcon. Quel âge aurait le bébé aujourd'hui ? L'âge de Delphine, bien sûr. Il aimerait pleurer, des larmes de printemps, réconfortantes. Le Vél' d'Hiv', Drancy, Auschwitz. La petite phrase revient, familière et terrifiante : « Et ils s'enfoncèrent dans la nuit »...

*

(Mardi 11 juin 1946)

Devant le Flore, la grosse Unic vanille de Boris Vian est évidemment garée dans les clous. Olivier soupire, secoue la tête. L'homme à la trompinette se croit vraiment tout permis. Moulou poursuit son explication de texte, le pourquoi, le comment. Olivier l'interrompt :

– Tu sais, Moulou, on en a un peu marre des trucs sur la guerre... Les gens ont envie d'oublier, ils veulent voir autre chose...

Un beau matin de printemps illumine le boulevard Saint-Germain. Olivier fait tourner avec application le cube de glace de sa menthe à l'eau. Mouloudji lui pique une cigarette, l'allume, fait le compte des jolies filles installées en terrasse.

– C'est pas sur la guerre, dit-il en accentuant son accent faubourien, c'est sur les femmes. Et sur la prison. *Quatre Femmes*, que ça s'appelle. Ça s'appelait *La Cellule*, mais Lola, ça lui plaisait pas.

– Ouais. Mais quand même. Tu vas vraiment la monter ?

– C'est pas moi, c'est Darcante. À la Renaissance.

– T'as pas Gréco dedans ?

– Non. On voulait mais ça s'est pas fait. Il y aura Lola, la femme de Barbezat, la femme de Bussières et Anne Brulay.

Olivier, de la main, salue quelques connaissances qui cherchent vainement une table. Il est 11 h 15, le Flore est bondé.

– Tu l'as montrée à Papa ?

– Sartre ? Il a pas aimé. Il dit que c'est *Huis clos*, mais en très con.

Olivier rigole :

– Toujours aussi sympa...

Depuis quinze jours, Mouloudji répète avec sa femme Lola la pièce qu'il a écrite neuf mois plus tôt. À voir sa tête, cela semble être un calvaire. Mais, avec Moulou, tout change d'un jour à l'autre. Cinéma, littérature, théâtre, on ne sait pas trop ce qu'il veut faire. D'après Olivier, rien de précis. À part se chauffer au soleil et regarder les filles.

Moulou le tire de sa rêverie

– Et toi ?

– Moi quoi ?

– Ben, qu'est-ce que tu fous ?

– Je fais le lion dans *Androclès*, à la Gaîté-Montparnasse. La vache, tu sais, c'est vraiment du sport, je vais mourir de chaud dans ce costume...

– T'as autre chose en vue ?

– Peut-être. Vilar veut me parler. On a joué ensemble, avec La Roulotte, en 1942. Et j'étais avec lui au Vieux-Colombier, au printemps dernier. Il serait vaguement question de remonter *Meurtre dans la cathédrale* dans le midi de la France. À Avignon, l'année prochaine. Sinon, quelques petits rôles au cinéma, de la figuration, Decoin, Delannoy, je me débrouille...

– Paraît que t'as pris un appartement ?

– Rue du Pot-de-Fer, à Mouffetard.

– T'es vraiment un bourgeois ! Pourquoi tu n'habites plus à l'hôtel ?

Olivier lui fait remarquer que Sartre a donné le signal. Il vient de quitter l'hôtel de la Louisiane et s'installe rue Bonaparte.

– Et Lola, qu'est-ce qu'elle dit, elle en a peut-être marre, de l'hôtel ?

– Ouais. Bon. Tu vas chez les Nègres, ce soir ? Tu viens rue Blomet ?

– Non, rue de la Harpe. Chez un type nommé Benga. Féral Benga. Un danseur noir qui, paraît-il, jouait avec Joséphine Baker. On a un projet, là-bas : il n'ouvre que le week-end, on va lui proposer d'occuper les locaux durant la semaine pour monter un cabaret.

– C'est qui, on ?

– Papatakis et sa belle. Il y a aussi Rougeul, peut-être Michel de Ré. Passe ce soir, si tu veux, il y aura de jolies filles.

– Non, pas ce soir.

Mouloudji se lève.

– Tu m'excuses, mais il faut que j'aille voir Lolo. Allez, salut...

Lolo, c'est Fabien Loris, Lolo de Saint-Malo, l'idole de Moulou, le copain de Blin et de Tony le marin-aviateur. Moulou les appelle ses trois mousquetaires. Ils ont passé pratiquement toute la guerre ensemble à glander sur les banquettes de moleskine du Flore, à flotter comme des méduses sur l'océan du temps. Olivier soupire, règle les consommations. Moulou a encore oublié de payer.

À vingt-deux ans, Olivier Russier garde un côté zazou avec ses cheveux trop longs et ses chemises à carreaux. Fantasque et rebelle, il a vécu une enfance agitée dans l'ombre des frères Ormen, préférant les fugues à Saint-Germain-des-Prés aux études du lycée Lakanal. Repéré par Prévert et intégré au groupe Octobre, il a figuré dans quelques films auprès de son copain Mouloudji, puis, sur les conseils et l'entremise d'Ariane, il a suivi des cours de théâtre chez Dullin. En 1941, à dix-sept ans, il a quitté définitivement Fontenay pour sillonner la France avec La Roulotte, la troupe d'André Clavé, auprès de Jean Vilar et de Jean Desailly. Jouer Anouilh, Pirandello ou Vildrac dans la France profonde, il avait adoré. Aujourd'hui, il vit de petits engagements au théâtre, d'un peu de figuration au cinéma et de l'air du temps.

Olivier traverse la place, va chercher son vélo devant l'église. Moulou l'énerve. Trop de talent, trop d'amis, pas assez de volonté. Et ces cent mille francs, du prix de la Pléiade, qu'est-ce qu'ils sont devenus ? Boulevard Saint-Germain, Boul' Mich. Ça monte. À l'angle de la rue Monsieur-le-Prince, devant le Pam-Pam, Mouna pousse sa bicyclette, sonnant les cloches et vendant son journal. Rue Soufflot, Panthéon, ça monte toujours autant. Il y a un mois, Olivier s'est installé rue du Pot-de-Fer, dont il n'a jamais su si le nom désignait un ustensile de cuisine ou l'enseigne d'une taverne. Le quartier est misérable, mais lui plaît : clandestin et vivant. Un village hors de Paris où se terrent les ruinés, les miséreux, les misanthropes et quelques amoureux de la solitude. Olivier râle en appuyant sur les pédales. Moulou se fout du fric, d'accord. Mais il pourrait payer ses cafés !

L'appartement se compose de deux petites pièces mansardées, en enfilade. Une aubaine en ces temps de pénurie, acquise évidemment sous condition de reprise, une somme exorbitante pour un bout de tapis et une chaise à trois pieds. On y cuit l'été, on y gèle l'hiver. Olivier cherche ses tickets de pain, se débarbouille sommairement, change de chemise. Il ressort de l'immeuble, descend la rue Mouffetard, passe devant La Laiterie Parisienne et les Cires Sultane, entre au 76. La « Maison pour tous » des sœurs Levasseur – la Mouff' – est devenue son second foyer. On y mange pour deux francs, on y rencontre tous les gens du quartier, les étages résonnent en permanence de cris d'enfants, Petites Ailes, Louveteaux, Éclaireurs, Routiers...

– Salut, Olivier !

– Salut, Bill !

Georges Bilbille est le directeur-homme à tout faire de la maison, œil clair, jovial, mains habiles, une énergie inépuisable. Embauché depuis peu, il passe ses journées entre deux brancards à ravitailler le petit restaurant communautaire ou, une scie à la main, dirigeant une dizaine de bénévoles, à construire un bar, un vestiaire, une petite scène. Il souhaite notamment organiser des séances de poésie, le samedi soir, dans son futur « théâtre ».

– Alors, Olivier, tu viens nous aider ?

– Bien sûr, Bill. Regarde-moi : je ne sais même pas tenir un marteau.

– Ton numéro, ça avance ?

Après avoir joué un petit rôle dans *Les Enfants du paradis* avec Fabien Loris et Signoret, trois ans auparavant, Olivier s'est pris de passion pour le mime.

– Pas mal. Je continue les cours avec Ducroux, à la Maison de la Chimie.

– Tu connais Colette ?

Une jolie fille s'est approchée. Béret jaune, corsage noir, sourire et main tendue. Elle irradie de blondeur.

– Colette Vendroux.

– Enchanté. Olivier Russier.

– Je sais, dit-elle en dégageant sa main. Je vous connais. Vous étiez une grande asperge de douze ou treize ans, dans *Les Disparus de Saint-Agil*. Et je vous ai aperçu dans *Les Roquevillard*, de Dréville.

– Vous suivez ma carrière de quatrième figurant au fond à gauche ?

– Mais non, je suis ouvreuse ! Au studio des Agriculteurs, rue d'Athènes. Vous jouez toujours pour le cinéma ?

– Parfois, mais ça se fait rare. Un peu de théâtre, je cherche ma voie. Vous savez que nous sommes dans un ancien cinéma ? Il s'appelait Chez nous, c'était dans les années 1920, hein, Bill ?

Bill embrasse Colette, tape sur l'épaule d'Olivier.

– Exact. Je vous laisse, les amis. Faites attention, Colette, c'est un dangereux séducteur. Fiché. Récidiviste.

– Merci, Bill, je sais. Les jeunes filles tombent en pâmoise lorsqu'elles le croisent dans la rue.

– En pâmoison, Colette.

– En pâmoise, c'est plus joli.

En pâmoise, songe Olivier. C'est vrai que c'est plus joli. Et elle est bien jolie, cette Colette.

– On déjeune ensemble ? demande-t-il. J'ai du pain, un œuf et des rutabagas. Et un carré de chocolat, que je garde pour les grandes occasions.

– C'est moi l'occasion ? Et vous le larron ?

Olivier rit, refrène l'envie de lui prendre la main, d'en embrasser la paume. Il va tomber amoureux, comme d'habitude. Et cela va se terminer par une rupture orageuse, comme d'habitude. Olivier idolâtre les femmes, mais il ne sait pas les aimer.

*

(Samedi 15 juin 1946)

Pierre a garé la Chenard au coin de la rue des Acacias, devant le tabac, entre une 202 et une Jeep de l'armée américaine. Il contemple les immeubles tristes et cossus. Cette rue Villaret n'a vraiment rien de joyeux. Depuis sa première visite, en juillet 1942, la clinique n'a guère changé, excepté à l'accueil où un dragon chevalin semble considérer tous les visiteurs comme des psychopathes en puissance. Amélie a été transférée dans l'aile psychiatrique. Elle est toujours en état de régression totale, alternant longs silences et périodes de grande violence. Pierre se sent impuissant : elle refuse de lui parler, hurle dès qu'il s'approche. Peut-être le confond-elle avec Amédée ?

– Professeur Bompart, je vous prie. Nous avons rendez-vous.

Dans la salle d'attente, Pierre déplie *Combat.* Le MRP, rempart hargneux contre le marxisme, arrive largement en tête, suivi par le PCF qui reste stable. La SFIO a perdu dix-huit sièges. Demain, depuis Bayeux, de Gaulle va à nouveau demander que l'on change de Constitution. C'est souhaitable, bien sûr, mais ce n'est pas une raison pour lui signer un chèque en blanc, comme le fait Ariane. Habile, le Général. En accordant le droit de vote aux femmes, il a amassé un joli matelas de suffrages amoureux. À l'orangerie des Tuileries, depuis mercredi, on expose les chefs-d'œuvre volés dans les musées et à des familles juives retrouvés en Allemagne. Il ira faire un tour, sans se faire d'illusions : la collection Bronstein ne peut pas y figurer, Odette le saurait. À l'Empire et au Rex, on joue *Pinocchio,* le dernier Disney. Peut-être emmènera-t-il les jumeaux et Marie. Encore que. Marie va déclarer qu'elle a passé l'âge. « Mais pas l'art d'emmerder le monde », répliqueront les jumeaux.

– Bonjour, Pierre.

– Professeur…

– Ravi de vous voir. Comment vont les enfants ? La petite Delphine ?

Pierre répond que Delphine va bien, elle a bientôt quatre ans, un moulin à paroles, pas comme sa mère, enfin, pas comme Amélie…

– C'est vrai, votre sœur s'exprime fort peu. Mais il y a des progrès. Et les autres ? Les enfants, comment prennent-ils la chose ?

– Nous leur avons dit dès le début que nous avions adopté un bébé, mais je ne suis pas sûr qu'ils en aient conscience. Plus le temps passe, plus c'est leur petite sœur à part entière, ils ne se posent pas de questions. Comment se porte mon Amélie ?

– Stationnaire, malgré quelques améliorations au niveau du langage. Bonne ou mauvaise chose, elle semble se plaire ici.

– Mauvaise chose ?

– Oui et non. Vous le savez sans doute, lorsque des malades restent trop longtemps hors du monde, ils ont peur du dehors. J'ai la moitié de mes patients qui pourraient sortir, mais qui ne le veulent pas. Enfin. Nous verrons cela cet automne. Comment se porte Valentin ? A-t-il… récupéré ?

Le visage de Pierre s'assombrit.

– Il a vieilli de dix ans. Il ne se remet pas de la mort de Jean-Noël. Moi non plus, d'ailleurs. Le plus dur, c'est que la Gestapo a fait disparaître le corps. Ce qui laisse à penser qu'il a subi des tortures inimaginables. Difficile dans ces conditions de faire son deuil. Mais en même temps mon père en est fier, à juste titre : croix de la Libération à titre posthume.

– Vous l'aimiez, évidemment ?

– Plus que ça. Ariane m'a sauvé en m'aidant à accepter. Et puis j'ai l'écriture, ça aide aussi.

Bompart l'écoute, observe les mains, les yeux. Il aime bien ce type, sa sensibilité, sa fragilité.

– Et vous, Pierre ? Vous étiez dans la Résistance ? Je me souviens avoir tenté de vous sonder, en juillet 1942, vous étiez resté de marbre.

– Ne m'en veuillez pas, c'étaient des temps difficiles, le début du mouvement, il fallait être très prudent. Oui, je suis Compagnon de la Libération. Avec Jean-Noël, nous sommes doublement frères.

Long silence. Pierre voudrait changer de sujet. Il n'aime pas évoquer ses actes de guerre qui lui rappellent sans cesse sa faute inexpiable. Lorsqu'il avait reçu la croix des mains du Général, il lui avait dit : « Vous savez, mon général, le courage n'efface pas les petites lâchetés. » De Gaulle s'était alors penché et avait murmuré ce mot inouï : « Amen. »

Bompart n'insiste pas. Il va s'asseoir à son bureau, feuillette distraitement le dossier d'Amélie. Pierre s'assied à son tour.

– Autre chose, professeur. Durant sa grossesse, enfin, pendant qu'elle attendait Delphine, Amélie a travaillé au jardin des Plantes. Elle adorait le jardinage. Elle pourrait peut-être s'occuper de votre petit parc, qu'en pensez-vous ?

Bompart acquiesce. Très bonne idée.

– Des nouvelles d'Amédée ? demande-t-il.

Le regard de Pierre s'éclaire d'un feu glacial. Bompart a le don de poser les mauvaises questions.

– Indirectement, répond-il à regret. Je sais qu'il a été condamné pour indignité nationale, cinq ans, une histoire pas très claire. Il aurait fricoté avec des voyous, proches de Lafont et de Bony. Le bruit court qu'il aurait dénoncé des Juifs, peut-être même les Bronstein, sans qu'il y ait de preuves tangibles. Je n'ose imaginer qu'il ait pu se commettre avec la Gestapo française de la rue Lauriston. Qu'il ait pu croiser Jean-Noël. J'en suis malade.

– Courage, Pierre. Vous avez une femme épatante. Et des enfants merveilleux. Quand je pense que Marie joue à Gaveau… Je vous vois samedi prochain ?

– Oui, bien sûr… Pensez à cette histoire de jardin.

– Ce sera fait. Et vous, pensez à oublier un peu Amédée. Je sais que c'est difficile, mais on n'y peut plus rien. Le couvercle va un jour se refermer sur les années sombres. Écrivez, c'est ce que vous pouvez faire de mieux. À ce propos, j'ai lu votre livre, *Loin de soi*. Comment s'appelait le premier ?

– *L'Herbe folle.*

– C'est cela, juste avant la guerre, aux éditions du Pavois, si je me souviens bien. Sept ans sans publier, cela fait beaucoup. Vous ne regrettez pas d'avoir refusé d'entrer à la NRF ?

– Pas une seconde. Durant la guerre, donner un manuscrit à Gallimard, c'était se mettre entre les mains de Ramon Fernandez, le pendant de Drieu à la maison d'édition. Curieux bonhomme. Communiste à quarante ans, fasciste à quarante-trois, collabo à quarante-six. Heureusement pour lui, il est mort de maladie, avant la Libération.

– J'ai bien aimé *Loin de soi*, reprend Bompart. Belle purge. Il faudrait que nous en parlions, si vous le souhaitez bien sûr. Votre rapport à la mère mériterait quelques commentaires.

– Vous êtes psychiatre, Paul, pas analyste.

– Certes. Mais on n'est pas un meilleur écrivain parce que l'on souffre.

Pierre hausse un sourcil. Le roman lui aurait-il déplu ?

– Jolie formule, dit-il en souriant. Je vous la pique.

– Trop aimable. Comment s'appelle le prochain ?

– *La Lune à moitié.*

– Bon titre. Je vous laisse le soin d'en décortiquer toutes les capillarités.

– Je crois que c'est fait. Au revoir, professeur.

Bompart le regarde s'éloigner vers l'accueil. Drôle de titre. Drôle de type, tout en ombre et lumière, rongé par une culpabilité qui ne veut pas s'exprimer. Quel secret porte-t-il ? Je fais, songe Bompart, de la psychanalyse comme Monsieur Jourdain faisait de la prose. Mais quand même, quand même : il y a du tragique en lui.

*

(Dimanche 22 septembre 1946)

La traction 11 CV remonte à vive allure les Champs-Élysées. Amédée peste : la boîte craque lorsqu'il passe en troisième, se serait-il fait arnaquer ? La voiture, avec pneus neufs, lui a coûté cent quatre-vingt mille francs. La même, neuve, ne vaut que cent trente mille au catalogue. Mais il faut attendre dix-huit mois. Une Juvaquatre occupe le milieu de l'avenue, vieil escargot verdâtre qui sort de sa campagne. Amédée klaxonne rageusement, double en maugréant. Il descend la Grande-Armée, s'arrête un moment pour acheter les journaux devant la sortie du métro Obligado, poursuit jusqu'à la place de Verdun. Luna Park est toujours là, il est question de le démolir pour construire un stade. Dommage. Valentin les y emmenait, lorsqu'ils étaient enfants, au scenic-railway, aux voitures-qui-se-cognent, à la rivière enchantée. L'aiguille grise de la jauge du réservoir est déjà au quart. Il va falloir se procurer de nouveaux bons d'essence au marché noir. Faire rentrer du charbon. Et trouver un piston pour obtenir une ligne de téléphone. Quand est-ce que ça va finir, cette énorme pagaille ?

Porte de Champerret, un gros embouteillage lui fait perdre un quart d'heure. Un camion hippomobile s'est renversé, des pains de glace glissent sur la chaussée, un des chevaux semble blessé. La Traction se dégage, entre dans Levallois, paradis frelaté de la voiture volée et des ateliers de maquillage. Amédée repense à sa condamnation avec un vague sentiment d'injustice : c'est la moitié de la ville qu'il faudrait condamner ! Et ça continue ! Dans la capitale, il y aurait treize autos volées par jour, surtout des américaines, Plymouth, Cadillac, Nash, Packard, vite expédiées vers la Belgique. L'argent, l'argent ! Tout le monde s'y met, tout le monde trafique, petits et grands, commerçants, employés de mairie, ce ne sont que rabatteurs, informateurs, intermédiaires, acheteurs, vendeurs, ça spécule sur l'or, l'essence, les bas nylon, les titres de rationnement, l'alcool. Par les temps qui courent, il faudrait être fou pour rester pauvre !

Garages et terrains vagues se succèdent, Levallois sent l'auto et le crottin de cheval. À partir de la rue Gide, les vapeurs d'essence et d'huile brûlée font place à une autre odeur, celle du sang caillé : les abattoirs, accolés au cimetière.

Amédée descend de voiture, ouvre le portail, inspecte les deux côtés de la rue. Une vieille habitude. Il referme les vantaux, gare la voiture, gravit les marches du perron en sifflotant. S'il n'a plus le droit de gérer une société, il va faire des affaires sans société. Et sans associés. Quinze jours auparavant, on lui a proposé d'investir dans le billet périmé. Très rentable, paraît-il : les billets sont achetés à quinze pour cent de leur valeur faciale puis envoyés dans des ambassades ou des légations d'Amérique du Sud faisant partie du circuit. L'ambassade retourne les billets à la Banque de France et se fait rembourser à prix réel. Astucieux, mais compliqué ; Amédée n'aime pas les complications.

Il referme soigneusement la porte, va s'accouder à la balustrade, comme il le faisait avec Ziegler. Près de trois ans déjà, depuis leur dernière rencontre... Qu'il rôtisse en enfer, cet enfant de salaud qui n'a pas levé le moindre petit doigt pour sauver Jean-Noël. Amédée descend l'escalier métallique, s'avance dans la salle, hume le silence poisseux. Le ring est toujours là, au milieu, recouvert de poussière. Gants et haltères parsèment le sol. Combien de temps faudrait-il pour nettoyer tout ça ? Et à quoi bon ?

Amédée sort une clef de sa poche, emprunte l'escalier de pierre, ouvre la porte blindée, pénètre dans le « musée ». Il y a huit mois, il a muré le haut de la rampe menant à la cour, entassé des matériaux de construction devant l'ancienne ouverture. La salle du sous-sol est devenue un bunker, à l'abri de toute curiosité. Il s'avance religieusement, contemple son butin avec fascination. Entre les piliers de béton s'amoncellent des centaines de meubles, de lustres, de tapis d'Orient, de tableaux, de pendules et de bibelots. Dans des saladiers, tels des bonbons de couleur, s'entassent bagues, pendentifs, colliers, broches, créoles, alliances, chronomètres, boucles d'oreilles, or et platine, rubis et argent. Au fond de la salle luit une Rolls-Royce Silver Ghost du début du siècle, qui, paraît-il, appartenait au tsar de Russie.

Dans cette caverne d'Ali-Baba, Amédée retrouve les joies euphoriques qu'il éprouvait enfant devant son coffre à jouets. Il peut y passer des heures, jamais rassasié. Une petite vitrine-bibliothèque-argentier d'époque George III attire son regard. Celle-là, il l'aime. Il en caresse du doigt la partie bombée en acajou, enlève la poussière. Près de la vitrine, un miroir à parcloses repose contre une commode arbalète Louis XV. Une merveille.

En deux ans, après avoir fréquenté assidûment le faubourg Saint-Honoré, la galerie Charpentier et l'hôtel Drouot, Amédée a appris l'origine et la valeur des choses. Chaque jour, dans un cahier, il effectue des croquis, note les détails, fixe une cote. Il lui faudra sans doute une dizaine de cahiers et encore plusieurs mois pour terminer son inventaire, mais c'est un travail dont il ne se lasse pas. Contre un pilier, il reconnaît un vestiaire-portemanteau Art déco en métal martelé. Celui des Bronstein, il s'en souvient, lorsqu'il allait parfois dîner chez eux rue de Vaugirard, avant la guerre, avec Pierre et Ariane. Il repense à la rafle, se dirige vers la Rolls en serrant les dents : ce n'est pas entièrement sa faute. Il ne savait pas, comme tous les Français. S'il avait pu imaginer que le voyage se terminerait ainsi, là-bas, en Pologne, dans les atrocités relatées par *France-Soir*, jamais il ne les aurait dénoncés.

Amédée ouvre la porte, s'assied à l'arrière de la Rolls, tente de chasser les pensées noires. Plus de Bronstein, plus d'héritiers. C'est du passé, il n'y peut plus rien. Il lui faut réfléchir. Quand pourra-t-il commencer à écouler quelques meubles ? Et comment ? Le plus simple serait bien sûr de s'installer comme antiquaire. Mais il faudrait régler le problème de l'origine de la marchandise. En attendant, pour assurer le quotidien, il peut toujours continuer à monnayer quelques bijoux.

Et les tableaux, ne devrait-il pas les mettre en lieu sûr ? Deux mois auparavant, à la mi-juillet, il est passé rue d'Astorg à la galerie Louise Leiris spécialisée dans les Picasso afin de prendre la température du marché de l'art. Le propriétaire, un nommé Kahnweiler, s'était montré d'une froideur extrême.

Amédée remonte au bureau, parcourt *L'Équipe*. Graziano est à trois contre un, mais Tony Zale va le mettre K-O en trois rounds, il en est certain. Ce soir, il ira au Central, il y a une soirée de coqs et de poids moyens. Ensuite, il ira traîner aux Champs-Élysées ou à Pigalle, au Chapiteau. Depuis que le One-Two-Two et le Chabanais ont fermé à cause de la « Veuve qui clôt », il devient difficile de trouver une fille.

Amédée consulte sa montre : 15 h 30. Il va faire une petite sieste puis il passera à Clignancourt, au marché Biron, pour rendre visite à un ami d'ami que quelques pièces du « musée » pourraient intéresser. Allongé sur son lit, les mains croisées derrière la tête, Amédée rêve les yeux ouverts. Il aimerait que tout revienne en arrière. Que rien ne soit arrivé, qu'Amélie soit ici, près de lui. Mais il aimerait aussi conserver son butin. Comme disait Mme Farge, on ne peut pas tout avoir. C'est bien dommage, pour Amélie.

*

Moi, j'ai des soliloques. C'est ce que dit le docteur Bompart. Mais lui, il n'a pas inventé les microbes. Uniquement les blouses blanches bien repassées. Les bourses-à-pasteur, ça s'arrache facilement. Mais attention aux graines. Pas en envoyer aux quatre vents, ce serait pire qu'avant. C'est comme l'oxalis corniculé, il faut l'avoir à l'œil, avec ses petits bulbes qui se disséminent, ça fait comme des petits bébés, après il y en a partout. Même chose pour les rhizomes, pas les laisser s'étendre, après, on ne peut plus s'en débarrasser. On dit les mauvaises herbes, c'est vrai, mais faut les comprendre. Ce n'est pas leur faute. Et c'est utile parfois. L'ortie, par exemple, c'est ma bonne amie. La marjolaine l'aime bien. Et les autres aussi : la valériane, l'angélique, la sauge, la menthe. Le purin d'ortie, c'est ce qu'il y a de mieux. Si les orties sont grandes, c'est que le sol est fertile. À Fontenay, il y en avait. On disait l'orangerie mais il n'y avait pas d'oranges, seulement des citrons. Fallait les rentrer, l'hiver, pour que le froid ne les morde pas. Mais pas le cèdre. Il avait son port conique, pas encore tabulaire. Ça, c'est après trente ans. Moi, j'ai combien ? Je ne sais plus. Plus de vingt, en tout cas. Pierre a plus, c'est normal, c'est l'aîné. Il va venir aujourd'hui, c'est des choses que je sens comme le temps qu'il va faire, on ne peut pas expliquer pourquoi. Il va encore dire que je ne parle pas mais lui, il peut parler, il ne sait pas écouter ! Les fleurs, elles parlent. L'absinthe, c'est l'absence, l'ancolie bleue la tristesse, le coquelicot le repos, l'hélénie les larmes, le lys la pureté, la marguerite l'innocence, le muguet le bonheur, il suffit de savoir composer son bouquet, de marier les couleurs. Il va encore dire qu'il faut que je sorte d'ici, mais je m'en sors très bien, ici. Il va me regarder comme si je n'étais pas folle. Ce genre de regard qui dit qu'on vous aime mais qui vous passe à travers. Il ne va pas dire que j'ai tué ma mère en naissant, ça non, il ne le dit jamais. Papa non plus ne le disait pas. Mais dans ses yeux, si. Surtout le droit, celui qui voit. Avec l'autre, il tapait sur l'assiette, on riait, on riait… Ici, c'est peut-être ce qui manque, ça crie plus que ça ne rit. Mais ma chambre est calme, elle donne sur le jardin, il y a des fleurs au mur et même un fauteuil. Il restera une demi-heure, à me donner des nouvelles. Mais je n'en ai pas besoin, je sais lire sur son visage, Pierre, c'est un livre ouvert. Il y a cette belladone qui pousse dans son ventre, ça lui ronge l'estomac. C'est pour ça qu'il écrit des livres. Pourvu qu'il ne vienne pas avec des fleurs coupées, ce serait trop cruel. Je lui dirai : il ne faut pas couper les fleurs…

*

(Lundi 24 février 1947)

David Bronstein longe les quais sur la longue terrasse-promenade surplombant la voie du chemin de fer Invalides-Versailles. Au loin, la tour Eiffel semble figée par le froid. La pendule de la gare indique 14 h 57, il va être en retard. Il pourrait courir ou presser le pas, mais il se force à marcher posément. Il ne courra jamais plus.

Au bout de la promenade, il prend à droite, se dirige vers l'avenue Rapp. Comment cela se passe-t-il ? Va-t-il devoir raconter sa vie, la rafle, l'autobus, sa fuite au Vél' d'Hiv', son séjour dans la Creuse chez M. Robert ? Cette pensée le glace. Les gens n'aiment pas que l'on parle de ça, les gens n'aiment pas qu'on évoque les camps de concentration, cela les met mal à l'aise.

Après les deux semaines passées dans le studio de la rue d'Anjou, David a été transféré en zone libre et caché dans une pension de famille niçoise, grâce à Odette et Simon Levitte. Puis, en novembre 1943, il a dû repartir vers un endroit plus sûr, dans le centre de la France. Par l'intermédiaire de l'Œuvre de Secours aux Enfants, il a intégré sous un faux nom le collège de La Souterraine, dans la Creuse, jusqu'à la libération de la ville. De retour à Paris en novembre 1944, avec l'aide d'Odette, il a repris ses études, obsédé par une seule question : qu'étaient-ils devenus ? En mai et juin 1945, il s'est rendu chaque jour à l'hôtel Lutetia dans l'espoir insensé d'apercevoir un visage, déchiffrant fiévreusement les listes de déportés rapatriés. Puis sont venus l'été et la terrible réalité : il ne les reverrait jamais.

Sur les conseils d'Odette, David a pris rendez-vous avec la Commission de récupération artistique, au 20 bis, avenue Rapp, afin de faire une déclaration. Il le faut, a dit Dadou. D'après ce qu'il a appris, en deux ans d'existence, la commission a reçu plus de deux mille demandes. Lesquelles doivent s'appuyer sur des pièces justificatives, attestations ou photographies. Et lui, évidemment, ne possède pas le moindre papier.

Après trois quarts d'heure d'attente dans un hall glacial, David explique enfin son cas. Bronstein, rue de Vaugirard. 1942. Des meubles de valeur, une collection de tableaux qui ont disparu quelques jours après l'arrestation de sa famille.

– Quels tableaux ?

David bafouille. Il y avait beaucoup de tableaux. Dont un Picasso. Le préposé en blouse grise daigne enfin lever la tête.

– Vraiment ? Un Picasso ? Une toile ? Un croquis ?

– Un tableau. Qui s'appelait *L'Heure bleue.*

Long silence. Le fonctionnaire dévisage David, incrédule.

– Vous avez dit *L'Heure bleue* ?

– Oui.

– Ne bougez pas, je reviens tout de suite, je vais appeler le directeur.

Dix minutes plus tard, David est reçu au premier étage par Albert Henraux, directeur de la commission, qui le prie de s'asseoir.

– Bronstein, c'est cela ? demande l'homme en chaussant de petites lunettes. David Bronstein ?

– Oui, monsieur.

– Et vous avez quel âge ?

– Dix-huit ans, monsieur. Bientôt dix-neuf.

Henraux hausse un sourcil : son interlocuteur est beaucoup plus jeune qu'il ne le pensait. Ashkénaze au teint pâle, les yeux noirs, perçants. Ses traits semblent avoir perdu depuis bien longtemps l'innocence de l'enfance. Une mèche de ses cheveux, sur le côté droit, a blanchi prématurément.

– Je vous écoute.

Pour la seconde fois, David raconte. Les policiers français, le Vél' d'Hiv', sa fuite. La mort de ses parents, de sa sœur Sarah, du bébé. Sa voix se brise, ses mains tremblent.

– Calmez-vous, mon garçon. C'est difficile, je sais, mais j'ai besoin de tous les détails.

– L'appartement a été vidé le lundi 20 juillet, quatre jours après la rafle. Je me disais qu'on pourrait peut-être retrouver la trace de la… réquisition.

– Oui, certainement. Parlez-moi des tableaux.

David sort le papier préparé avec Odette. Un Matisse, un Courbet, une eau-forte de Rembrandt, plusieurs tableaux du groupe Nabis : Bonnard, Vuillard, Maurice Denis, Félix Vallotton. Plus un petit Delacroix, un Marie Laurencin, un Cézanne et des dessins de Michel-Ange. Et puis *L'Heure bleue,* de Picasso.

Henraux sort une pipe d'un tiroir, ainsi qu'une blague en cuir et un Zippo noir, mat et craquelé.

– Décrivez-le-moi, dit-il en allumant sa pipe.

– C'est une femme, assise sur le bord de la fenêtre. Tout est dans les bleus. C'est très beau. Mon père disait qu'il s'agissait d'une certaine Olga, qu'il avait acheté le tableau en 1920 pour une bouchée de pain.

Henraux se lève, lui demande de l'excuser un instant. Il va consulter un énorme registre puis retourne s'asseoir.

– Vous dites donc que votre père possédait une collection privée. Je n'ai jamais entendu parler d'une collection Bronstein. Toutes ces toiles se trouvaient dans l'appartement, rue de Vaugirard ?

– Oui, monsieur.

– Insensé... Vous connaissez des proches de la famille ou des amis qui pourraient certifier le contenu de vos dires ?

David hésite.

– Oui, peut-être... Oui, certainement.

Henraux se redresse, pose sa pipe, juxtapose les doigts de ses deux mains, cale l'ensemble sur son menton.

– Jeune homme, dit-il, si votre histoire est vraie, je suis doublement malheureux. Pour vous et pour moi. *L'Heure bleue* a été achetée par un ami de Gertrude Stein en 1919. Un an plus tard, cet homme était assassiné dans sa villa d'Antibes et le tableau disparaissait. Volatilisé. Ce n'est pas une œuvre majeure, mais c'est une réelle curiosité dans la trajectoire du peintre. Un bleu en 1918 ! Comme s'il voulait rajeunir auprès de cette femme. Je sais que Kahnweiler, son agent tout-puissant, a recherché la trace de cette toile pendant des années.

– Où peut-elle être, monsieur ?

– Si ce tableau fait partie des biens juifs spoliés durant la guerre, il peut se trouver aujourd'hui en Allemagne. Il a pu également partir en URSS, car, vous le savez, l'Armée rouge n'a pas manqué de se servir au passage. Il a pu être brûlé sur la terrasse des Tuileries en mai 1943, en tant que peinture « dégénérée »...

– Et qu'est-ce que je dois faire, monsieur ?

– Je vais être franc avec vous, mon garçon : normalement, je ne devrais même pas prendre votre déposition. Vous n'avez rien pour l'étayer. Mais votre histoire m'intéresse à titre personnel. Je vais tout d'abord m'assurer de l'identité de votre famille. Faire effectuer des recherches dans les archives afin de retrouver le procès-verbal d'arrestation de vos parents ainsi que le double de réquisition de l'appartement. Ensuite, éventuellement, nous nous reverrons.

– Et si vous parvenez à retrouver ces documents, on pourra savoir ce qu'est devenue la collection ?

– Peut-être. Pas sûr. En 1942, voyez-vous, les opérations de pillage des biens mobiliers étaient opérées par la Dienststelle Westen, service ouest, chargée de vider les appartements laissés sans occupants ; on devrait donc en retrouver la trace. Mais ensuite, c'est plus compliqué : les meubles et les tableaux saisis étaient confiés à l'Einsatzstab Reichsleiter Rosenberg, l'ERR, qui les répartissait en Allemagne, en Autriche ou en Tchécoslovaquie. Certains allaient directement chez des hauts dignitaires, comme Goering ou Ribbentrop. Quand les Alliés ont investi Berlin, ils ont mis la main sur le fichier de l'ERR. Plus de seize mille références ! Vous pensez bien que je l'ai épluché. *L'Heure bleue* n'y figurait pas. Il existe malheureusement une autre hypothèse : que le pillage de l'appartement de vos parents ait été perpétré par des Français, en dehors de toute juridiction allemande. Dans ce cas, le tableau se trouve probablement dans une cave, chez un collectionneur privé ou même au marché aux puces, recouvert par une croûte. Téléphonez-moi dans une semaine, voici ma carte. Mais ne vous faites pas d'illusion.

David se lève, remercie, serre la main tendue. Il descend l'escalier, sort de l'immeuble, repart vers la Seine. Évoquer la rafle l'a épuisé. Un grand soleil d'hiver éclaire la colline de Chaillot. Bientôt cinq ans, déjà. Sarah aurait neuf ans. Il serre les dents, presse le pas. « Cours, David, cours ! » Il n'aurait pas dû écouter sa mère. Il n'aurait pas dû courir. Il aurait dû rester, là-bas, avec eux.

*

(Jeudi 11 décembre 1947)

Face au petit miroir vénitien, Gaston Gallimard vérifie la rectitude de son nœud papillon bleu. Rien ne va. Il n'aime pas la cravate jaune que porte Hirsch aujourd'hui. Il n'aime pas ce froid polaire qui envahit Paris, il n'aime pas ce fiasco de fin d'année. Quatre Goncourt à la suite de 1941 à 1944, et depuis plus rien ! L'auteur assis à côté de Grosjean attend poliment. Belle tête. Ami de Camus, paraît-il. Gallimard s'approche. Ses hommes vont l'essorer, on n'entre pas à la NRF sans avoir tremblé.

– Comment s'appelait votre dernier ? s'enquiert-il.

– *Loin de soi*, répond Pierre.

– Oui, je me souviens. Prix des Lombards l'année dernière. Médaille en chocolat mais bonnes critiques. Vous ne m'en voudrez pas, mais je ne l'ai pas lu.

Gaston Gallimard fait le tour de la pièce qui sert de salle de réunion. Ces locaux de la rue Sébastien-Bottin commencent à devenir vraiment trop exigus, on se marche sur les pieds, c'est à peine si on peut se croiser dans les escaliers. Il y a ces bureaux, rue de l'Université, dans l'hôtel particulier Bochart de Saron, il faudrait envoyer Queneau voir ce qu'il en est, s'il est possible de s'agrandir.

– Vous êtes chez Edmond Charlot, c'est cela ? demande-t-il à Pierre d'un ton distrait.

– Oui, monsieur. Depuis 1944. Auparavant, j'étais au Pavois.

– Et comment va-t-il, ce cher Edmond ? poursuit Gallimard en se tournant vers Hirsch. Toujours les mêmes petits soucis ?

– J'ai peur que les requins n'aient eu sa peau, répond ce dernier. Terminé, à mon avis. Pas de fonds propres, plus de papier, plus de crédit, c'est la fin du rouleau. Le Renaudot de Bosco, il y a deux ans, lui a coûté une vraie fortune.

Hirsch se tourne vers Pierre.

– Vous savez ce que c'est, cher ami, c'est plutôt paradoxal, mais plus on obtient de prix littéraires, plus c'est dangereux en termes financiers. Il faut prendre des risques dans les commandes de papier pour les rééditions. Et, si on voit trop grand, on mange la grenouille. Dans douze mois au plus tard, les éditions Charlot auront mis la clef sous la porte.

– Camus a publié chez lui ? s'inquiète Gallimard.

– Rien d'important

– Et on rachèterait qui ? demande Grosjean en évitant soigneusement de regarder du côté de Pierre.

– Jules Roy, Henri Bosco. Et notre ami Ormen ici présent.

Pierre, mal à l'aise, contemple ses interlocuteurs. Ils se fichent de lui. C'est Guignol au pays de Saint-Germain-des-Prés. Personne ne le regarde, personne ne s'adresse à lui. Invisible, inexistant. Tout se passe comme s'il n'était pas là. Ce sont pourtant bien eux qui ont proposé de se rencontrer ! Pour couronner le tout, Grosjean s'est permis un léger rictus à l'annonce de son nom et le patron de la NRF semble toujours fasciné par le sous-main de son bureau. Pierre les connaît tous trois de vue, pour les avoir souvent croisés dans les cocktails Gallimard. Louis-Daniel Hirsch est un petit homme mince au nez busqué entré dans la maison en 1922, l'année de la mort de Proust. Homme de l'ombre, directeur commercial mais pilier permanent du comité de lecture, il est capable de deviner au franc près ce que rapportera le manuscrit d'un inconnu reçu à 16 h 30 le jeudi par la poste. Sans lui, Gaston Gallimard n'aurait sans doute jamais pris le risque de publier *Autant en emporte le vent*. Jean Grosjean, prêtre défroqué et somptueux poète, passe pour un lecteur infiniment précieux, à même de pressentir qui remplacera les Gide, les Malraux, les Morand. A priori, à en juger par sa mimique désapprobatrice, ce n'est pas lui, Pierre Ormen, qui leur succédera de sitôt.

Jean Grosjean se décide enfin à lui adresser la parole.

– Ne m'en veuillez pas, cher ami, mais je ne suis pas totalement convaincu par votre manuscrit. Quel en est le titre ?

– *La Lune à moitié*, répond Pierre, songeant sérieusement à quitter la pièce en leur claquant la porte au nez.

– Disons que je ne suis qu'à moitié convaincu. Voyez-vous, si vous êtes ici aujourd'hui, c'est que j'ai dit à Gaston tout le bien que je pense de vous. Mais, pour être honnête, je lui ai également dit que vous n'étiez pas tout à fait mûr. Si vous me permettez cette comparaison, vous faites partie de ces écrivains qui fleurissent élégamment vers les trente-cinq ans, mais qui ne produisent leurs fruits que vers la cinquantaine. Bref, dans l'état actuel des choses, je suis sceptique.

– Votre avis, Hirsch ? demande Gallimard d'un ton sec.

– Je suis d'accord avec Grosjean, Ormen bonifiera. C'est ce qu'on appelle un investissement à long terme. Mais je parie à dix contre un que sa *Lune à moitié* dépassera les cinq mille. Que notre ami montera doucement mais sûrement en puissance, année après année ; et qu'il finira même à l'Académie.

Les trois hommes tournent la tête simultanément, six yeux dévisagent Pierre sans un battement de cil. J'ai compris, songe Pierre en refrénant sa colère. Le bon, le méchant et celui qui ne sait pas. Ce n'est pas un entretien, c'est un jeu, ils me testent. Ils cherchent à me laminer, afin de négocier comme des marchands de tapis, avec Pierre Ormen dans le rôle de la carpette sur laquelle on peut s'essuyer les pieds. Cinq mille exemplaires ? Marrez-vous, mes agneaux, je ferai dix mille. Peut-être même vingt mille. Et c'est vous qui viendrez me cirer les bottes.

Gaston Gallimard quitte à regret le spectacle de son sous-main.

– Vous avez des propositions, naturellement. Bernard Grasset, évidemment...

– Exact, répond Pierre. De même que Julliard, le Seuil et quelques autres.

– Et vous hésitez, jeune homme. Évidemment...

Pierre sourit. Il y a bien longtemps qu'on ne l'a plus appelé ainsi. Quel âge a Gaston Gallimard ? Bientôt soixante-dix ans.

– Non, monsieur, je n'hésite pas. Je préfère un contrat précaire chez vous à un contrat en or chez un autre.

– Les temps sont très durs, vous le savez, soupire Gallimard. Prendre un nouvel auteur est une grande responsabilité.

– Je comprends, monsieur.

– Hirsch est pour, Grosjean est contre. Franchement, je ne sais pas quoi vous dire.

– Essayons, propose Grosjean. Signons pour un roman, on verra bien.

Et si ça ne marche pas, on le balance sans un regret, complète Pierre intérieurement.

– Je m'en occupe, dit Hirsch en se levant. J'appelle Edmond demain, je m'occupe du contrat, ça ne devrait pas poser de problème. Ormen, c'est très bien, mais ce n'est tout de même pas Marcel Proust ! Enfin, pas encore !

– Bien, conclut Gaston Gallimard en posant une main sur l'épaule de Pierre, voici une affaire réglée. À propos de Proust et de contrat, vous connaissez l'histoire de la charrette ?

Pierre la connaît, bien sûr, mais s'empresse de dire le contraire.

– Je me souviens, poursuit Gallimard, c'était pendant la guerre, la première, la vraie, lorsque j'avais racheté les droits de Proust à Grasset. Nous étions encore rue de Grenelle, à l'époque. J'avais envoyé une charrette à bras chez Bernard pour récupérer le stock, mais il fondait au soleil car la charrette perdait des livres à chaque heurt de pavé. On a dû faire le trajet à l'envers, afin de ramasser les exemplaires tombés à terre, c'était à la recherche du tas perdu !

Hirsch et Grosjean s'exclament. Très bien, très drôle. Pierre reste de marbre.

– Excusez-moi, c'est sans doute très drôle, mais je n'ai pas compris…

– Mais si, dit Hirsch, à la recherche du tas perdu, du « tas » perdu !

– Parce qu'il y avait un tas de livres qui avaient failli se perdre sur la chaussée du côté de chez soi, c'est ça ? demande Pierre en se levant.

Gaston Gallimard se met à rire. Il se lève également, lui prend le bras, l'entraîne vers le couloir.

– C'est bon, cher ami, un partout, laissons-les, on s'arrête là. Vous me plaisez bien. Votre prochain roman sortira en mars ou avril, nous allons faire du bon travail ensemble. Comment s'appelle-t-il, déjà ?

– *La Dune à Poitiers,* monsieur Gallimard.

– *La Plume du bottier* ? Très bien. Bon titre. Nous ferons donc cinq mille, au minimum cinq mille, nous sommes d'accord ?

– Nous sommes d'accord.

– Alors, bienvenue à la NRF, monsieur Ormen.

3

(Samedi 6 mars 1948)

Et cette affiche derrière lui ? Ce gros sigle RPF de camelot des boulevards ? Pierre sourit encore de son « invitation » en tant qu'« intellectuel » dans un grand salon de la rue de Lille. Malraux possède toujours ce phrasé unique, haletant, traversé d'éclairs, il parle avec une réelle éloquence de la « civilisation atlantique », mais le révolutionnaire d'avant-guerre, l'archéologue de l'âme humaine semble bien loin. L'écrivain également. Le Général par ci, le Général par là, ce type est obsédé...

Sous les galeries du théâtre de l'Odéon, devant un Luxembourg frissonnant derrière ses barreaux, les bouquinistes emmitouflés se réchauffent comme ils le peuvent en parlant gros sous. En s'achetant, en échangeant. Pierre examine les étals : beaucoup de neuf/occasion, comme d'habitude. À peine sorties en petit tirage en raison de la pénurie de papier, les nouveautés sont immédiatement épuisées. On les retrouve aussitôt dans les boîtes des bouquinistes plus chères qu'au prix initial. Trois cents francs pour *La Grosse Galette* de Dos Passos, cinq cents francs pour *Big Money* ! Une folie.

Le père Armand est un vieux de la vieille, sourd comme un pot, habillé en permanence d'une redingote Louis-Philippe. Pierre lui commande parfois un livre rare.

– Alors, père Armand, quoi de neuf ?

– Que du vieux, monsieur le duc. Mais j'ai des informations.

– Quoi donc ?

Le vieux lui fait signe d'approcher, lui glisse à l'oreille :

– L'Anatole France remonte ! Si, si, c'est perceptible...

– Vraiment ?

– Oui. Et le Sartre patine. Vous avez lu ? Il a écrit, je cite de tête : « Il eût été préférable que toutes ces grognasses s'occupassent de leurs fesses » ! Le subjonctif voyou, ça freine les ventes, forcément. Et l'autre, avec son *Spectacle*. Tu parles d'un spectacle : tous mes clients vont demander à se faire rembourser !

Pierre n'a pas le temps de défendre Prévert. Il salue le père Armand, rejoint la rue Monsieur-le-Prince, s'arrête au Tabac Latin Bar afin d'acheter des Balto. Au coin de la rue Casimir-Delavigne, la librairie La Hune, d'un jaune éclatant, semble fendre les flots comme une proue de navire. Pierre y acquiert le second numéro de *La Table ronde* puis remonte à pas vifs vers la gare du Luxembourg. Un billet, les journaux. *Combat* est enfin passé à six pages. Mais à huit francs dans le même temps. Il parcourt l'éditorial, un véritable pamphlet antigouvernement signé Aron. Sacré Malraux ! Et s'il avait raison, avec son Général ? Plus de cent ministres depuis la Libération !

Dans le train qui le mène à Fontenay, terminus Robinson, Pierre parcourt l'actualité. Encore cent cinquante morts à Saigon, ce conflit larvé va bientôt devenir une véritable guerre, une guerre étendue au Laos, au Cambodge, au Siam. Pauvre France : l'empire colonial va s'effondrer comme un château de cartes. En page trois, un titre lui fait froncer les sourcils. Le Club d'Essai de la Radio est menacé, faute de moyens. Les deux tiers de son budget seraient amputés. Ce qui signifie que son projet en cours avec Nicole Vedrès, Camus et Capdevielle va tomber à l'eau. *Les Silences de Paris*, des documents sonores sur l'Occupation. C'était vraiment un beau projet, il faudra qu'il se renseigne auprès de Tardieu. À la page spectacles, la critique du Salon des Indépendants, quai de Tokyo, rejoint l'avis d'Ariane : Waroquier, Humblot, ça ne va pas très loin. Et à côté d'eux, rien que des sous-Lothe, des sous-Manessier... En bas de page, la réclame du théâtre Marigny lui arrache un sourire crispé : « *Occupe-toi d'Amélie*, c'est fou ce que l'on rit ».

Gentilly, Laplace, Arcueil-Cachan... Pierre sursaute, vaguement inquiet : est-ce le bon train ? Lors de son dernier trajet, il s'est encore trompé et s'est retrouvé à Antony.

Un quart d'heure plus tard, Pierre sort de la gare et remonte en pestant la rue des Roses : il manque d'exercice, la pente est raide.

– Monsieur Pierre ! Quel bonheur !

Mme Farge l'a accueilli sur le perron, l'a embrassé sur les deux joues en se hissant sur la pointe des pieds. Elle l'introduit cérémonieusement dans la grande entrée aux céramiques vertes et jaunes où végètent un palmier rabougri et un lointain cousin de l'arbre du voyageur. Le minuscule bassin du patio marocain est toujours aussi ridicule, ce bassin dans lequel – avec Jean-Noël – ils jouaient à celui qui éclabousserait le plus.

Pierre hume l'atmosphère légèrement poisseuse, se demande si la petite gouvernante savoyarde a vieilli. Mais non. Immuable : elle était déjà vieille lorsqu'elle est arrivée. Pierre aime Mme Farge, sa rigueur, sa patience, sa tendresse cachée derrière les bougonnements. Elle l'a choyé, élevé, et bien élevé.

– Monsieur Valentin est dans le bureau...

Pierre se rend dans cette pièce qui l'impressionnait tant lorsqu'il était enfant. Des centaines, des milliers de livres, du sol au plafond. Jusqu'à ce jour funeste où il découvrit qu'il ne s'agissait pas de livres mais de fausses couvertures, en cuir, achetées au mètre. Il frappe, entre sans attendre de réponse. Son père est au téléphone, hargneux.

– C'est cela, je rappellerai !

Valentin raccroche, fulmine.

– Toujours la commission Sudre au sujet du terrain de Bagneux. La mairie s'en mêle, elle veut préempter, ils vont me rendre fou !

Pierre traverse la pièce et ne peut s'empêcher de faire tourner à toute vitesse l'énorme globe terrestre, un faux *Globus Jagellonicus* enchâssé dans son armature en acajou. Et de caresser les seins de la statuette en porcelaine posée sur un guéridon.

– Pierre, s'il te plaît !

Pierre contourne le bureau pour embrasser son père, jette un coup d'œil vers le parc. Il va pleuvoir.

– Comment ça va, papa ?

– Ça va. Comme ci comme ça. Plutôt comme ça.

Le bureau est sombre, les rideaux sont tirés, le visage de Valentin est creusé, le teint crayeux. Pierre n'aime pas cette pièce.

– Tu m'emmènes à la villa Godin ? Un petit gorgeon pour les garçons ?

Le visage de son père s'éclaire.

– Bonne idée. On y va, fils.

La démarche de Valentin s'est encore détériorée, il peine dans l'escalier, descend les marches en s'aidant de sa canne. Ostéoporose, arthrose. D'après le médecin, il n'y a pas grand-chose à faire. Être prudent, c'est tout.

Valentin sort sa clef, ouvre la porte, contemple son royaume avec satisfaction : un vrai foutoir ! Il se tourne vers Pierre.

– Tu sais que tu es le seul à être admis ici ?

– Je sais, papa. Avec les araignées et les souris. Pourquoi ne demandes-tu pas à Mme Farge de venir faire un peu de ménage ? En lui bandant les yeux, si tu veux…

– Jamais. Sers-nous un verre.

Pierre sort la bouteille d'un petit buffet, emplit deux verres, trempe ses lèvres, grimace. Une vraie piquette ! Par le soupirail, on aperçoit le cèdre planté pour Jean-Noël. Il ne pousse pas vite.

– Alors comme ça, demande Valentin en servant un second verre, tu n'es plus professeur ? C'était bien, professeur, dans ton lycée Du Guesclin !

– Charlemagne, papa.

– Oui, c'est pareil. Alors, c'est fini ?

– Terminé. Je suis désormais à la Cour des comptes. Auditeur, pour être précis.

– Et tu écoutes quoi ?

– J'écoute Napoléon. Napoléon qui a dit : « Je veux que par une surveillance active, l'infidélité soit réprimée et l'emploi légal des fonds publics garantis. »

– Il a dit ça, Napoléon ?

Pierre tente de lui expliquer les subtilités de la comptabilité publique puis, devant l'intérêt relatif de son père, évoque les avantages de la fonction, les opportunités du plan de carrière. Et le temps libre, pour écrire.

– Ah, oui, bien sûr ! Ça avance, ton livre ?

– Pratiquement terminé. Mon éditeur pense qu'on peut espérer un prix.

Valentin hoche la tête. L'activité littéraire de son fils reste un profond mystère. Pourquoi écrire les choses alors qu'on peut les vivre ? D'un autre côté, il y a les prix. Ça doit quand même rapporter un peu. Il boit, s'essuie les lèvres avec la manche de sa veste.

– Les prix, c'est bien. Ça prouve qu'on a bien travaillé. Comment vont les enfants ?

Pierre allume une cigarette, sourit de l'expression rayonnante de son père. Valentin adore ses petits-enfants.

– Le petit prodige est toujours au Conservatoire, François et Julien finissent l'école du Père-Castor, ils vont entrer à Montaigne en septembre. Delphine est au cours Désir, rue Jacob, elle ne fiche absolument rien, elle ne pense qu'à dessiner.

Valentin approche un cendrier. Lors de sa précédente visite, son fils a laissé une belle empreinte sur son établi.

– Très bien. Bonne petite. Et ton épouse ?

Pierre hoche la tête.

– On dit « ta femme », papa, faudrait sortir un peu.

Pierre tend la main pour attraper le cendrier, y dépose sa cendre. Mon épouse ? songe-t-il. Cela pourrait être mieux. Depuis un an, ses rapports avec Ariane traversent de grosses turbulences, le couple bat de l'aile. À qui la faute ? À lui, sans doute. Tout désir sexuel a mystérieusement disparu, il en est atterré, vaguement honteux, mais c'est ainsi.

– Et Odette, comment va ? réplique-t-il.

– Odette ? Je ne la vois plus. Tous les jours à Paris. Je me demande s'il n'y a pas un amant dans le placard.

– Elle a quarante-huit ans !

– Et alors ? Elle est toujours ravissante ! Mais je suis peut-être mauvaise langue. Elle s'occupe beaucoup du dossier Bronstein, tu sais, la collection d'Isaac, elle fait des recherches, la CRA, tout ça...

Pierre s'assombrit instantanément. À l'évocation d'Isaac, les battements de son cœur se sont accélérés, sa main droite s'est mise à brûler sous l'effet d'une fulgurante démangeaison. Et c'est Odette, pas lui, qui s'acharne sur le dossier.

– Mais pourquoi ? demande-t-il un peu trop brusquement. À quoi ça sert ? Ils n'avaient pas de famille, sauf en Pologne peut-être, aucun héritier, rien, pas le moindre cousin, pas de cousin de cousin, à quoi ça rime, cette recherche ?

– Je ne sais pas, répond Valentin. Tu sais, elle aimait beaucoup Isaac. C'est sans doute un moyen de ne pas l'oublier.

Valentin se ressert un verre de vin d'Anjou, va s'asseoir sur le lit-cage en emportant les oignons, le pain et le pâté. Il boit trop, il le sait.

– Tu te souviens de la vraie villa Godin, rue de Bagnolet ?

Pierre se souvient. La petite impasse, les maisons ouvrières, l'énorme Zeppelin allemand lâchant ses bombes sur le quartier, sa mère le prenant dans ses bras pour le protéger.

Le regard de Valentin parcourt la pièce, l'établi, la table, les outils de menuisier, la montagne de papier de verre.

– On vivait dans une pièce rigoureusement semblable à celle-ci. Tous les trois. Marie-Thérèse, toi et moi. C'était difficile, mais on était heureux. Comme tous les ouvriers, on se levait avant 6 heures. La vie était dure, surtout l'hiver, l'herbe parfois gelait, parce que c'était encore la campagne, là-bas. Souviens-toi toujours de ça, fils : malgré les honneurs, les diplômes et les prix, il faut garder la part d'ouvrier qu'on a en soi. Ton grand-père était menuisier, un communard de Belleville, tu as du sang de prolétaire dans les veines.

– Ne t'inquiète pas, papa, je ne l'oublie jamais.

Pierre réprime une grimace. Sa main droite lui démange horriblement. Valentin a préparé deux tartines de pâté, coupé un oignon en deux.

– Et ça, tu te souviens ?

Valentin a extrait son œil de verre, frappé doucement sur le montant du lit. Toc, toc. Le visage de Pierre pétille un court moment. Jean-Noël et Olivier ! Les fous rires à table !

– Et Amédée ? demande soudain Valentin.

Pierre se rembrunit. Il sort un mouchoir, le passe sous l'eau, enveloppe sa main droite sans regarder son père. Valentin vient lui poser une main sur l'épaule.

– Tu ne crois pas qu'il faudrait faire la paix ? On ne l'a pas revu depuis cinq ans. Quoi qu'il ait fait pendant la guerre, pas grand-chose si j'ai bien compris, juste de mauvaises fréquentations, on pourrait peut-être renouer ?

– Non.

– Pierre ! Il a été amnistié l'année dernière, c'est important, l'amnistie, c'est un papier officiel, républicain, ça prouve qu'on est lavé de ses fautes, qu'on est à jour avec la société, tu pourrais le comprendre, toi qui veux toujours réconcilier les hommes...

– Papa, c'est non !

Valentin ouvre le poing, fixe son œil de verre, mécontent. Il crache dessus, l'essuie soigneusement, le remet à sa place. Il faudrait le changer, la couleur ne va plus. Rien ne va plus, d'ailleurs.

– Bon, comme tu veux. À propos des Bronstein et des voyages d'Odette à Paris, tu savais qu'elle était la maîtresse d'Isaac ?

Pierre sourit.

– Évidemment, papa, tout le monde le savait !

– Ah bon... Viens, allons dans l'orangerie, tu verras, j'ai fait des progrès.

Pierre aide son père à remonter au rez-de-chaussée puis à descendre dans le jardin. Le parc est en lambeaux, les sapins jaunissent. Devant l'orangerie, en revanche, le potager resplendit. Pas la moindre mauvaise herbe, terre fraîche retournée, alignements au cordeau. Mme Farge a toujours la main aussi habile et aussi verte. Il y aura des choux, des navets, des salades, des tomates, comme pendant la guerre. Pierre pousse la porte vitrée, parcourt des yeux l'immense pièce recouverte de tableaux. Valentin l'entraîne vers le chevalet.

– Et celui-ci, comment tu le trouves ?

Pierre s'approche, attendri. Il examine la croûte, félicite son père. Très bien, les sapins verts. Et les petits nuages blancs, dans le coin à gauche.

Valentin en sourit de bonheur.

– Tu l'aimais, toi, celui de Picasso, tu sais, la femme à sa fenêtre ?

Pierre refrène un geste d'humeur : encore les Bronstein ! C'est vraiment la journée. Et cette main qui continue à brûler en enfer, malgré le mouchoir humide.

– *L'Heure bleue* ? répond-il. Beaucoup.

– Ah bon. Parce que moi, franchement, je préfère les miens.

– Oui, papa…

– Tu me diras, c'est devenu quelqu'un, ce Picasso. Isaac était malin. Où sont-ils, maintenant, tous ces tableaux ?

– Je ne sais pas. En Allemagne, sans doute.

– Moi, je n'ai pas de tableaux, mais j'ai un peu de biens. Il faudrait que je songe à faire mon testament.

– Papa !

Valentin saisit un pinceau, tapote la poitrine de son fils.

– Si, si ! J'ai soixante-trois ans et tu connais mon état de santé. Je tiens à le rédiger. Mais c'est compliqué. Je voudrais que tu m'aides à voir clair dans mes idées.

– Quelles idées ?

– Eh bien, il y a Odette. Je voudrais qu'elle soit protégée, bien sûr, mais je ne veux pas qu'elle ait Fontenay. Peut-être viendras-tu t'y installer un jour ?

Pierre ne répond pas. Quitter la rue de Vaugirard ? Ne plus avoir le Luxembourg devant la fenêtre, saison après saison ? Impossible.

– Et les terrains de La Croix-Valmer ? demande-t-il. Est-ce que tu comptes les vendre ?

Sur les conseils d'Isaac Bronstein, Valentin Ormen a acheté en 1932 dix-huit hectares de terrains inconstructibles sur la côte varoise, en bord de mer. Un jour, c'est certain, ils passeront en zone blanche.

– Non. J'attends. Il paraît que Pierre Brasseur – tu sais, l'acteur – a acheté une maison à Gassin, tout près. Que toutes les vedettes s'installent dans le coin. C'est un placement en or. Pierre, tu m'aideras, pour le testament ?

– Oui, papa. On verra. Il va falloir que je te quitte.

– Tu as besoin de la Chenard ?

– Non, je rentre en train. Je crois que je vais acheter une voiture, peut-être la Vedette, trois places à l'avant, trois places à l'arrière, c'est ce qu'il faut pour les enfants.

– Tu as besoin d'argent ?

– Mais non, papa, merci, tout va bien pour l'instant.

Pierre et son père se dirigent vers la porte, celle de la cuisine, qui donne directement sur la rue Antoine-Petit. Pierre enlève le mouchoir, contemple le dos de sa main : les petites pustules ont disparu, la rougeur et les démangeaisons s'atténuent. Il se retourne, considère les lieux. Le chevalet près de la vitre, les arrosoirs contre la porte, le piano droit déglingué. Et, au milieu de la pièce, ce divan fatigué qui sert de dépotoir, pinceaux, tubes, chiffons, palettes. C'est sans doute là qu'à la mi-octobre 1941, Amédée a violé Amélie. Pierre embrasse son père en le serrant un peu trop fort dans ses bras. Qu'il n'apprenne jamais. Jamais.

*

(Vendredi 16 juillet 1948)

Odette s'est faite belle : un somptueux « spring cleaning » quoiqu'on soit en juillet. Elle s'est habillée avec soin : sa couturière s'est inspirée d'un modèle de Jacques Fath, le recopiant scrupuleusement. Le tissu est imprimé de fleurs aux coloris acidulés. Manches trois-quarts, décolleté drapé. Elle a choisi des escarpins crème et une pochette assortie. À son poignet gauche pend une gourmette en or à maillons plats, ornée de petits cabochons multicolores. Il fait beau, elle fredonne sur le quai :

« On l'appelle Mademoiselle de Paris / Et sa vie c'est un petit peu la nôtre / Son royaume c'est la rue de Rivoli / Son destin, c'est d'habiller les autres… »

Surgissant d'une courbe, le train venant de Robinson apparaît au loin. Lorsqu'Odette s'était installée à Fontenay, on pouvait guetter son arrivée depuis la villa grâce aux grands panaches de fumée grise montant dans le ciel derrière la colline. La ligne a été électrifiée en 1936.

La rame des premières est pratiquement déserte. Durant la guerre, toutes les voitures étaient perpétuellement bondées, emplies de Parisiens chargés des fruits, des légumes et des œufs qu'ils allaient chercher dans les fermes aux alentours de Saint-Rémy-lès-Chevreuse. Elle avait même, un jour, voyagé à côté d'un mouton.

Odette sort son *Elle*, le feuillette nonchalamment. « Allô, ne coupez pas », une nouvelle de Cocteau, une réclame pour Ridex, un article amusant sur les corsages « pas sages ». Elle poursuit en prenant des nouvelles des vedettes de la semaine, Montand, Francis Lopez, Renée Lebas, Marcel Cerdan, puis se plonge dans le feuilleton, *La Vengeance de la perle*, de John Steinbeck. Vingt minutes plus tard, parvenue à la gare du Luxembourg, elle s'attarde près du guichet pendant un moment. Ici même, il y a six ans jour pour jour, son cœur avait bondi en découvrant David. Mais il était seul, le seul survivant de la rafle du Vél' d'Hiv'. Elle renifle discrètement, jette son *Elle* dans la corbeille, sort de la gare. Devant l'arrêt du 38, peu de monde. Elle néglige de prendre un ticket de queue au distributeur, jette un coup d'œil vers l'Observatoire. Une tache verte et blanche s'annonce au loin.

Par ce vendredi d'été, un soleil timide éclaire les façades de la place Edmond-Rostand. Chez Capoulade, on sert en terrasse. L'autobus démarre, secoué par les craquements d'une boîte de vitesses fatiguée. Un jeune homme s'est lancé à sa poursuite, le rattrape de justesse, saute sur la plateforme. Odette enlève la chaîne, lui prend le bras, remet la chaîne en place.

– Merci, madame.

Odette hoche la tête. Elle remonte le col de son manteau, ajuste son chapeau. Beau garçon. Une ou deux sections ? Disons une. Le receveur s'approche, jette un coup d'œil irrité vers le jeune homme. Odette détaille l'uniforme grisâtre en drap grossier, la casquette mollassonne : pourquoi les fonctionnaires sont-ils tous aussi laids ? Elle détache un ticket, le tend à l'employé. D'après David, il est très facile de voyager gratuitement : il suffit d'enduire les tickets de savon et, une fois compostés, d'en gratter la fine pellicule avec une pièce de monnaie.

Châtelet, fin de section. Odette remonte à pied la rue Saint-Denis jusqu'au croisement de la rue de la Grande-Truanderie. Quartier sale, pouilleux, ça sent les Halles, le chou, la viande crue, le poisson. Des filles font le tapin, cigarette à la bouche, mains sur les hanches. Elle aurait pu finir ainsi. Dieu merci, elle a su se débrouiller.

La chambre de David est au sixième étage, sans ascenseur bien sûr. Elle frappe, il ouvre.

– Bonjour, mon chéri.

– Bonjour, Dadou.

Odette contemple le fils d'Isaac. Il a encore grandi, quand va-t-il s'arrêter ? Elle lui a apporté du beurre, du café, du chocolat, du sucre. Et un cadeau enveloppé dans du papier toilé, protégé par une ficelle.

– C'est quoi, Dadou ?

– Pour tes vingt ans. Ouvre.

Pendant que David déchire l'emballage, Odette détaille la chambre. Pour deux mille francs par mois, c'est correct. Et pour un jeune homme, c'est parfaitement en ordre. Presque trop.

– C'est joli, c'est quoi ?

Le tableau ne représente pas grand-chose. Des cercles, des traits, des taches de couleur.

– C'est un Miró. Ton père me l'avait offert pour mes quarante ans. Il est à toi, pour tes vingt ans.

Et toi, tu es à moi, pense-t-elle aussitôt. Mon secret, mon trésor.

David se plie en deux, l'embrasse sur la joue, la remercie. Un Miró ! Combien cela peut-il valoir ? Quarante mille ? Cinquante mille ? Avec un peu de chance, il va enfin pouvoir devenir indépendant, ne plus vivre aux crochets d'Odette.

– Merci, Dadou. Merci beaucoup.

Odette dépose son chapeau rose sur le lit, va se regarder dans la glace. Ce garçon de l'autobus était vraiment très beau.

– Les études ? demande-t-elle en se retournant.

– Tout va bien.

David poursuit ses études de droit, tout en travaillant le soir au Petit Bacchus, rue de la Harpe, le rendez-vous des hommes-sandwichs du quartier. Le week-end, il lui arrive de travailler pour les eaux Rozana. Arpenter la rue de Rivoli déguisé en bouteille ne le gêne pas. À l'abri du carton bouilli, invisible, il observe les visages, scrute l'âme des Parisiens. Celui-là, en col dur et lorgnon, de quel côté était-il en 1942 ? Et cet agent ventru agitant son bâton blanc ? Faisait-il monter les Juifs dans les autobus ? Malgré les nausées qui l'assaillent parfois à la vue d'une fillette brune ou d'un homme de haute taille, David poursuit calmement et obstinément le but qu'il s'est fixé : tenter d'accepter, être digne de son statut de seul survivant, devenir notaire, comme son père.

Odette a rangé les provisions dans le garde-manger, inquiète : par cette chaleur, ça ne va pas tenir, il lui faudrait une glacière. Elle tourne un peu en rond, déplace un bougeoir, ferme la fenêtre, finit par s'asseoir sur le bord du lit.

– Et les amours ? demande-t-elle. Tu t'es trouvé une bonne amie ?

David hésite, répond non, bien que ce soit oui. Il sent confusément qu'Odette n'apprécierait pas.

– Et la commission, avenue Rapp, tu en es où ?

– Nulle part, Dadou. J'attends. Mais je ne me fais aucune illusion. Je n'ai même pas de dossier enregistré. M. Henraux n'est plus là, je n'ai plus de contact. Mieux vaut oublier.

Odette tapote le lit.

– Viens t'asseoir à côté de moi.

David se place à distance raisonnable. Elle pose une main recouverte de bagues sur son genou, juste un instant.

– Je te sens un peu triste, mon David. Une bonne amie te ferait du bien.

– J'ai autre chose à faire, Dadou. Plus tard.

– Quand même. C'est important, ces choses-là. Pour la santé. Pour l'équilibre. Les garçons, ça a des besoins. Tu as déjà couché avec une fille ?

– Dadou !

– Excuse-moi, c'est très personnel, je sais.

David se lève, va chercher le Miró, le contemple à bout de bras en cherchant à distinguer le haut du bas.

– Encore merci, Dadou. Et toi, comment ça va avec ton mari ?

Odette sourit. Ce garçon est vraiment très délicat.

– C'est calme, répond-elle. Valentin vieillit doucement, Mme Farge trottine dans les étages, le jardinier vient quand il veut, c'est un peu la maison de la Belle au bois dormant. Enfin, belle, on ne peut plus dire cela. Moi aussi, je vieillis.

– Mais non, tu es magnifique !

– C'est gentil, merci. Tu n'as pas oublié notre anniversaire ?

Lorsqu'il est rentré à Paris, Odette lui a fait promettre qu'ils déjeuneraient ensemble chaque 16 juillet, quelles que soient les circonstances, dans un des restaurants qu'affectionnait Isaac.

– Bien sûr que non !

David s'empresse de lui présenter son chapeau. Affreux, avec des fleurs roses.

– On y va à pied ?

– Oui, mon David.

Pour rejoindre la place des Victoires par la rue Étienne-Marcel, il ne faut guère plus d'un quart d'heure. David se force à limiter ses enjambées afin d'accorder son pas à celui d'Odette. Rue La Feuillade, rue des Petits-Champs.

– Mais qu'est-ce que c'est que cette horreur ?

Odette s'est arrêtée devant une sorte de boîte à sardines grise dotée d'un toit en toile et d'un mince capot en tôle.

– C'est la 2 CV, Dadou. La nouvelle Citroën. La première que je vois.

– N'importe quoi ! Personne n'achètera jamais un machin comme ça !

Cinq minutes plus tard, Odette et David entrent au Grand Véfour.

– Ormen. Mme Ormen. Nous avons réservé.

– Parfaitement, Madame.

Odette a choisi une table légèrement à l'écart. Elle saisit la carte, s'évente, commande deux portos flip. David semble légèrement intimidé : le menu dessiné par Cocteau, les panneaux peints fixés sous verre, les lustres et les bronzes dorés, les chaises Directoire, tout ce luxe noir et or, c'est tout à fait Odette.

– On est bien, dit-elle en lui prenant la main.

– Oui, on est bien...

– Qu'est-ce que tu aimerais manger ?

Un maître d'hôtel s'approche, s'incline. Odette croise son regard, se demande ce qu'il peut bien penser. Son fils ? Un gigolo ? Elle lâche la main de David, passe la commande d'un ton sec.

– Et comme vin, Madame ? J'appelle le sommelier ?

– S'il vous plaît...

– Je vais prendre un nuits-saint-georges, confie-t-elle à David. C'est rond, parfumé, qu'en penses-tu ?

David acquiesce d'un hochement de tête. Ce déjeuner va coûter une fortune. Le train de vie d'Odette l'a toujours sidéré.

Cela étant, d'après ce qu'il en sait, elle ne lève pas le petit doigt pour aider son fils.

– Et Olivier ? Tu le vois de temps en temps ?

Le regard d'Odette s'assombrit. Non, pas beaucoup. Aux dernières nouvelles, Olivier a été engagé dans une troupe de théâtre qui devrait s'installer au palais de Chaillot, dans les locaux de l'ONU. Il prend des cours de mime. Et puis, surtout, il vient de se marier à la sauvette avec une nommée Colette – elle n'a même pas été invitée, une honte. De toute façon, ça n'a pas d'importance, elle ne lui donne pas deux ans avant de divorcer.

– Je ne le vois plus, avoue-t-elle, un vrai papillon. Des projets chaque matin abandonnés le soir même. Il va peut-être lancer un cabaret-théâtre, à Saint-Germain-des-Prés, rue de Rennes, avec un mystérieux Éthiopien. Il s'est marié, tu sais…

– Oui, tu me l'as dit. Et Amédée, Dadou, tu as des nouvelles ?

Odette se raidit.

– Quoi, Amédée ?

– Il est toujours à Levallois ?

– Pourquoi veux-tu savoir où il vit ?

Le regard de David vire au noir corbeau.

– Je le buterai un jour, ce salaud !

– Ce n'est pas comme ça que tu deviendras notaire.

– Comment peux-tu le défendre ? Il a dénoncé mes parents !

– Je ne le défends pas, c'est un salopard. Mais on ne sait pas exactement ce qu'il a fait ou n'a pas fait. Et ce n'est pas une raison pour rejeter sa faute sur toute la famille. Pierre, Ariane, Valentin : ils n'y sont pour rien. Pourquoi refuses-tu de les revoir ?

– Je ne peux pas, Dadou. C'est trop douloureux.

Odette soupire.

– D'accord, chéri, on attendra. Mange ta viande, ça va refroidir.

La salle s'est brusquement remplie, il est 13 h 15, les serveurs courent d'une table à l'autre. David s'est resservi, deux fois, il mâche furieusement, jette un coup d'œil désolé vers la corbeille de pain. Un mort-de-faim chronique, tout comme son père.

– Tu prendras un dessert ? Moi, ce sera un café.

– Le gâteau au chocolat, Dadou. Avec de la crème. C'est possible ?

– Mais bien sûr. Tiens, j'ai apporté ça. Pour le mois.

Elle sort une enveloppe grise de son sac, la lui tend.

– Merci, Dadou. Je n'oublierai pas. Un jour, je te rembourserai pour tout ce que tu as fait pour moi.

– Ne t'occupe pas de cela. J'ai de l'argent. J'en aurai encore plus, un jour. Et toi aussi, mon petit David. Je sais que tu vas réussir. Tu deviendras notaire, tu habiteras un grand appartement, tu achèteras une belle voiture...

Le maître d'hôtel apporte le dessert, dépose le café et l'addition près d'Odette. Elle y jette un coup d'œil, pousse l'enveloppe vers David.

– Tiens, chéri, paye.

David sort un billet, ajoute quelques pièces. Odette se penche, supprime le pourboire. Elle n'a pas aimé le regard du maître d'hôtel.

*

(Jeudi 2 novembre 1950)

Deux petites chasses molles dans la matinée, à peine vingt minutes, tout ça en pédalant deux fois moins vite que les congés payés, c'est vraiment de la fumisterie ! Il aurait mieux fait d'aller au cynodrome de Courbevoie pour le prix de Bacchus des lévriers.

De très mauvaise humeur, Amédée quitte le Vél' d'Hiv' vers 14 heures par la petite porte de la rue Nélaton sans s'arrêter chez Routis, l'ancien champion de boxe. Ces Six Jours déclinent d'année en année, le cyclisme s'embourgeoise, c'est l'époque qui veut ça. La Buick Roadmaster 70 bi-tons, vert et ivoire, est garée rue du Docteur-Finlay. Huit cylindres, 124 CV. Il était temps : la traction 11 CV commençait à dater. Amédée plonge la main dans la poche droite de son manteau en laine, cherche ses clefs. Deux gosses, main en visière, s'efforcent de regarder à l'intérieur de la voiture ; ils tournent autour, s'extasient devant le pare-chocs aux dents proéminentes de requin argenté.

– C'est à vous, m'sieur ?

Le petit rouquin a vraiment une bonne bouille. Amédée explore à nouveau ses poches, sort deux pièces de cent sous, leur demande de tendre la main ; et de dire merci.

– Merci, m'sieur !

Culottes courtes et galoches s'enfuient en courant vers les caramels mous de la boulangerie. Amédée déverrouille la portière, se glisse derrière le volant. Il actionne le contact, branche l'autoradio sur Paris Inter.

« *Quand nous jouions à la marelle, cerisier rose et pommier blanc...* »

Encore André Claveau et cette voix de miel qui fait fondre les femmes. Insupportable. Cerisier rose et pommier blanc, on n'entend que ça en ce moment ! Amédée éteint la TSF, embraye, enclenche délicatement la première et se dirige prudemment vers le boulevard de Grenelle. Trois minutes plus tard, il gare la grosse voiture devant le Village suisse derrière une Hotchkiss noire. Son stand se situe à l'extrémité gauche, juste après les marchands de vestes en cuir. Il lève la tête, sollicite sa mémoire : il y avait une grande roue installée ici, sur laquelle il était monté lorsqu'il avait neuf ans. Oui. On voyait tout Paris. Et d'après son père, pour l'Exposition universelle, celle de 1900, on avait construit un véritable village suisse, avec une montagne.

Amédée ferme délicatement sa portière, passe le doigt sur une petite tache et va saluer son voisin, Philippe, un Arménien, rencontré l'été dernier à Saint-Ouen. C'est lui qui l'a convaincu de s'installer ici, les pas-de-porte y sont encore abordables et, compte tenu du quartier, cela devrait devenir assez rapidement un endroit prisé. Quoi qu'il en soit, les affaires prospèrent. Amédée chine en province des pièces qu'il revend ici en toute légalité. Et pour quelques clients soigneusement choisis, il écoule avec prudence les beaux meubles du « musée ». Il suit par ailleurs au plus près le marché de l'art, peinture et sculpture, Charpentier et Drouot. Le mois dernier, des assiettes de Picasso se sont vendues deux cent mille francs pièce. Ça monte, ça monte, le Picasso…

– Je peux ?

– Je t'en prie.

Amédée ouvre *L'Aurore*, tourne rapidement les pages. Ça y est : les Chinois entrent dans la danse en Corée. Quand les Américains se décideront-ils à leur balancer une bombe atomique ?

– Ormen, laisse-moi le journal, je n'ai pas lu Nostradamus. Et file-moi une cibiche, s'il te plaît, je suis à sec.

L'Arménien est un petit bonhomme rondouillard qui passe ses journées à bouquiner. Des livres cartonnés dotés d'une jaquette noire avec des titres en jaune. *Vous pigez*, *La Môme vert-de-gris*, *Cet homme est dangereux*. Que des romans américains bien noirs, bourrés de flingues, de fric et de filles.

– Tiens !

Amédée lui tend un paquet de Gauloises oublié dans la Buick par un client.

– T'as rien d'autre ? C'est plein de bûches !

– Désolé. Je n'ai que ça.

L'Arménien allume sa cigarette à l'aide d'un briquet à amadou, saisit *L'Aurore*, parcourt les petites annonces.

– Alors, c'est vrai ? demande-t-il. Tu as acheté un appartement ?

– Avenue Victor-Hugo. Sept millions.

– Ben mon vieux ! Ça marche bien, les affaires ! À propos, un type est passé ce matin, je lui ai dit que tu n'ouvrais que l'après-midi.

– Un client ?

– Je ne sais pas. Oui, sans doute. Il m'a dit qu'il cherchait un secrétaire à secret.

– À tiroir secret, Philippe.

– Oui, c'est ça. À tiroir secret. Je lui ai conseillé de repasser.

– Comment était-il ?

– Normal, pas très grand, avec un blouson. Il était en moto, une 55 Peugeot, je me suis dit que ce n'était pas avec ça qu'il allait l'emporter, son secrétaire...

Amédée étudie ses ongles soigneusement manucurés : cette histoire de secrétaire ne lui plaît pas du tout. Un soupçon d'inquiétude agite ses pensées. Que recherche ce type ? Un secrétaire ou un secret ?

*

(Vendredi 7 septembre 1951)

Pierre s'est assis au quatrième rang. Pleyel bruisse élégamment, les derniers arrivés disent pardon, pardon, l'orchestre s'accorde en dissonance. À sa droite, une femme trop parfumée pérore acoustique : l'écho de Pleyel, les cordes trop mates, les cuivres qui écrasent. À sa gauche, le siège est vide. Pierre écoute distraitement. « Heureusement, poursuit la femme, j'ai pu avoir ces places, car à certains endroits on a deux concerts pour le prix d'un ! » Pierre soupire, se cale dans son fauteuil. Il n'aime pas les snobs, il n'aime pas Pleyel, il n'aime pas le violon, il n'aime pas Brahms. Mais il aime sa fille.

Lorsque Marie paraît en accentuant volontairement sa démarche chaloupée d'Apache de la Bastille, quelques applaudissements se font entendre, recouverts aussitôt par des « chut » indignés : Marie Ormen ne supporte pas que l'on frappe dans ses mains sans qu'elle le sollicite. Seize ans, ravissante, cheveux presque rasés. Elle porte dans ses bras, tel un bébé, un Stradivarius Sasserno de 1717 mis à sa disposition par la Nippon Music Foundation. Pierre ne l'a pas vue depuis deux mois, elle rentre d'une tournée aux États-Unis, New York et Chicago. Selon son habitude, elle est habillée de façon extravagante : pas de tenue de soirée comme le veut l'usage, mais une ample robe plissée soleil en coton pourpre imprimé de fleurettes bleues rebrodées, une création Carolyn Schnurer qui fait fureur auprès des « girls » américaines. Aux pieds, de jolies ballerines en chevreau glacé rouge. Chef et soliste se saluent froidement en inclinant le buste. Lui à la prussienne, elle en révérence ironique ou insolente. Ça va barder, tout le monde le sait. Le concerto de Brahms, un des plus difficiles, est une sombre bataille d'ego.

Ariane est restée en coulisse, dans l'envers du décor. Quand elle joue à Paris, Marie exige que sa mère soit proche, à portée de main. Le chef lève sa baguette : c'est parti pour l'intro.

Violon contre son cœur, Marie semble tendue. Elle attend, immobile. Ariane connaît suffisamment sa fille pour deviner ses pensées : l'exposition est longue, trop longue, l'orchestre s'écoute jouer, la petite piaffe d'impatience. Puis le moment vient. Seule face à l'orchestre, le violon pour toute arme, Marie se lance, les yeux ouverts. Ariane en a la chair de poule. Jamais personne n'a joué ainsi. Lents tempi ponctués d'accélérations, tension dans la phrase, appui sur les pivots de la mélodie, Marie travaille chaque note, chaque phrase, à la limite de la caricature. Son interprétation étrange, sans la moindre tendresse, dérange puis envoûte.

Au milieu de l'allegro, Ariane perçoit soudain la rivalité qui s'installe entre la soliste et l'orchestre. Mal à l'aise avec son jeu, l'orchestre cherche à s'imposer plutôt qu'à dialoguer. Mais ça tient, ça tient. Ariane cesse de respirer. L'épreuve de vérité : elle sait que sa fille va proposer une nouvelle cadence, délaissant son choix habituel pour la version de Joachim. Le violon s'envole, enfin libre. Elle ferme les yeux. Comment peut-on être aussi sensible dans l'expression artistique et aussi dure dans la vie ? Qu'ont-ils fait pour enfanter ce monstre à deux têtes qui la fait tant pleurer de joie ? Dès la fin du mouvement, tout en apesanteur, Marie pose aussitôt un doigt sur ses lèvres. Chut. On n'applaudit pas.

L'adagio du second mouvement débute par un long prélude, Ariane grimace. Le hautbois s'est légèrement planté dans son exposition. Que va faire la petite ? Marie cale son violon, reprend le thème. Son tempo est lent, elle semble étirer la première phrase à l'infini. Mais de cette lenteur se dégage peu à peu une tension tragique. Dans une technique époustouflante, Marie charge glissandi et aigus sous le regard noir du chef d'orchestre. Vers la fin de l'adagio, qu'elle connaît par cœur, Ariane se fige : elle sent qu'il va se passer quelque chose. Après la dernière note, Marie pose son violon, s'avance vers le chef, lui demande sa baguette, la pointe vers sa poitrine.

– Monsieur, dit-elle d'une voix étonnamment grave, Hans von Bülow a peut-être écrit que ce concerto se joue « contre le violon ». Mais il n'a jamais écrit que c'était contre moi. Compris ?

Elle lui rend sa baguette, salue le public, se dirige d'un pas vif vers les coulisses.

– Mais, Marie, tu es folle !

Marie embrasse sa mère, sourit.

– Ne t'inquiète pas, je sais ce que je fais. C'est exprès. Allez, j'y retourne.

Ariane suit sa fille des yeux. Le chef d'orchestre, livide, attend qu'elle se remette en place. Il salue sèchement, frappe sur le pupitre, attaque le troisième mouvement. Et c'est soudain la fête. Soliste et orchestre s'accordent désormais dans un tournoiement de musique tzigane, vertigineuse et colorée. Dans une orgie de rythme, le violon danse. Ariane a fermé les yeux, radieuse. Elle retrouve Marie enfant, Marie heureuse. Lorsque le concerto s'achève, Marie rejoint le chef d'orchestre, se hisse sur la pointe des pieds, l'embrasse sur la joue. Elle se tourne ensuite vers le public, frappe dans ses mains : allez, on applaudit. Et, sous les ovations, elle enlève ses ballerines, les projette dans la salle.

Pierre se lève, dit pardon, pardon. Une des chaussures l'a frôlé. L'a-t-elle visé pour s'amuser ? La claque va durer cinq bonnes minutes, autant s'éclipser pendant qu'il est temps. Sa fille est folle, le chef d'orchestre est fou furieux et il a trop envie d'une cigarette. Quand même, quand même, des ballerines rouges, que vont écrire les critiques dans les journaux du matin ?

*

Marie s'attarde. Pourquoi ces cons de jumeaux ne sont-ils pas venus la voir ? Peut-être préfèrent-ils *Une chanson douce que me chantait ma maman* ? Ou *Étoile des neiges, mon cœur amoureuuuux* ? Pierre et Ariane sont partis, elle ricane intérieurement devant la réprobation polie de son père. Il y a des choses qui ne se font pas, a-t-il dit. Les choses sont faites pour qu'on en fasse autre chose, a-t-elle répondu sèchement. Ariane, pour sa part, était encore chez Johannes Brahms, flottant sur un nuage.

– C'est pour vous, mademoiselle...

S'avance un bouquet de cent cinquante roses rouges qui emplit la moitié de la loge.

– Quel est le crétin qui m'a envoyé ça ?

Un visage apparaît derrière les roses.

– Le crétin, c'est moi.

Paul Barbizon est pianiste. Un grand pianiste. Marie l'a souvent croisé au Conservatoire, à Pleyel ou à Gaveau. Un maniaque de la « réalité du texte », tout son contraire. Un sublime toucher, surtout chez Debussy ou Enesco. Marie détaille : chemise blanche et nœud papillon, escarpins vernis, la classe mais classique.

– Bonjour, Marie, toujours aussi fantasque...

– Bonjour, Paul, quel bon hautbois vous mène ?

Barbizon sourit.

– C'est vrai, je te le concède, le vent n'était pas toujours à la hauteur. Surtout en début d'adagio. Mais tu as été prodigieuse. Le lancer de chaussures, quelle trouvaille, Brahms n'y avait pas pensé...

– C'est malin, dit Marie. Maintenant je suis pieds nus.

Barbizon s'assied, examine les murs. Une centaine de photos : Marie tirant la langue, Marie main dans la main avec Gene Kelly, Marie allongée sur un piano, Marie lisant Tintin.

– Je te porterai dans mes bras, propose-t-il.

Marie se change devant lui sans aucune pudeur. Qu'est-ce qu'il veut, ce vieux ? Enfin, pas si vieux. Il doit avoir une trentaine d'années. Et n'est pas mal du tout.

– Il m'est venu une idée, poursuit Barbizon. J'aimerais enregistrer l'intégrale des sonates de Beethoven. Avec toi. On jouerait en duo.

Marie enfile son chandail sur des seins minuscules. Oui, il est beau. Et elle en a marre d'être ici.

– J'aime bien les duos, répond-elle. Être deux, parfois, ça peut faire du bien. Pour commencer, un petit duo ce soir, qu'est-ce que vous en pensez ?

Barbizon hésite à comprendre.

– Quel type de duo ?

– Celui que vous voulez.

– Ce soir ?

Marie le regarde droit dans les yeux :

– Oui, ce soir. Emmenez-moi au Ritz. Dans une suite côté Vendôme, évidemment.

Barbizon hoche la tête. Pourquoi pas ? Il ne la touchera pas. Il dormira tout habillé. Mais il la veut. Sur la scène, près de lui.

*

Il est plus de minuit. En passant devant la loge, Pierre a décliné son nom à voix basse, pour le cas où Mme Crié dormirait. Odile les attend sagement dans l'entrée en lisant un *Prince Éric* de la collection « Signe de piste », probablement emprunté à Julien. Ariane, d'un geste las, balance son étole en vison blanc vers une chaise.

– Merci, Odile, vous pouvez monter. Tout s'est bien passé ?

– Très bien, Madame. Mais François et Julien ont refusé de ranger. Et de se débarbouiller.

Tandis que Pierre s'installe à son bureau, Ariane se rend chez les enfants. Elle détache la fine ceinture à boucle en strass, se tortille, remonte le fourreau gris perle en satin qui l'a tant gênée pendant le concert. Dans leurs lits superposés, les jumeaux, béats, respirent à tour de rôle. Le sol est jonché de billes de verre, d'osselets, de coureurs cyclistes. Le Meccano géant évoque un monstre rouge aux bras démesurés. Dans la chambre voisine, Delphine dort les yeux ouverts. Ariane ajuste la couverture, dépose un baiser, range les crayons de couleur. Elle ferme doucement la porte, revient au salon.

– Tout va bien, chéri ? Tu veux une infusion ?

Pierre grogne. Il travaille. Ariane hausse les épaules et ouvre le secrétaire. Depuis un an, suite à la parution du *Deuxième Sexe*, elle entretient une correspondance avec Beauvoir.

– Je dois répondre à Simone, dit-elle. Je ne fais pas trop de bruit en écrivant ?

Pierre se lève, grogne à nouveau, vient l'embrasser. Dans le cou, là où elle aime.

– Et qu'est-ce que tu lui racontes ?

Pierre connaît bien le Castor. Si l'écrivain lui semble parfois un peu faible, il admire le courage et l'audace de la femme. Par ailleurs, se faire traiter d'abjecte par Mauriac n'est pas donné à tout le monde. Il s'en délecte encore : « sensibilité vaginale », « spasme clitoridien », le livre a fait scandale. Cette femme n'est pas un castor, mais une belette aux dents acérées.

– Je lui parle du mariage. Du piège du mariage. Pour les femmes, bien sûr.

– Trop aimable…

– Mais oui ! Le mariage et les enfants sont des responsabilités beaucoup plus lourdes pour la femme que pour l'homme. Leur rôle à la maison les contraint à ne pas exister socialement. La femme ne devrait pas abandonner sa carrière pour son foyer et l'homme ne devrait pas l'encourager à le faire. Tu ne crois pas ?

– Mais de qui parles-tu ? De nous ?

– Non. Encore que.

– Mais tu es libre, Ariane, tu peux retravailler, reprendre le théâtre. Nous avons les moyens. Et nous avons Odile.

Ariane ferme le secrétaire. La barbe, il est tard, elle répondra demain.

– Libre, tu parles ! Libre de mesurer tout ce qui nous sépare. Amener Delphine au cours de dessin, traîner les jumeaux au sport, l'école, les courses, s'occuper de la maison, te demander de l'argent chaque semaine comme si je mendiais, c'est quoi, cette liberté ?

– Je ne sais pas, chérie. Je ne trouve pas le briquet, tu n'as pas vu le briquet ?

Ariane se dresse, furieuse. Il n'écoute pas. Beauvoir le lui a dit : la condition de la femme, il s'en fout. Comme tous les hommes. Elle allume deux cigarettes, une Gauloise pour elle, une Week-end pour lui.

– Tu ne penses pas, demande-t-elle, qu'il serait temps de légiférer en faveur des femmes ?

– Quoi, par exemple ?

– Je ne sais pas. Le viol, par exemple !

Pierre se fige.

– Quoi, le viol ? Pourquoi parles-tu du viol ? Tu penses à Amélie ?

– À elle et à toutes les autres. Qu'on considère cela à peine comme un délit, qu'on assimile cet acte à un attentat à la pudeur, c'est proprement monstrueux ! Un viol, c'est réduire l'autre à un simple objet, le réduire à néant, c'est un crime !

Pierre cherche un cendrier.

– J'adore quand tu te mets en colère. C'est dans ces moments-là que tu es la plus belle.

– Je t'en prie, Pierre, ne te fiche pas de moi, en plus. C'est très sérieux. Et le droit à l'avortement, ils y pensent, les hommes, les cathos du dimanche, les escrocs de la pensée, les baiseurs de boniches qui n'avaient qu'à faire attention… ?

– Calme-toi…

– Et elle dit quoi, la loi ? Un homicide, l'avortement ! Un crime contre l'État ! Mais qu'est-ce que c'est que ce texte ? Tu sais qu'on a guillotiné des femmes, de pauvres faiseuses d'anges, et cela il y a moins de dix ans ? Oui, monsieur, guillotinées !

– Oui, Ariane, je le sais. Mais je ne suis pas un politique. Je suis un écrivain.

– Eh bien, écris-le dans tes bouquins ! Moi, je vais me coucher.

Pierre, navré, la regarde quitter la pièce. Il hésite un moment à la suivre dans la chambre, ouvre le bar, se sert un verre de scotch. Est-ce l'esclandre de Marie qui provoque chez Ariane cette soudaine colère ? Marie, qui a pratiquement giflé le chef d'orchestre en public. Marie qui impose sans vergogne sa liberté aux autres. Il boit son verre d'un trait, le repose doucement sur la table. Plaint-elle sa fille ou l'envie-t-elle ? Il regarde sa montre : 1 h 10, bien tôt pour se coucher. Il éteint pourtant la lumière, retire ses chaussures, se dirige vers sa chambre : il n'écrira pas ce soir.

*

(Mercredi 12 septembre 1951)

– Alors, le bourgeois, on ne reconnaît plus ses amis ?

Devant le porche de l'immeuble, ses clefs de voiture à la main, Amédée se fige un court instant. Il connaît cette voix gouailleuse, ce timbre un peu rauque. Et les acheteurs de secrétaires à tiroirs secrets ne circulent pas à moto. À vrai dire, ce n'est pas une surprise. Sauf que c'est quand même une très mauvaise surprise. Il se retourne, jauge son interlocuteur. Marcel Ducasse a nettement vieilli, sa peau est tannée, des rides se sont creusées sur le haut du front, aux commissures des lèvres. Il porte un blouson de cuir déchiré à un coude, une casquette écossaise, un pantalon de golf légèrement défraîchi. De quel enfer sort-il ?

– Eh oui, mon Médé, c'est moi en personne, le prince du tango, le bonheur de ces dames, Marcel les rouflaquettes à la grosse quéquette ! Tu te souviens de moi ?

Amédée hoche la tête. Sept ans, presque huit. Des années-lumière.

Marcel étudie l'entrée de l'immeuble, délivre une moue d'approbation. Il évalue le manteau, les gants, le chapeau : un vrai gandin.

– Tu n'es pas bien bavard, poursuit-il. Monsieur ne boxe plus dans la même catégorie, dirait-on. On monte chez toi ?

Amédée acquiesce. Ennuyeux. Très ennuyeux.

– Je n'ai pas l'impression que cela te fasse vraiment plaisir de me revoir. Je me trompe, marquis ?

Amédée le précède jusqu'à l'ascenseur. Merde et merde. Il pensait pourtant en avoir fini avec cette époque. Marcel le regarde d'un air narquois, il serait peut-être temps d'ouvrir la bouche.

– Je suis surpris, dit-il. Content, je ne sais pas. Il ne faut rien exagérer, nous n'étions pas spécialement copains.

– Copains, peut-être pas. Disons… associés ?

Parvenu au troisième, Amédée ouvre la porte de l'appartement, pénètre dans l'entrée, accroche son chapeau à la patère.

– Entre, Marcel, fais comme chez toi.

– Je veux, mon neveu ! Qu'est-ce que tu as à boire ?

Tandis qu'Amédée sort quelques bouteilles, le regard de Marcel fait le tour du grand salon. La cheminée en marbre, le pick-up, les tapis, les rideaux, l'éclairage indirect. Princier. Ça sent la piastre indochinoise et les mines du Congo.

Whisky, carafe carrée et verres en cristal. Marcel hoche la tête. La classe.

– Glaçons ?

– Non.

Marcel s'installe sur le canapé, lève son verre. Amédée entrevoit les trois points noirs sur l'espace palmé entre le pouce et l'index, ce tatouage discret qui l'avait étonné lors de leur première rencontre. Le tatouage des bagnards. Cayenne. Un sourire sans chaleur éclaire enfin son visage.

– À ta santé, Marcel. Et ne m'en veux pas. Je n'ai jamais été très bavard de nature. Maintenant, raconte. Ça fait sept ans, tu te rends compte ?

– Eh oui, mon pote. Les sept piges à Marcel, mais pas à la Santé ! Alors, santé !

– Tu étais en Espagne ?

Marcel raconte comment il a échappé à l'épuration et sans doute au peloton d'exécution en septembre 1944. Son passage en Espagne, puis en Argentine où, pendant six ans, il a exercé tous les métiers possibles, docker, maraîcher, mécanicien, chauffeur de camion.

– Tu es rentré quand ?

– Il y a trois semaines.

– Et les autres ?

Marcel pose son verre et mime une exécution.

– Fusillés, mon pote. Ziegler et P'tit Louis. Abattus comme des chiens. J'étais à cinquante mètres, caché dans une étable, j'ai tout vu. Ziegler qui ricanait, P'tit Louis qui pleurait. Morel et Blanc, je ne sais pas. Je sais qu'ils s'étaient engagés dans la Waffen-SS, soi-disant pour combattre les bolcheviques, tu parles, ils cherchaient surtout à sauver leur peau. Jamais eu de nouvelles. Il n'y a plus que nous deux. Dans un sens, c'est pas mal.

– Qu'est-ce que tu veux dire ?

– Ne fais pas l'imbécile, Médé. On a toujours dit qu'on partagerait après la guerre. Et la guerre, d'après ce que je sais, elle est finie. On va donc partager entre ceux qui restent. Toi et moi. À moins que tu n'aies déjà tout liquidé ?

Amédée le regarde froidement. Comment se débarrasser de cette petite vipère ?

– Je n'ai touché à rien. Quelques babioles, un meuble par-ci par-là, juste de quoi vivre. Le sous-sol n'a pratiquement pas bougé depuis 1944.

– Et tout ça, c'est quoi ? demande Marcel en désignant les meubles du salon.

– Les affaires, Marcel. Je suis dans les affaires.

– D'accord, mon pote. On va bien voir. On y va tout de suite.

– À Levallois ?

– *Yes, sir.*

Amédée hésite un instant. Au fond, pourquoi pas ? Et il n'a pas trop le choix. Il consulte sa montre, une Oyster Rolex provenant du « musée ».

– Comme tu veux. Il est midi, j'ai un rendez-vous à 14 heures, ça devrait aller. Prends ta moto, je n'aurai pas le temps de te ramener jusqu'ici.

– Pas de souci, mon prince. Je te suis. Je te suis de très près, je ne te quitte plus. Je suppose que tu sais combien ça représente, toi qui es dans les affaires ?

– À peu près. Dis un chiffre.

– Je ne sais pas, moi. Vingt-cinq millions ?

– Pas mal, Isidore, tu n'es pas loin.

– Pourquoi tu m'appelles Isidore ?

– Laisse tomber, c'est mon côté poète.

Amédée observe avec curiosité le visage de Marcel Ducasse. Obtus et concentré. Il doit sans doute chercher à diviser vingt-cinq par deux. Il devrait plutôt essayer de multiplier par dix ou par vingt : si la collection Bronstein tient ses promesses, le « musée » abrite sans doute plusieurs centaines de millions de francs. Mais cela, pour le savoir, il faut s'intéresser à l'art. Et il n'est pas certain que le petit Marcel soit très féru de peinture.

– On y va ? demande Amédée.

– Allons-y, Alonso.

Une demi-heure plus tard, la grosse Buick et la 55 Peugeot pénètrent dans la cour de la rue Marjolin, se rangent devant le perron. Amédée, parfaitement à l'aise, fredonne « Cerisier rose et pommier blanc ». Le choc initial est désormais totalement amorti, le petit Marcel ne lui fait pas peur.

– Tu reconnais les lieux ? Mais oui, je suppose que tu es déjà passé…

– Ouais. T'es pas souvent là. Je t'ai vu un jour repartir avec ta grosse américaine. Je t'ai suivi. J'ai vu aussi que tu avais bouché la sortie ?

– Exact. Par précaution. Il faut maintenant passer par la salle.

Marcel fait quelques pas, contemple le mur, les marques de béton, écarte du bras quelques troènes.

– Et comment on fera pour sortir les meubles ?

– Ils passent très bien par l'escalier. Allez, viens.

Le « musée » est chichement éclairé par quelques ampoules de quarante watts. Les mains dans les poches, partagé entre perplexité et excitation, Marcel déambule dans le grand capharnaüm. Il s'arrête, examine, repart, s'étonne : comment de pareilles vieilleries peuvent-elles valoir autant d'oseille ? Et combien d'appartements cela représente-t-il ? Il ne se souvient plus. Au moins vingt, en tout cas. C'était vraiment le bon temps, ils étaient comme des rois.

– Ça en fait, dit-il. Je ne me souvenais pas qu'il y en avait autant. Bon. Je te propose un marché : tu t'occupes de tout, quarante pour cent pour moi, quarante pour cent pour toi, vingt pour cent pour les frais que je te laisse gérer, sans aucun contrôle. C'est pas sympa, ça ?

Amédée secoue la tête. Négatif.

– Quoi ? C'est pas assez ?

– Dix pour cent pour les frais, ça suffira. Cela donne quarante-cinq chacun.

Marcel fronce les sourcils. C'est quoi, cette embrouille ? Qu'est-ce que ça cache ?

– T'aurais pu accepter, fait-il remarquer d'un ton doucereux. Ça t'aurait fait dix pour cent de plus.

Amédée relève le col de son manteau. Il fait froid dans ce sous-sol.

– Oui, mon cher Marcel, j'aurais pu. Mais je préfère que nous partions sur de bonnes bases. En affaires, vois-tu, confiance et transparence, c'est ce qui compte le plus. Si les bases sont solides, on peut monter au ciel. Et si elles ne le sont pas, on se casse la gueule.

Marcel s'est immobilisé devant une commode portuaire « Lorient » dotée de trois tiroirs en arbalète. Confiance et transparence, cause toujours, mon bonhomme. Cette histoire de dix pour cent n'est pas claire. Il passe le doigt sur le laqué blanc ivoire écaillé, regarde la poussière sur le bout de son doigt.

– Combien ça vaut, ce truc-là ?

– Dans les vingt mille.

Marcel ouvre un tiroir, le referme difficilement. L'humidité, sans doute. Il va falloir accélérer le mouvement.

– D'accord, mon pote. Marché conclu. Mais souviens-toi d'une chose : si je tombe, tu tombes. Spoliation et recel de biens juifs, ça va chercher dans les combien ?

Les deux hommes se jaugent. Marcel, le premier, détourne son regard.

– Où je peux te joindre ? demande Amédée en sortant un calepin.

– Je suis dans un petit meublé, près du métro Pont-de-Flandres, maintenant ça s'appelle Corentin-Cariou. Mais je sens que je vais bientôt changer de quartier : les cocos et la mouise, c'est pas bon pour mon teint.

– Il y a le téléphone, dans ton meublé ?

– Flandres 13 37. Pour te rappeler, tu les ajoutes. Treize et trente-sept, ça fait cinquante. Mais c'est en bas, alors, pas après 20 heures. Tu demandes Charly, c'est mon nouveau blaze.

– Parfait, Charly. Allons-y, je vais être en retard.

– Et en attendant, demain, tu m'apportes cinq mille balles, je passerai les prendre au marché suisse, on est d'accord ?

Amédée referme la porte, verrouille, précède Marcel dans l'escalier.

– On est d'accord, cher associé.

Amédée contemple la nuque un peu trop carrée de son compagnon, tente d'imaginer le circuit des neurones, les connexions de pensées, l'emplacement des rêves et des châteaux en Espagne dans ce cerveau d'occasion. Pour les greluches de la Villette, Charly, c'est pas mal, ça fait moderne. Mais dans les beaux quartiers, ça joue faussement ricain, c'est un peu timide, ça ne va pas faire le poids. Bang bang et puis c'est tout. Soulagé par la décision qu'il vient de prendre, Amédée se met à siffloter le succès d'Odette Laure : « *Moi j'tricote dans un coin / J'suis idiote, j'suis idiote / Moi j'tricote dans un coin / J'suis idiote et je n'vois rien...* »

Oui, comme décision, c'est pas idiot. Je vais m'occuper de toi, mon petit Charly.

*

(Jeudi 13 septembre 1951)

– Pierre Ormen, qui êtes-vous ?

Pierre connaît bien Maurice Clavel, un ancien prof, comme lui, ils se tutoient. À la Libération, Clavel l'a sollicité pour tenter de sauver la tête de Brasillach. Pierre a signé. Pas pour Brasillach, mais pour le principe : la peine de mort des hommes est une monstruosité. Clavel est également une connaissance d'Ariane : il a épousé Silvia Monfort, une amie, et vient d'être nommé secrétaire général du TNP, à Chaillot. Dans son émission *Qui êtes-vous ?*, programmée sur la Chaîne nationale, Maurice Clavel reçoit chaque semaine rue Cognacq-Jay une personnalité du monde politique ou culturel. Pierre a insisté pour qu'Ariane l'accompagne. Ils ont pris la Vedette plutôt qu'un taxi et Pierre, tout au long du trajet, n'a pas cessé de se tourmenter.

– Qu'est-ce que je vais dire ? Ça intéresse qui, ce que je suis ?

– S'il t'a demandé de venir, c'est que cela intéresse des gens. Et Gaston, ton éditeur chéri, ça l'intéresse aussi...

Le studio est situé au premier étage, ils sont arrivés en avance. Clavel leur a offert un café, leur a fait visiter les locaux. Puis il a pris Pierre à part pour le mettre à l'aise.

– Pas de panique, Pierre, ce n'est pas du direct, on enregistre autant qu'on veut, on en fera une heure.

– J'ai un peu les jetons…

– Mais non, ne t'inquiète pas.

Un quart d'heure plus tard, un technicien pose deux micros et deux verres d'eau sur une table, installe les chaises. Il effectue les essais de son, lève le pouce puis disparaît derrière la vitre.

Clavel débute son interview selon le cérémonial habituel, une ouverture de Verdi suivie d'un coup de gong et d'une question gorgée d'écho :

– Pierre Ormen, qui êtes-vous ?

– Je suis Pierre Ormen, près de vous, et j'ai un peu la trouille.

Léger silence, parfaitement calibré au montage.

– Vous avez peur de cette interview ?

– Un peu. Je ne suis pas sûr d'être quelqu'un d'« intéressant ».

– Ça, si vous le permettez, nous laisserons nos auditeurs en juger. Mais une chose est sûre, vous êtes courageux, vos faits de guerre en font foi. Blessé sur le front en 1939, résistant dès 1941, vous êtes Compagnon de la Libération. Le courage, c'est quoi ? Se lever tous les jours ou risquer sa vie ?

– Risquer sa vie est un choix. Se lever tous les jours, ce n'est pas sûr…

– Vous êtes écrivain et vous menez carrière à la Cour des comptes. Les chiffres et les lettres, le feu et l'eau. Expliquez-nous…

Pierre regarde Ariane assise derrière la vitre. Elle l'encourage en hochant la tête et en souriant, tout va bien, chéri, tout va bien.

Légèrement libéré, Pierre développe comme il le peut. La rectitude des chiffres, l'incertitude des mots. Et la sentence de base de la Cour des comptes qui s'applique parfaitement aux deux domaines : « Ouvrez et voyez ».

– Après le Pavois puis les éditions Charlot, vous voici désormais rue Sébastien-Bottin en compagnie de vos confrères et amis, je pense notamment à Queneau, à Camus. La couverture blanche et rouge était-elle pour vous un rêve d'enfant ?

– Bien sûr. Être édité par Gaston Gallimard est le rêve ultime de tout écrivain. Vous savez ce que disait Abetz pendant la guerre ? « Il y a trois puissances en France : le communisme, les grandes banques et la NRF. »

– Pierre Ormen, est-il exact que vous mettez toujours une cravate pour écrire ?

– C'est exact. Porter une cravate est pour moi une façon de respecter les mots. Je porte une cravate par roman, dont je choisis la couleur en fonction du thème. En ce moment, elle est plutôt foncée. Lorsque tout va bien, mon nœud de cravate est parfaitement serré. Lorsque je peine sur le texte, je le desserre. Et lorsque j'enlève la cravate, cela veut dire que c'est fini. Je vous l'avoue : j'aime bien enlever ma cravate...

– Et que devient-elle, cette cravate ?

– J'ai un endroit. Une boîte à chaussures. C'est ma petite bibliothèque.

– Foncé est le bon mot. Vos romans tournent bien souvent autour du thème de l'abandon, de la solitude...

– Être adulte, c'est accepter un jour l'abandon.

– Est-ce qu'écrire fait grandir ?

– Grandir, je ne sais pas. Approfondir, sûrement. Mais on travaille vers le bas, pas vers le haut.

– Vous êtes un humaniste, parfois désenchanté. Vous êtes la voix des humbles mais ils semblent condamnés. Expliquez-nous...

– Je ne peux pas oublier ce que nous venons de vivre. Nous sommes en 1951, mais une de mes horloges s'est arrêtée il y a sept ans, comme si la race humaine s'était suicidée avec cet indicible des camps de concentration. Nous sommes tous coupables. Vous, moi. Et nous devons agir.

– Surtout vous, l'écrivain ?

– Oui. Mais en tant que témoin, pas comme acteur politique. Je ne pense pas qu'il faille fusionner littérature et action.

Pierre jette un coup d'œil vers la vitre. Ariane fume, jambes croisées, elle lui adresse un signe de la main.

– Après *La Lune à moitié*, paru il y a deux ans et demi, vous publiez ces jours-ci un livre sur la Résistance intitulé *L'Arme noire*. Est-ce une œuvre autobiographique ?

– Pas du tout. C'est une œuvre de fiction, dédiée à mon frère.

– Le héros, Josselin, finira fusillé pour une faute qu'il n'a pas commise. Est-ce une allégorie ?

Durant près d'une heure, Pierre répond aux questions. L'engagement, l'amour, la responsabilité, l'amitié.

– Dernière question, Pierre Ormen : êtes-vous un homme heureux ?

Pierre observe un léger silence puis répond d'une voix neutre.

– Bien sûr, très heureux. Et vous, monsieur Clavel ?

– Autant que vous, monsieur Ormen !

Comme il a coutume de le faire au terme de chaque interview, Maurice Clavel tente de résumer la personnalité de son invité :

« Pierre Ormen, l'un de nos écrivains les plus prometteurs, vient de publier à la NRF un nouveau roman, *L'Arme noire*, un récit sur la Résistance et sur les premiers jours de la Libération, une libération qui nous annonce peut-être des lendemains qui déchantent. Dieu, semble-t-il, nous a abandonnés, à moins que ce ne soit l'inverse. L'homme est seul, misérable, fétu de paille dansant sur les flots du hasard. Il court après ses actes, pour tenter d'en porter la paternité. C'est un roman dur, sans concessions. Mais le ciel n'est pas tout à fait noir. Il y a chez Pierre Ormen l'espoir d'une rédemption par l'acte de création, le souffle d'un divin qui n'ose pas dire son nom. On l'a compris, l'humanisme chez lui n'a vraiment rien d'existentialiste. Il s'inscrit dans le doute, dans le clair-obscur de l'âme. Et c'est souvent très beau. Merci, Pierre Ormen. »

*

La grosse Vedette remonte le quai d'Orsay, passe devant le palais Bourbon, l'ancien siège des Allemands pour l'administration militaire du Grand Paris. Pierre conduit lentement, plutôt rassuré sur sa prestation. Ariane l'a trouvé très bien.

– Pas trop pédant ? Pas trop suffisant ?

– Mais non. À part le passage sur les banques, les communistes et la NRF, c'était parfait.

– Tu as raison, c'était idiot, comme remarque.

– Tu aurais pu également rendre hommage à Charlot. C'est un type formidable, un bon éditeur.

– C'est vrai, j'aurais pu…

Pierre s'interroge. Pourquoi Maurice Clavel a-t-il tant insisté sur ses ambitions, sur sa volonté de mener une double carrière, écrivain et grand commis de l'État ? Pierre ne doute pas une seconde qu'il siégera un jour à l'Académie française et qu'il accédera à une présidence de la Cour des comptes. Une certitude tranquille mais personnelle, inavouable. Cela transpire-t-il à ce point ? Et cette question à la gomme, vers la fin de l'interview : « Êtes-vous heureux ? » Mais qu'ont-ils tous avec leur bonheur ? C'est le mot à la mode, le mot d'ordre, le dogme. Il tourne la tête, jette un coup d'œil vers sa femme. Est-elle heureuse ? En ce moment, il en doute. Tout va de travers.

– Je t'emmène déjeuner chez Beulemans, d'accord ?

– D'accord. Il faut qu'on parle, Pierre.

– Quelque chose te tracasse ?

Ariane se penche, examine ses jambes, ajuste avec deux doigts la couture de ses bas nylon, se tourne vers lui.

– Oui. Tu n'es plus le même. Ou je ne suis plus la même, pour toi. Tu t'éloignes, Pierre. Je suis dans ton cœur mais tu ne m'aimes plus comme avant. Qu'est-ce qui nous arrive ?

Pierre évite de justesse une charrette à bras.

– Mais… tout va bien, chérie. Il arrive que nous sommes mariés depuis plus de quinze ans. L'amour fou se transforme, il devient simple amour, profond, nourri de complicité et de tendresse… Je t'aime, tu le sais bien…

– Je sais. Moi aussi.

– Alors ?

– Ne m'en veux pas si j'aborde ce sujet, mais cet amour simple, comme tu dis, nous ne le faisons plus très souvent. Dans le lit, j'entends. D'accord ?

Le visage de Pierre se ferme. Il n'aime pas aborder ce sujet avec Ariane. Il n'aime pas y penser.

– La fatigue. Les soucis. Ça va passer…

Ariane se redresse, allume deux cigarettes, une Balto pour lui, une Gauloises pour elle.

– Tiens !

– Merci, chérie.

Elle ouvre la vitre, penche la tête vers l'extérieur. Paris est doux, le boulevard Saint-Germain respire les marrons chauds. Qu'a-t-il ? Une maîtresse ? Ariane ferme les yeux, se laisse caresser par le vent. Calmement, elle envisage cette possibilité. Pierre dénudant une autre femme, Pierre prononçant de petits mots doux, des mots qui ont déjà servi avec elle. Cette pensée lui fait horreur.

– Je crois que je vais reprendre le théâtre, dit-elle. J'ai une touche, avec Blin, le copain d'Olivier.

– Bonne idée.

– C'est un petit truc. Quatre pantalons et des ficelles, des vestes de tous les jours, mais c'est ça qui me plaît. C'est pour *Godot*, il y aurait Latour et Raimbourg.

– La pièce de Beckett ? Tu m'as dit qu'elle avait été refusée par tous les directeurs.

– Blin s'obstine. Il a peut-être trouvé une salle.

Pierre se gare devant Beulemans, fait le tour de la voiture, aide Ariane à sortir. Un homme se retourne, s'attarde sur la silhouette. C'est vrai, songe Pierre, elle est toujours aussi belle, sinon plus, mais sa beauté ne m'émeut plus. Le monde est mal fait : pourquoi le désir s'effiloche-t-il ainsi alors que – il le sait – Ariane est vraiment la femme de sa vie ?

Avant d'entrer dans le restaurant, il passe le bras sous celui de sa femme, penche la tête, dépose un baiser au coin de la paupière. Où vont les sentiments perdus ? Partent-ils, comme les oiseaux migrateurs, vers une contrée plus douce pour se réchauffer ? Reviennent-ils après l'hiver ? Il l'espère.

Le maître d'hôtel ne mesure guère plus d'un mètre soixante. Il s'avance vers eux, carte à la main, sourire aux lèvres.

– Bonjour, monsieur Ormen. Votre table habituelle ?

Ariane se raidit.

– Non, monsieur. Donnez-nous une table inhabituelle.

L'homme s'incline, sans se départir de son sourire.

– Bien, Madame.

– Quel mufle ! dit Ariane alors que le maître d'hôtel s'éloigne vers le vestiaire. « Bonjour, monsieur Ormen » ! Les femmes, il sait que ça existe ?

– Tu as raison, chérie, mais il faut l'excuser, c'est un restaurant d'hommes. C'est la cantine de Jobert, le président de la troisième chambre, il me traîne toujours ici. Tu verras, c'est assez bon.

Ariane inspecte les lieux. Boiseries, lumières tamisées, nappes blanches immaculées. Tout à fait le genre de la Cour des comptes. Pierre a pris sa main, la caresse d'un doigt. Il pérore, se lance dans une anecdote sur le scandale des piastres, bifurque sur la mort de Jouvet, évoque la loi Barangé, virevolte, tourbillonne. Ariane n'écoute pas. « Bonjour, monsieur Ormen, votre table habituelle ? » Comme s'il disait : « Bonjour, monsieur Ormen, votre femme habituelle ? » Elle s'interroge : Pierre a-t-il d'autres « habitudes » ? Au-delà de ses trois vies officielles – Gallimard, Cambon, Vaugirard –, existe-t-il des territoires secrets ? Pour la première fois, Ariane se rend compte qu'elle ne connaît de son mari que ce qu'il veut bien lui laisser voir. « Qui êtes-vous, Pierre Ormen ? » Clavel avait raison : c'est vraiment une bonne question.

*

(Vendredi 14 septembre 1951)

Olivier sort de Chaillot par la rampe du garage, sur la gauche du bâtiment. Les chasseurs d'autographes hésitent à le solliciter. C'est qui, celui-là ? Olivier presse le pas, se dirige vers le métro Trocadéro. Dans une demi-heure, ils auront droit aux vraies vedettes, Vilar, Gérard Philipe, Monique Chaumette, Françoise Spira...

Au TNP, Olivier joue de petits rôles, un gentilhomme chez Shakespeare, un valet chez Molière, un garde par-ci, un spadassin par-là. Mais son rôle principal est serviteur de scène, une des trouvailles de Vilar : on ne baisse pas le rideau à la fin d'un acte ou à la fin d'une scène, simplement la lumière. Et on change le décor devant tout le monde. Vilar l'a choisi pour ça : il sait marcher, il déplace avec grâce les divers accessoires sur l'immense plateau, omniprésent et invisible. Ce rôle lui convient parfaitement : Olivier aime l'ombre. Dans la troupe, on l'appelle « le vieux », pour souligner avec une ironie affectueuse son étonnante jeunesse. À trente et un ans, à part Vilar, c'est le doyen de la troupe. Et le séducteur de service.

– Place Saint-Michel, s'il vous plaît.

Le chauffeur du taxi, un G7 rouge et noir qui a dû faire la Marne, abaisse son drapeau, met le moteur en marche, éructe du postillon. Les quais sont encombrés, Paris brille de mille fêtes, il conduit en maugréant à la vitesse d'un escargot dégoûté de la vie. À la hauteur de la gare d'Orsay, une Buick le double, lui fait une queue de poisson en klaxonnant. Le chauffeur lève un poing rageur.

– Regardez-moi ce fumier ! Encore un B.O.F. qu'a fait son beurre avec les doryphores.

« Et vous, vous étiez où, pendant la guerre ?
– Ici, répond Olivier. À Paris. Et, croyez-moi, ça avançait plus vite.
– Ben dame ! C'est sûr que ça roulait. Pour certains, pas pour d'autres. Alors, vous faisiez quoi, pendant que ça roulait ?
Olivier s'énerve. On se traîne !
– Je fricotais avec les Chleus, je pillais les musées, j'organisais des chorales pour la Milice, je dénonçais les Juifs, ça vous va, comme ça ?
Il ferme la vitre de séparation, se cale dans le coin gauche. Abruti !
Sur la place Saint-Michel, quelques étudiants s'attardent devant la fontaine. Olivier sort du taxi, jette un billet par la fenêtre. Patate ! Il entre à La Boule d'Or, fait le tour de la salle. Au fond, près des toilettes, Léo Noël est attablé avec Maurice Ciantar, le journaliste de *Combat*. Olivier demande s'il peut se joindre à eux.
– Mais bien sûr, Russier ! Alors ? Félicitations ! Il paraît que tu viens d'être papa !
– Il paraît...
Le visage d'Olivier s'est assombri. Quelle connerie, ce mariage. Et ce bébé ! Colette aurait pu faire attention. Lui aussi, d'ailleurs. À moins qu'elle ne l'ait fait exprès ? Quelle connerie, mais quelle connerie !
– Qu'est-ce que tu fais là ? Je croyais que tu jouais ?
– Chaillot, ça commence à 20 heures. À 20 h 02, on ferme les portes. Pratique. À 22 heures, c'est plié...
Léo Noël fait signe au garçon. Trois demis, s'il te plaît.
– C'est quoi ? interroge-t-il. C'est *Nucléa* ?
– Non, *L'Avare*. *Nucléa*, on l'a jouée huit fois. On s'est fait éreinter.
– Et les subventions, demande Ciantar, ça bloque toujours ?
Olivier se marre.
– Ça barde. C'est pas Debû-Bridel, c'est Ubu-Bridel ! Il accuse toute la troupe d'être inscrite au Parti communiste ! Pour

Mère Courage, il nous avait déjà fait le coup : une pièce communiste, qu'il hurlait partout ! Vilar lui avait répondu, si *Mère Courage* est une pièce communiste, alors *Le Prince de Hombourg*, c'est une pièce nazie !

Maurice Ciantar sourit, sort un stylo, note la phrase sur un calepin.

– Et alors ?

– Nous, au Parti ? Vous rigolez !

– Je sais, dit Léo Noël. On raconte que Gérard Philipe a refusé trois fois d'y adhérer.

– Exact. Et maintenant, le comble, c'est que les communistes nous tapent dessus à bras raccourcis. *L'Avare* devient de la culture bourgeoise ! Ils voudraient des pièces écrites pour « les masses d'aujourd'hui », du Zola mis en scène par Staline !

– Pauvre vieux, soupire Léo Noël. Au fait, comment il s'appelle, ton fils ?

– Serge.

Le garçon dépose les bocks sur la table. Léo Noël saisit le sien de la main gauche, avec prudence. Durant la guerre, il a perdu l'usage de la droite et a dû remplacer le violon par un orgue de Barbarie. La blessure ne doit pas être irrémédiable : Olivier se souvient l'avoir vu chanter en duo avec Léo Ferré, deux ans auparavant, Ferré au piano et lui au violon. Il consulte sa montre : le spectacle va commencer dans une heure.

– C'est qui, ce soir ?

– François Billetdoux et Cora Vaucaire. Et la petite Picolette, l'ancienne secrétaire de Danielle Delorme, qui fait l'ouverture.

Olivier hoche la tête. Picolette. Il lui dirait volontiers deux mots, à cette petite.

– Léo, mon numéro, c'est vraiment au point : quand est-ce que tu m'engages ?

– Pourquoi ne passez-vous pas à La Rose Rouge ? demande Maurice Ciantar. Je croyais que vous étiez dans le coup ?

– Je me suis fâché avec Nico. Et j'en ai marre de Saint-Germain-des-Pieds.

– Tu sais, dit Léo, on est quatre à décider. Et il faut l'unanimité. Si tu veux, reste ce soir. Après Cora, on regarde ça. Il n'y aura plus que quelques clients et amis dans la salle, c'est la meilleure des auditions. Je ne veux pas te faire peur mais, après Marceau, du mime, ça va être dur pour toi…

– Ça n'a rien à voir.

– Bon, on en reparle tout à l'heure. Va t'installer, je suis là dans un quart d'heure.

Olivier sort de La Boule d'Or, contourne La Rôtisserie Périgourdine, parcourt quelques dizaines de mètres sur le quai des Grands-Augustins. Il pousse la porte de L'Écluse, salue le scaphandrier déniché Dieu sait où et qui prend trop de place. Sur la petite scène, France Olivia est déjà au piano. Jeannette, la barmaid, essuie les verres avec conviction, son éternelle Gauloise au bec. Olivier s'approche, se hausse sur la pointe des pieds pour l'embrasser, cale son dos contre le bar. La salle, toute en longueur, est déjà à moitié pleine. Sur une des banquettes de moleskine rouge disposées le long des murs, il reconnaît Simone Signoret, l'égérie blonde de Saint-Germain-des-Prés. Olivier l'a souvent croisée au Flore au début de la guerre, bien avant qu'elle n'épouse son Allégret. Ils étaient tous amoureux d'elle, Crolla, Moulou, toute la bande à Prévert. Son dernier film, *Casque d'or*, sorti il y a quinze jours, fait un malheur. Non loin d'elle, Olivier repère également Giani Esposito, le beau Giani, avec lequel il a joué récemment dans un navet de Daquin. Jeannette, clope pendante, lui tend un verre de cognac.

– Olivier, s'il te plaît, va t'asseoir ! Tu gênes !

Olivier saisit son verre et va s'installer tout au fond de la salle. Le passage d'un autobus fait trembler les murs de l'ancien bistrot. Il observe la petite scène à travers les volutes de fumée bleutée. Avec un peu de chance, il se produira bientôt sur ce petit espace de sept mètres carrés, devant cinquante personnes. Ça le changera des deux mille huit cents spectateurs de Chaillot.

*

(Jeudi 4 octobre 1951)

« Hélas, j'ai mangé la grenouille / La Cour des comptes va / Probablement me chanter pouille… »

Pierre, guilleret, fredonne *Les Brigands* d'Offenbach en descendant l'escalier. Il traverse la cour d'honneur, tire mentalement la barbichette de Constant Moyaux et quitte l'hôtel de la Cour des comptes en tentant d'échapper aux effluves de locomotive qui envahissent la rue. Le moteur d'une Mathis a rendu l'âme, du radiateur s'échappe une épaisse fumée blanche que le vent pousse sournoisement vers le palais Cambon. Il sourit en pensant à sa dernière note : trente ans après la fin de la Première Guerre, 11 710 anciens combattants sont encore titulaires de l'indemnité temporaire de soins aux tuberculeux. Inepte. L'État a parfois une curieuse idée du temps. Car, depuis 1918, soit ils sont morts soit ils sont guéris.

Place de la Concorde. Le mur du jardin des Tuileries. Il y avait des chars, ici, il n'y a pas si longtemps. Pierre traverse la place, ses pensées vagabondent. « Pierre Ormen, êtes-vous heureux ? » Le regard de Clavel pétillait d'une ironie amicale. Oui, il l'est un peu : il vient d'être nommé auditeur de première classe et Pierre Brin, le Premier président, l'a reçu dans son bureau pour le féliciter. Dans quelques années, il passera conseiller référendaire, voie royale vers une présidence de chambre. Au fond, songe-t-il, je n'ai pas changé de métier. À Charlemagne, il notait les élèves. Désormais, il note les organismes publics et continue à rendre ses « copies » : arrêts, notes, référés, rapports publics, corrections pointilleuses. Le style de la Cour se veut objectif, précis, naturellement froid, sa raideur s'estimant garante de la véracité des faits. Pierre, par coquetterie ou par provocation, tente d'introduire une certaine souplesse, soigne les liaisons, ose quelques métaphores.

La Cour des comptes lui convient parfaitement. Son métier lui offre une grande liberté dans l'organisation de son temps. Il se procure ainsi des plages personnelles lui permettant d'écrire. Il vient de publier une étude sur Lawrence d'Arabie dans *Le Cheval de Troie* du père Bruckberger et une grosse nouvelle dans *Les Temps modernes*. Son quatrième roman paru début septembre, *L'Arme noire*, est déjà en réimpression.

Pierre marche à pas vifs. La veille, il a écouté le différé de son interview chez Clavel sur le Poste national. Et la question de Maurice à propos de Marie : « D'où vient le génie ? » Il aurait dû répondre avec simplicité. Dire que sa fille est folle. Géniale mais folle. Et que ce n'est pas héréditaire. Au lieu de cela, il a fait le malin en étalant sa science. Baudelaire : le génie n'est que l'enfance reformulée. Flaubert : inutile de l'admirer, c'est une névrose. N'importe quoi.

En traversant la Seine, Pierre songe à ses enfants. François et Julien ont maintenant treize ans, Delphine, neuf. Quant à Marie, il y a bien longtemps que ce n'est plus une enfant.

Pourquoi est-ce de Delphine qu'il se sent le plus proche ? Il aime sa volonté, son originalité, sa générosité. Avec les jumeaux, c'est plus difficile. Il les aime, bien sûr, mais comment être intime avec deux êtres n'en faisant qu'un ? Comment les aimer séparément ? Bloc hermétique à toute intrusion, vivant en autarcie affective, ils offrent peu de prise au dialogue. Ces dernières années, ils n'ont fait que des conneries, des conneries à la puissance deux : enlever les tringles en cuivre qui maintiennent le tapis dans l'escalier, lancer des bombes à eau sur les passants, enfermer le chat de Mme Crié à la cave, dévaler les escaliers du Luxembourg sur des chaises repliées… Puis, du jour au lendemain, il y a un an, les jumeaux ont muté. Plus le moindre écart. Ils s'enferment dans leur chambre pour travailler, ne disent plus de gros mots, exigent de porter des pantalons longs.

Parvenu rue de Solferino, Pierre hésite à faire un détour pour saluer Malraux, qu'il n'a pas vu depuis trois mois. Il se ravise : avec son regard fiévreux et sa mèche belliqueuse, Malraux va lui tenir la jambe pendant une heure, lui parler du Général, demander un article pour *Liberté de l'esprit*, il n'aura plus le temps de passer chez Hélène.

Au carrefour Chappe, une série d'affiches du RPF couvre la vespasienne : « Les communistes préparent la guerre civile en France. Un seul homme est capable d'en finir une fois pour toutes avec la 5e colonne stalinienne : Charles de Gaulle. »

Pierre doute fort que le Général ait cautionné un tel texte. Et qu'il sache exactement ce qui se trame au RPF. Pierre éprouve pour de Gaulle des sentiments paradoxaux : admiration et suspicion. Il se méfie, pour l'avoir côtoyé, de son caractère autoritaire. Mais il pense souvent que son retour serait souhaitable. Mettre fin à l'instabilité chronique, changer les institutions. Aux élections de juin, presque à contrecœur, Pierre a voté pour la SFIO et ses alliances douteuses. Comme prévu, socialistes et MRP se déchirent à nouveau, ça craque de toutes parts. La loi Barangé, votée en septembre, lui semble sonner le glas de l'aventure. Le climat est mûr pour un renversement d'alliances amenant peu à peu la droite au pouvoir.

Rue des Saints-Pères, tel un scarabée bleu, une Simca 8 entourée de badauds gît sur le dos. Les pavés en bois ont encore frappé. Pierre change de trottoir. Nimier et Blondin sont en grande discussion, il n'a aucune envie de passer un quart d'heure à disséquer les derniers potins de Saint-Germain-des-Prés. Il oblique à droite dans la rue du Dragon, passe devant la librairie Calligrammes, pénètre dans la cour du 31. Il s'engage dans l'escalier de droite, monte au quatrième étage, frappe à une porte. Une jeune femme ouvre, se jette dans ses bras.

– Pierre…

*

(Samedi 6 octobre 1951)

C'est sûrement le voleur qui prépare son coup. Et Guignol ne l'a pas vu, comme chaque fois, c'est fait exprès.

En entendant les petits hurler, Delphine se demande si elle est encore une enfant. Neuf ans, c'est petit ou c'est grand ? Nouveaux rugissements, de joie cette fois-ci. Et vlan ! Quatre coups de bâton ! Comme ceux qu'elle va prendre lorsque sa mère rentrera et lira le mot qu'elle a laissé sur le guéridon : « Je suis au Luxembourg, je reviens dans une heure. »

En fait, ça fait bien une heure et demie qu'elle traîne au Luco, à jouer au Jokari et à rêver tout haut. Et toutes ces histoires qu'on raconte ? Que des enfants disparaissent chaque année dans le jardin ?

Delphine déambule, s'amuse à glisser sur les feuilles mortes qui annoncent l'hiver, salue les merles en habit noir qui sautillent sur l'herbe. Je serais, se dit-elle, une petite fille sans parents. Une orpheline. Quand j'étais bébé, j'ai été volée par des Romanichels. Comme je pleurais tout le temps, ils m'ont vendue à Pierre et Ariane contre beaucoup d'argent. Ou alors, non, c'est à cause d'une fée qui m'a jeté un sort, à ma naissance. Mes vrais parents, c'est un roi et une reine qui me cherchent partout pour me faire épouser le prince Philippe...

Delphine accompagne un marron sur quelques mètres en le poussant du pied, se met à compter les hommes à chapeau, va faire un tour vers les balançoires de Mme Podeau, détaille avec envie la devanture de la marchande, les réglisses, roudoudous et grains d'anis. Le Luco, sans parents, c'est comme un paradis. Et regarder le tennis, c'est plus amusant que Guignol. Celui-là, on dirait qu'il a peur de se salir, il ne cesse de brosser son pantalon blanc avec sa main droite. Et l'autre, qui essuie ses lunettes avant de servir, ça énerve l'autre en face, normal. Près du kiosque-champignon des surveillants, une chaisière est assise sur un banc de pierre, on dirait qu'elle pleure. Elle s'essuie les yeux avec un mouchoir, ça prouve que les adultes savent aussi pleurer, c'est rassurant. Ou bien elle ne pleure pas, elle a peut-être quelque chose dans l'œil, la pauvre. Quand je serai grande, se dit Delphine, je serai architecte pour construire des maisons. Pas n'importe quelles maisons. Des rondes, des ovales, des qu'on n'a jamais vues. On pourrait les poser sur un plateau, comme celui du fromage, elles tourneraient sur elles-mêmes pour avoir toujours le soleil dans le salon. Et puis dans le salon, une cheminée, tout au milieu. Et pas de cloisons, pour qu'on vive tous ensemble. Sauf pour les jumeaux, il faudrait prévoir une pièce spéciale, insonorisée, avec des murs recouverts de coussins.

Le bassin c'est bien, on peut voir les grosses carpes. Delphine s'avance sur la terrasse des Reines, descend l'escalier, se dirige vers la guérite à roulettes dans laquelle une vieille dame loue ses bateaux. Avec une gaule, enfin, un bout de bois, pour les pousser ou les rattraper. Delphine aimerait bien mais elle n'a pas d'argent. Alors elle va s'asseoir au bord du bassin, laisse sa main tremper dans l'eau, regarde.

– T'as vu ?

– Quoi ?

Il a à peine sept ans. Fagoté comme un lord, il porte dans ses bras un bateau à moteur.

– C'est un Hornby Racer III. C'est mon père qui me l'a acheté. Mon père, il est très riche, alors moi aussi.

– Et alors ?

– Ça va vite. C'est comme un loup.

– Un loup ?

– Ouais. Je le lâche au milieu du troupeau, à fond la caisse, et paf, au secours ! Un voilier à la mer ! C'est vachement marrant.

– Comment tu t'appelles ?

– Bertrand.

– Eh bien, Bertrand, va jouer au loup un peu plus loin. Je pense à des choses. Ta mère ou ton père, ils sont où ? Allez, du vent !

Du vent, justement, il n'y en a pas. Les voiliers, immobiles, attendent la délivrance. L'un d'eux, téméraire, s'est approché un peu trop près du jet d'eau des trois angelots. Il gît sur le flanc tel un poisson mort. Delphine songe un instant à aller le chercher, de l'eau jusqu'à mi-cuisses, mais il fait un peu froid. Il est temps de faire le grand tour des statues et de rentrer à l'appartement avant qu'Ariane n'arrive. Les statues, Delphine les connaît bien, grâce à son père qui lui fait la leçon à chaque promenade. Les laides, comme celle de Flaubert. Les étonnantes, comme celle de Verlaine qui a l'air de sortir d'une bouteille et qui, d'après Pierre, ressemble au bouchon d'une carafe bachique.

C'est quoi, bachique ? Il faudra regarder dans le dictionnaire. Les jumeaux, ils disent que tous les Ormen finiront un jour dans le dictionnaire. Surtout eux. Delphine s'interroge sérieusement. Marie et son père, c'est bien possible. Mais eux, il va falloir qu'ils s'activent. Et elle, Delphine, que va-t-elle devenir ? Elle aimerait bien finir dans le dictionnaire des rimes. Delphine : comme héroïne, dessine, imagine. Dans le jardin anglais, la statue de la jeune femme qui regarde Watteau est toujours aussi belle. Et l'ivrogne qui ne parvient pas à monter sur son âne est toujours aussi drôle. Delphine rebrousse chemin, rejoint l'orangerie et quitte le jardin par la sortie Férou. Elle traverse la rue, pousse la grande porte.

– Et alors, Delphine, tu te promènes toute seule ? T'as la permission ?

Mme Crié est sortie de sa loge, son fichu sur la tête. Cette petite est bien la fille de sa mère : robe en lainage écossais dans de jolis tons de gris, petit col Claudine, socquettes blanches et chaussures à lacets. Une vraie gravure de mode.

– Elle est rentrée, maman ?

– Non. Tu as de la chance, tu te serais fait attraper. Tiens, ta *Semaine de Suzette* est arrivée. Et viens, on va nourrir les tourterelles.

– Qu'est-ce qu'elles mangent ?

– De tout. Elles adorent le millet, les graines de tournesol, les petits pois, le riz, le jambon. Elles aiment aussi beaucoup le pain.

– Et ça vit combien de temps, une tourterelle ?

– Celle-là, je l'ai depuis dix-sept ans.

Delphine hoche la tête. Si un petit oiseau comme ça peut vivre vingt ans, alors elle, elle peut espérer vivre jusqu'à cent ans.

Elle compte sur ses doigts. On sera en 2042. On se déplacera dans de petits avions atomiques, tout le monde aura une salle de bains, il n'y aura plus de pauvres, plus de guerres et on ira le dimanche se promener sur la Lune. Oui, mais alors, quel âge auront papa et maman ? Et grand-père Valentin ? Delphine fond en larmes : ils seront morts depuis longtemps !

– Qu'est-ce qu'il y a, Delphine ?

– Je ne veux pas vivre jusqu'à cent ans !

Près du grillage, une tourterelle penche la tête, interrogative. À travers ses yeux rouges, le regard est doux, comme ses plumes. Delphine tend la main, caresse du doigt la petite tête grise. Elle aimerait que son père arrive, tout de suite, pour se jeter dans ses bras.

*

(Lundi 8 octobre 1951)

– Médé, déconne pas...

Les murs suintent de salpêtre. Le sol, en terre battue, est couvert de poussière de charbon. Ébloui par le faisceau d'une lampe électrique, Marcel est assis sur une chaise en fer, attaché par des menottes à un gros radiateur en fonte. Amédée fume une cigarette égyptienne, une bleue à bout dorée, sans avaler la fumée. Il fume peu, mais certaines occasions nécessitent un cérémonial. Comme souffler la fumée au visage de ce petit con qui croit que Cézanne est un coureur cycliste. Et qui ignore qu'une de ses toiles a atteint dix-huit millions la semaine dernière à Charpentier.

– Merde, déconne pas ! Qu'est-ce que je fais là ? Où qu'on est ? Qu'est-ce que tu m'as fait boire ?

Amédée se tient debout au milieu de la cave, soucieux de ne pas salir son manteau en cachemire. Bonne décision ou pas, il ne peut plus revenir en arrière.

– Mais rien, mon petit Charly. Tu t'es endormi, je ne sais pas pourquoi, tu dois être fatigué.

– Allez, détache-moi…

Amédée secoue la tête.

– Tss, tss… On se calme. Respire, regarde ce décor, ton ombre sur le mur, c'est beau, on se croirait au cinéma. C'est comme dans un film, tu sais ? Lorsque le méchant dit, façon James Cagney : « Personne ne peut t'entendre, tu peux gueuler tant que tu veux. »

– T'as mis quelque chose dans le pastis, c'est ça ?

– Une cave sans fenêtre, des menottes, une chaise, ça ne te rappelle rien ?

– Quoi ?

– La rue Lauriston, au 93. P'tit Louis et ses tenailles. Blanc et sa gégène. Ziegler et son sourire angélique. Tiens, un rat !

Marcel, livide, regarde l'énorme bête le fixer dans les yeux, puis traverser la cave, se faufiler dans un trou.

– J'y allais pas, rue Lauriston ! C'était Ziegler !

Amédée braque la lampe, droit dans les yeux.

– Écoute-moi bien, Charly. Cette cave, personne ne peut la trouver. J'ai bien réfléchi. Tu as le choix : tu me dis tout maintenant ou je te laisse crever dans ton trou.

– Je te dis quoi ?

– Qui est au courant pour le « musée » ? Qu'est-ce que tu as raconté sur nos équipées ? À qui t'en as parlé ? C'est qui, tes potes ?

Marcel se tortille, tire sur la chaîne des menottes.

– Que dalle. Personne n'est au courant de nos affaires, je te jure.

Amédée jette sa cigarette, l'écrase soigneusement avec le pied. Agacé. Avec tout ce charbon, ses Weston beiges vont ressortir dans un état pitoyable.

– Voilà ce qu'on va faire, dit-il. Je suis sympa, tu as jusqu'à ce soir pour retrouver la mémoire. Et si j'ai pas les noms, je te laisse mariner jusqu'à demain matin. Sans la lampe.

– Médé, crois-moi… Je te dis qu'il n'y a personne. Mais pourquoi tu fais ça ?

– La rue Lauriston, Charly, tu y étais. Pour ces choses-là, il n'y a pas d'amnistie possible.

– Et toi ? Tu te crois quoi ? Tu savais bien ce qui allait arriver, quand tu as dénoncé les Juifs de la rue de Vaugirard !

Amédée croit apercevoir un museau gris et pointu derrière le radiateur. Gros, le museau. Ça, mon petit bonhomme, c'était la chose à ne pas dire.

– Tu en as parlé ?

– À personne, je te jure. C'est de l'histoire ancienne, tout le monde s'en fout.

– Pas moi, pauvre minable, je ne m'en fous pas du tout. À ce soir, Charly. Je te conseille d'éviter de faire la sieste. À cause des rats.

– Médé !!!

Amédée pose la lampe allumée aux pieds de la chaise, sort rapidement de la cave, verrouille la porte à double tour sous les invectives. Petit fumier ! Il remonte vers la salle de sport, allume un des spots du plafond, contemple immobile les fantômes de sa jeunesse. Pénombre et poussière. Sacs et poires de frappe n'ont pas bougé, tout est là, les haltères, les disques, les barres, les bancs de musculation, les cordes à sauter. Sous une faible lumière jaune, il s'approche du ring, un 5 x 5 dont les cordes pendent lamentablement. Jamais un gong n'a retenti, jamais personne n'y a combattu. Amédée se glisse entre les cordes, se hisse sur le ring, va se placer au centre. Il lève les bras au ciel, ferme les yeux, salue la foule en tournant sur lui-même. *Alea jacta est.* Dans la famille Ormen, je demande l'assassin. C'est ainsi, c'est comme ça, c'est juste le destin qui passait par là. Quoi qu'il dise maintenant, Marcel finira bouffé par les rats. Et alors ? Une ordure en moins, condamnée à mort par contumace, qu'est-ce que ça peut faire ? Ce serait plutôt une œuvre de salubrité publique. Amédée baisse les bras, redescend du ring, frappe le sol bien à plat avec ses chaussures. Saloperie de charbon. Il va falloir nettoyer tout ça.

4

(Mercredi 2 septembre 1953)

Pour ce long week-end annoncé pluvieux, Ariane a étrenné son caban couleur feuille d'automne. Avec son twin-set beige, elle porte un pantalon marron glacé qui laisse entrevoir ses chevilles délicates. Un carré de soie Hermès, le dernier en date, motif « carrick à pompe », est noué autour de sa tête. À son côté, Pierre pense au roman qu'il vient d'achever et qui doit sortir en mars prochain. *La Porte dérobée* ou *La Fenêtre entrouverte* ? La porte dérobée, ça fait un peu Gide. Quant à la fenêtre, ça manque de caractère. Trouver un titre l'emmerde, il demandera à Hirsch. Après l'énorme succès de *L'Arme noire*, deux ans auparavant, les rapports avec Gallimard ont nettement changé. La considération intéressée a remplacé l'amicale condescendance. Deux cent cinquante mille exemplaires, ça crée des liens. Dans le rétroviseur, Pierre surveille Delphine qui s'est calée contre la portière, laissant pratiquement toute la banquette arrière aux jumeaux.

Delphine rêve. Lundi, elle entrera en sixième à Fénelon, rue de l'Éperon. D'après sa mère, elle a été admise de justesse, grâce à l'intervention de son père. Écrivain célèbre, parfois, ça peut servir. Par la petite lunette, la campagne défile, des fermes, des vaches idiotes, des bois, des prés, tout ce qu'elle déteste. Depuis qu'ils ont acheté cette maison au Reculet, qu'elle appelle À Reculons, c'est week-end obligatoire et corvée de bon air.

Le Reculet est un minuscule hameau en bordure de forêt, situé à quelques kilomètres de Rochefort-en-Yvelines. À une heure de Paris, en roulant calmement. Ariane y passe ses week-ends à retaper la maison, Pierre y vient moins souvent, préférant écrire rue de Vaugirard.

Limours, Gometz, il pleut doucement, la Vedette ronronne, Ariane conduit prudemment.

– À quoi tu penses ? lance-t-elle.

– À ma sœur. Cela fait trois semaines que nous ne sommes pas passés la voir.

– Vas-y demain.

– Oui, peut-être. Toujours rien pour toi côté théâtre ?

– Non. Rien à l'horizon.

Pierre écoute les battements de son cœur. Une petite alerte, il y a trois jours, dont il n'a pas parlé. Et nous, notre horizon ? se demande-t-il en se massant discrètement la poitrine. Depuis ce déjeuner plutôt lugubre chez Beulemans, il y a deux ans, ses rapports avec Ariane se sont peu à peu effilochés. Où sont les années de guerre, ces merveilleuses années où l'amour les comblait de ses promesses d'avenir ? Il se souvient, il faisait froid, il serrait Ariane contre son cœur, à l'étouffer de baisers, à la garder ainsi pour l'éternité. Que leur est-il arrivé ? Le monstre qui dévore tout dont parle Balzac est passé par là : jour après jour, le poison lent de l'habitude. Sa main va chercher celle de sa femme, la caresse un instant. Ariane retire sa main, la pose sur le levier de rapports. Pierre détourne la tête : elle n'avait pas besoin de changer de vitesse.

La voiture a dépassé le Christ de Saclay, elle s'engage sur la nationale 306, direction Meudon. Delphine s'est mise à chantonner : « *Comme un p'tit coquelicot, mesdames, comme un pt'it coquelicot* »...

François se bouche le nez, lui envoie un coup de coude.

– Tu la mets en sourdine, avec ton coquelicot ? J'ai rarement entendu une chanson aussi tarte... Trois gouttes de sang qui faisaient comme une fleur ! Il se prend pour Rimbaud, le copain d'Olivier !

Delphine, imperturbable, continue à chantonner.

– C'est comme les sanglots longs de son pote Verlaine, ajoute Julien, ça fait pleurer les foules et surtout les petites poules !

Delphine le fusille du regard. Depuis sa coupe en brosse et ses jeans à ourlets achetés à prix d'or au surplus américain de la rue Jussieu, Monsieur joue les durs.

– Toi, je t'ai pas sonné !

– Ding, dong, reprend François. Auditeurs chers, nous sommes ici présents en présence de nous-mêmes avec la petite Delphine, cousine de Bécassine, bien connue dans le 6e pour son amour du coquelicot. N'est-ce pas, confrère cher ?

– *Absolutely !* reprend Julien. *Your tailor* n'est pas con, mais la chanson, si ! Je même dirais que...

– Arrêtez, les garçons, gronde Ariane en doublant un camion avec précision, ce n'est vraiment pas drôle ! Qu'est-ce qu'elle a, cette chanson ? Elle est très jolie !

– On préfère *Le P'tit Chien dans sa vitrine*, dit Julien.

– Ouah, ouah, ouah ! ajoute François

– Mais non, face de pet, c'est deux ouah, pas trois !

– Merdaillon !

– Fesse d'huître !

– Steak tartare !

– Crétin des Alpes !

– Triple buse !

– Mendès France !

Pierre intervient. Guy Mollet, à la rigueur, mais pas Mendès France.

– Vous nous fatiguez. Arrêtez, s'il vous plaît.

Les jumeaux se calment instantanément. Leurs interventions s'apparentent au *blitzkrieg*: une charge maximale en un minimum de temps, suivie d'un long repos pour reprendre son souffle.

– Et la petite Bardot, demande Pierre, elle est comment ?

– Pas mal. Gentille. Mais elle n'est pas faite pour les planches.

Ariane a participé à la création des costumes de *L'Invitation au château*, pièce dans laquelle jouait la petite starlette.

– Et Olivier, tu le croises de temps en temps ? poursuit Pierre.

– Non, jamais. Je sais qu'il est toujours avec Vilar et qu'il fait du cabaret, à L'Écluse et à L'Échelle de Jacob. Mais je ne le vois jamais. Cela fait drôle de le savoir marié, avec un enfant.

En entendant prononcer le nom d'Olivier, Delphine tend l'oreille. Elle l'a aperçu il y a un an à Fontenay, pour les quarante ans de son père.

– Il faudrait qu'on aille le voir, un soir…

– Oui, renchérit Ariane. Faudrait.

La pluie s'est intensifiée, le ciel vire au noir, un bouchon s'est créé à l'entrée de Clamart. Pierre allume le récepteur Novak qu'il a fait installer sur le tableau de bord, recherche Luxembourg sur les grandes ondes. Mitterrand a démissionné, le putsch des communistes a échoué à Cuba, les Soviétiques ont la bombe H.

– Et le trafic de la piastre, demande Ariane, comment ça se passe ? On s'en occupe, rue Cambon ?

Pierre se redresse sur son siège, sort un paquet de Balto, enclenche l'allume-cigare.

– Secret d'État, dit-il en souriant.

– Tu parles ! C'est dans tous les journaux !

– Tu sais qu'il n'y a pas si longtemps, le relieur de la Cour des comptes devait jurer de ne pas apprendre à lire, afin de ne pas divulguer la teneur des délibérations ?

– D'accord. Mais toi, tu n'es pas relieur…

Pierre entrouvre légèrement sa fenêtre.

– C'est la commission parlementaire qui s'en occupe. Le RPF et le MRP sont mouillés jusqu'au cou, alors, pas grand-chose à en attendre. Là-bas, à Saigon, je ne te raconte pas : c'est gangrené jusqu'à l'empereur.

– Normal, intervient Julien en se penchant vers l'avant. Le MRP, c'est combinard et associés !

– Et le RPF, ajoute François en se penchant à son tour, c'est voyou et compagnie.

– Minable !

– Pauvre type !

– Patate molle !

– Anticonstitutionnel !

Les jumeaux, depuis quelque temps, se sont entichés de politique. Julien est à droite, François est à gauche. Il était temps, songe Pierre, qu'ils commencent à ne plus être interchangeables.

– Et la CED, les garçons, qu'est-ce que vous en pensez ?

François est pour, comme Guy Mollet. Julien est contre, comme de Gaulle. Delphine s'en fout, elle ne sait pas ce que c'est et ne veut pas le savoir.

– Une défense européenne, ce serait bien, intervient Ariane.

– Plus fort ! dit Delphine.

– Quoi, plus fort ?

– C'est Marie ! Je suis sûre que c'est Marie !

Ariane monte le son. Oui, c'est Marie, ce violon insolent. En juin dernier, elle s'est produite au palais de Chaillot avec les concertos de Brahms et Khatchaturian ; et elle a enregistré son premier disque avec Barbizon, la *Sonate pour violon n° 9* de Beethoven. Ils écoutent un moment puis Pierre baisse le son.

– Tu as des nouvelles ? demande-t-il à Ariane.

Ariane secoue la tête. Non. Depuis que sa fille travaille avec Karl Böhm à l'orchestre philharmonique de Vienne, on ne la voit plus. Les concerts se succèdent, en Europe, au Japon, en Amérique du Sud. Et quelle galère ! Marie est mineure, il faut gérer pour elle, placer, remplir mille formulaires. Ariane est saisie de vertige : comment peut-on gagner autant d'argent à cet âge-là ?

Les jumeaux sont repartis pour un tour de manège, en imitant Jouvet.

– Je vous assure, mon cher cousin, vous avez dit : « Mais c'est Marie ! »

– Bizarre, bizarre... Moi ? J'ai dit Marie ? Comme c'est étrange...

Delphine soupire. Petits cons. Cette famille ! Une sœur prodige complètement fêlée, des jumeaux de quinze ans qui jouent aux adultes, un père qui ne pense qu'à ses bouquins, une mère attentionnée mais toujours à côté, une tante chez les fous, un oncle fâché avec la famille, un grand-père qui reçoit allongé, ils sont beaux, les Ormen ! La seule personne normale dans toute la tribu, c'est Mme Farge. Marre et marre. Et elle, qu'est-ce qu'elle pourrait trouver pour semer la pagaille ?

– Papa, demande-t-elle, il est mort comment, oncle Jean-Noël ?

Pierre se retourne vers elle, surpris. Les jumeaux se figent, attentifs : ils avaient six ans lorsque c'est arrivé, le sujet est un peu tabou.

– Papa, il est mort comment, Jean-Noël ?

Pierre consulte sa femme du regard. Elle hoche la tête imperceptiblement.

– Tu le sais bien, Delphine. Fusillé par les Allemands, en 1944, juste avant la Libération. Tu avais deux ans.

– Et pendant la guerre, qu'est-ce qu'il faisait ?

Pierre n'aime pas évoquer la guerre devant ses enfants. Il se force, à contrecœur.

– Fin juin 1940, après l'appel du Général, votre oncle a rejoint Londres sur un bateau de pêche. À Granville, dans le Calvados. Le bateau s'appelait *La Gloire à Dieu*, cinq heures de traversée, caché dans la cale. À Londres, il est entré au BCRA, le service de renseignements mis en place par de Gaulle. Ensuite, il a été parachuté en France, en avril 1943, et il est devenu le correspondant de Jean Moulin, quelqu'un de très important dans la Résistance. Votre oncle aussi, c'était quelqu'un d'important, dans la Résistance.

– Comme toi...

– Plus que moi, corrige Pierre.

– Mais il était plus jeune que toi ?

– Oui, mais c'est comme ça. Dans la hiérarchie, il était au-dessus de moi.

– Et il s'est fait prendre...

– Oui.

– C'était un héros, alors.

– Oui, ma chérie.

– Pas comme l'oncle Amédée, intervient François.

– Pas comme l'oncle Amédée, répète Julien.

Ariane se retourne, furieuse :

– Les jumeaux, ça suffit !

La Vedette s'est engagée sur les boulevards des Maréchaux, est entrée dans Paris par la porte de Châtillon. Circulation fluide, la pluie s'est arrêtée. Depuis qu'on a instauré des sens uniques, ça roule beaucoup mieux. Un quart d'heure plus tard, Ariane s'arrête devant l'immeuble. Elle sort de la voiture, ouvre le coffre, demande aux jumeaux de porter les sacs. Pierre s'est glissé derrière le volant, il écoute la radio.

– Tu vas ranger la voiture ? s'enquiert Ariane.

Elle a passé la main par la fenêtre ouverte afin de discipliner une mèche rebelle, et il s'est dégagé, agacé.

– Je dois passer rue Cambon, j'en ai pour une heure ou deux, je serai là pour le dîner. À tout à l'heure, chérie.

Le visage d'Ariane se ferme. Depuis quelque temps, Pierre disparaît de plus en plus souvent pour une heure ou deux. Et il a oublié qu'ils devaient emmener les enfants voir *Les Vacances de Monsieur Hulot* à l'Hermitage Glacière. Tout à l'heure, dans la voiture, elle a refusé la main qu'il lui tendait. Et maintenant, c'est lui qui se dérobe à toute caresse. Elle suit la voiture du regard, retient ses larmes. D'où vient ce gâchis ? C'est comme s'ils marchaient tous deux dans la même rue, mais chacun sur son trottoir. Comme s'ils avaient rendez-vous chaque jour, mais qu'ils se trompaient d'heure.

La Vedette a disparu au coin de la rue Bonaparte. Delphine s'approche de sa mère, un sac dans chaque main.

– Tu viens, maman ? Qu'est-ce que tu fais ?

– Je rêvais, chérie...

– Tu crois que papa m'en veut, pour mes questions sur oncle Jean-Noël ? C'est pour ça qu'il est parti avec la voiture ?

– Mais non, il ne t'en veut pas.

– Mais toi, tu lui en veux...

Ariane fronce les sourcils, attrape un sac.

– Qu'est-ce qui te fait penser cela ?

– Il a oublié le cinéma !

– C'est vrai, chérie. Il a oublié. Il nous oublie un peu, en ce moment... Mais ne t'inquiète pas, cela va s'arranger.

*

(Mercredi 9 septembre 1953)

La biguine est festive, propice à la séduction et à l'émoi sexuel. Les danseurs se déplacent l'un autour de l'autre d'une manière fluide et suivie. Odette jette un coup d'œil dans la glace pour vérifier sa permanente, considère froidement les nombreux couples évoluant sur la piste. Jamais on n'a tant dansé à Paris. Le dancing de La Coupole se tortille de plaisir sous la musique créole, cela sent les baisers chauds, le rhum-orgeat, l'ananas.

– Quelquefois. Et vous ?

– Quelquefois. Comme toi. J'aime bien cet endroit.

Lorsqu'elle est en chasse, Odette tutoie immédiatement, de façon que les rôles soient bien compris dès le départ. Elle paye, ce qui confère des droits. Le temps où elle réussissait à lever des puceaux près des Galeries Lafayette, à l'Omnia Pathé ou à l'Aubert Palace, est révolu depuis longtemps. Elle a cinquante-trois ans et elle a de l'argent.

– Vous souhaitez danser ?

Odette s'évente. Cette fumée est vraiment insupportable.

– Non, merci. J'ai horreur de la danse. Surtout des danses antillaises. Ce que j'aime, ici, ce sont les rencontres. Pas toi ? Je m'appelle Christiane.

– Enchanté. Moi, c'est Olivier.

Le visage d'Odette se fige, son regard se glace.

– Tu t'appelles vraiment Olivier ?

– Heu... C'est mon nom, ici.

Odette se détend. Beau gosse. Il n'a guère plus de vingt-cinq ans. Plutôt timide, ce qui n'est pas pour lui déplaire. Les michés professionnels lui gâtent son plaisir. Est-ce qu'il sort également avec les pédérastes ? Elle n'aimerait pas trop.

Le garçon contemple son verre de rhum-orange, les yeux baissés. Un étudiant, probablement, qui s'octroie des passes occasionnelles pour financer ses études.

– Bon, dit Odette. On ne va pas y passer la nuit. Juste une heure, deux mille francs, ça te va ?

Le garçon hoche la tête, sans lever les yeux.

– D'accord, dit-il. Qu'est-ce qu'il faudra que je fasse ?

Odette le dévisage avec étonnement. Mais d'où sort-il ?

– Tu verras. Ce sera très agréable. Pour toi. Monte, je te rejoins.

En sortant de La Coupole, Odette inspecte rapidement la terrasse du Select, un des lieux de prédilection de Pierre. Le garçon marche derrière, à une vingtaine de mètres. Elle aime Montparnasse et son microclimat, pour ses ateliers d'artistes, ses cafés, sa jeunesse, pour Léonardo, son coiffeur attitré, qui exécute pour elle une double coiffure, cheveux courts et bouclés pour l'après-midi, chignon postiche pour le soir. L'air est doux, caressant. Devant La Rotonde, Odette balance sa jupe ceinturée à la taille portée sur des jupons de tulle aux couleurs assorties. La présence du jeune homme qu'elle traîne derrière elle par un fil invisible l'excite violemment.

L'hôtel L'Aiglon, boulevard Raspail, est un endroit discret, parfaitement propre, où Odette réserve toujours la chambre 7 : l'armoire comporte une grande glace, face au lit, dans laquelle elle peut regarder le corps de ses amants. Elle pénètre dans l'hôtel, prend sa clef, monte au premier. Elle ferme les rideaux, s'allonge sur le lit, contemple le plafond. Deux mille, c'est royal. Elle aurait dû proposer mille. Combien a-t-elle sur son compte ? Quatre-vingt-deux mille environ. Et trois millions placés en emprunt Pinay, toutes ses économies, à gratter chaque mois, à mettre de côté depuis vingt ans. C'est beaucoup mais ce n'est rien pour affronter l'avenir.

– Entre !

Depuis l'aggravation de son état, Valentin parle souvent de son testament. Il faut qu'elle le sonde, qu'elle sache à quoi s'en tenir. Est-ce que Pierre voudra récupérer Fontenay ? Et que fera Valentin, pour Amédée et Amélie ?

– Déshabille-toi, dit-elle. Entièrement. Et va te laver au lavabo.

Il y a également le terrain de Bagneux. Désormais, c'est elle qui suit le dossier avec la mairie. C'est peut-être l'occasion d'une belle commission…

Le garçon est nu, l'air gêné. Pauvre petit ! Odette se lève, va fermer la porte à clef, caresse le sexe au passage et sort deux billets de mille de sa pochette. Elle se penche vers la veste posée sur une chaise.

– Tiens. Je les mets dans ta poche. Croise les mains derrière ton dos !

Le sexe du garçon a légèrement forci. Odette s'agenouille, enlève son chapeau, caresse précautionneusement. C'est le moment qu'elle préfère. La glace lui renvoie l'image de sa langue qui monte et descend le long d'une verge totalement déployée. Elle veut en éprouver la vigueur, en savourer l'onctuosité. Elle ouvre grand la bouche, l'enfourne complètement, pompe pendant un moment puis se retire.

– Ça te plaît ?

– Oui…

– Elle te fait ça, ta petite amie ?

– Non, elle n'aime pas ça…

– Elle ne sait pas ce qu'elle perd !

Enfoncé jusqu'à la garde dans la bouche d'Odette, le garçon se met à gémir : de petits cris, aigus, graves, aigus à nouveau ; puis soudain plus rien, comme s'il retenait sa respiration. Enfin, Odette le sent tressauter entre ses lèvres, le corps parcouru par de longs spasmes. Son goût, poivré, n'est pas désagréable. Elle reste un long moment agenouillée afin de sentir le sexe se recroqueviller dans sa bouche. Une vague de tristesse l'envahit. C'est fini, déjà.

– Plutôt rapide, dit-elle. C'est bon ! Tu peux t'en aller.

– Vous… vous ne voulez pas que…

– Que quoi ? C'est terminé, tu files.

Odette s'assied au bord du lit, regarde le garçon se rhabiller. Mille francs à la minute ! Mais ça valait le coup. Un vrai bébé rose. Elle sent qu'il l'observe, se pose la même question qu'elle : pourquoi ne veut-elle plus faire l'amour ? À cause de son corps flétri, des ravages du temps qui n'épargnent plus que son visage ? Elle aime penser que ce simulacre d'amour est dédié à Isaac, son dernier véritable amant. Qu'en s'interdisant toute pénétration, elle ne le trompe pas.

– Heu… au revoir, madame…

– Salut, petit. Embrasse-la pour moi.

– Qui ça ?

– Ta petite amie.

Le garçon hoche la tête, vérifie la présence des billets, ouvre la porte et disparaît. Odette se dirige vers le lavabo. Combien de fois a-t-elle vécu cette scène ? Elle s'allonge sur le lit, ferme les yeux. Une douleur obscure l'envahit lentement, tétanise ses jambes, ses bras, son cerveau. Seule, songe-t-elle. Je suis seule. Un fils absent, une famille qui me méprise, quelques billets contre un peu d'abandon, l'âge pour unique compagnon. Où sont les jours heureux ? Ont-ils existé ?

Le robinet du lavabo fuit. Goutte à goutte, comme les années. Elle avait cru que l'on pouvait changer de milieu par un simple oui à la mairie, que s'appeler Mme Ormen ouvrait toutes les portes, celles de l'avenir et du bonheur. Elle s'aperçoit que l'avenir n'est plus que poussière, que le bonheur a fait faux bond. Si Valentin avait accepté d'adopter Olivier, les choses auraient peut-être évolué autrement. Si Isaac n'était pas mort, si ceci, si cela…

Odette ouvre les yeux. Elle n'avait jamais remarqué cette craquelure au plafond. Et ces rideaux miteux d'un marronnasse éteint. Je suis dans un film, pense-t-elle, je suis revenue au cinéma. Mais tout est pathétique, le décor, les acteurs. Mécontente d'elle-même, elle se force à sourire : ces jérémiades ne lui ressemblent pas. « Courage, ma cocotte, dit-elle à haute voix, la route est encore longue. » Seule peut-être, mais tenace. Elle consulte sa montre : 15 h 15. Largement le temps de faire les galeries de peinture. Rennes-Concorde, c'est direct.

*

Et puis non. Elle a pris un taxi, une Panhard gris métallisé qui la dépose rue de la Paix. Elle entre chez Mappin & Webb, l'orfèvrerie anglaise, s'enquiert du coût d'une ménagère poinçonnée. Beaucoup, beaucoup trop chère… Dans la vitrine de Fontana, juste après Paquin, une bague ornée au centre d'une marguerite sertie de diamants fait resurgir ses rêves d'enfant. Roubaix, les années noires. Son père toujours en guerre avec les Flamands, on disait les Flahutes ou les Pots-au-burre, traversant la frontière pour venir voler les emplois des Français ; sa mère épuisée par vingt ans de filature à l'usine Louis-Honoré.

À la fin de la Première Guerre, pour ses dix-huit ans, Odette s'était juré de ne pas finir comme eux. S'était juré qu'elle porterait un jour une bague à chaque doigt. Qu'on lui dirait Madame.

Elle était montée à Paris, sans un mot d'adieu pour ses parents. Quelques photos cochonnes, des aventures plus ou moins tarifées et puis ce coup de chance. Comment s'appelait-elle, cette femme ? Declos, quelque chose comme ça, rencontrée dans une soirée un peu osée. C'était la femme de Guitry, le père, bien sûr. Qui l'avait prise sous son aile, aiguillée vers la figuration au cinéma. Le premier film, c'était *Gosse de riche*. Le titre l'avait fait sourire. Tout à fait elle. Il y avait eu ensuite *Crépuscule d'épouvante* de Julien Duvivier. Un tout petit rôle, mais Charles Vanel l'avait embrassée. Pourquoi Valentin n'a-t-il jamais voulu la croire ?

Chez Drouin, place Vendôme, l'exposition de l'Art brut a disparu du sous-sol. Mais la galerie accueille Rebeyrolle, Lorjou et Bellias. Odette aime la peinture. Elle ne manque jamais le

Salon d'Automne, celui des Indépendants ou celui des Tuileries. Les galeries qu'elle préfère sont Rive droite : Drouant-David, rue du Faubourg-Saint-Honoré ; Jansen, rue Royale. Elle n'achète jamais : regarder lui suffit. Elle apprécie particulièrement la « Jeune Peinture », ce mélange subtil de réalisme et d'abstraction qui lui rappelle la maxime qu'Isaac plaçait à la fin de ses interminables exposés : « Il n'y a en art qu'une chose qui vaille : celle qu'on ne peut expliquer. »

Odette quitte Drouin et se dirige vers l'Opéra. Elle va prendre le 27 qui l'amènera gare du Luxembourg. Devant l'arrêt d'autobus, un clochard l'aborde, tend la main. L'homme lui rappelle son père, en mieux. Elle ouvre sa pochette, cherche de la monnaie.

– C'est pas pour boire, hein ?

– Merci, ma p'tite dame... Vous êtes bien jolie...

Le 27 s'est arrêté à un mètre du trottoir. Odette dédaigne la plateforme et va s'installer au fond. Le tableau de Bellias, la femme aux seins nus, était bien beau. Que cherche-t-elle ainsi, à courir les galeries ? Le plaisir des yeux ou l'espoir insensé de découvrir un jour l'un des tableaux d'Isaac ? Comme il fallait s'y attendre, les démarches de David auprès de la CRA n'ont rien donné. Nulle trace de réquisition officielle pour le pillage de l'appartement, ce n'étaient donc pas les Allemands. Odette détache trois tickets, les tend au receveur. Des Français, songe-t-elle, comme la bande à Bonny. Ou, qui sait, les copains d'Amédée.

L'évocation de son beau-fils la fait frissonner. Elle le hait. Pourquoi, comme Valentin, lui laisser si longtemps le bénéfice du doute ? La dénonciation, c'est clair, ça ne peut être que lui. Mais après ? Le pillage ? L'autobus traverse le Carrousel, bifurque sur les quais. Sur la place du Châtelet, l'horloge indique 18 heures, un peu plus tard qu'elle n'avait prévu. Valentin va encore s'inquiéter.

– Et si c'était lui ?

Le petit homme triste qui lui fait face hausse poliment les sourcils. Il ressemble furieusement à Buster Keaton.

– Je vous demande pardon ? dit-il en soulevant son chapeau.

– Non, excusez-moi, répond Odette. Je rêvais à voix haute.

Et si c'était lui ? poursuit-elle mentalement. S'il était l'instigateur du déménagement ? Elle s'étonne d'avoir si longtemps récusé cette pensée. Ce serait pourtant logique, compte tenu de ses accointances avec les voyous de l'époque. Dans ce cas, il resterait peut-être un minuscule espoir de récupérer quelques meubles ou quelques tableaux ? Tandis qu'un orage aussi violent qu'inattendu s'abat sur Paris, Odette se promet de creuser cette idée. Douchés par la pluie, les voyageurs de la plateforme s'empressent de venir s'abriter à l'intérieur. Par la vitre embuée, alors que l'autobus traverse la Seine pour la seconde fois, Odette tente d'apercevoir la devanture de L'Écluse. Olivier y passe, en ce moment, il paraît que c'est bien. Elle soupire, agacée. Cette fille était pourtant tout à fait convenable. Comme elle l'avait prévu, ce mariage ridicule n'a pas tenu deux ans. Et ils vont divorcer. La semaine prochaine, elle ira voir Colette pour prendre des nouvelles. Et pour apporter de la layette au bambin. Odette sourit en pensant à son petit-fils. Celui-là, c'est un chou, aussi beau que son père. Un vrai trésor.

*

(Vendredi 4 décembre 1953)

La Vedette remonte la rue des Saints-Pères, passe devant l'énorme bâtiment de trois étages édifié à la place de l'ancien hôpital de la Charité, là où moururent Jarry et Modigliani. Pierre ralentit, jette un coup d'œil. L'édifice, commencé avant la guerre, est pratiquement terminé. Des ouvriers sont en train de poser de gros vantaux de bronze. Finalement, ce ne sera pas une dépendance des Beaux-Arts mais bien une faculté de médecine. Pierre soupire. Plus de deux mille étudiants là-dedans, le quartier va changer. Il a déjà changé, d'ailleurs. Tous ces cars de touristes en quête de faune existentialiste avec six ans de retard, cet imbécile qui lui avait demandé le chemin du « quartier où l'on parle latin », l'atmosphère frelatée, l'impression d'être au zoo ! Pauvre Léon-Paul Fargue, qu'ont-ils fait de ton village ? Heureusement pour toi, tu es mort juste avant. Et, pour stationner, cela ne s'arrange pas. Pierre trouve enfin une place rue du Sabot. Il contourne le Royal Saint-Germain, achète *Le Monde* et un dixième de la loterie à la guérite des Gueules cassées. Il pousse la porte à tambour de Lipp, va s'installer au comptoir, ouvre son journal.

– Tiens ! Ormen !

Entre la caisse et le recoin décoré de motifs simiesques, Marcellin Cazes se relève, une bouteille à la main.

– Alors, Ormen, on joue les ermites ? On ne vous voit plus !

L'ancien berger d'Aubrac s'approche, lui sert d'office un petit whisky.

– Quoi de neuf dans le monde ? demande-t-il.

Pierre hausse les épaules.

– L'Indochine, c'est cuit. Giap va nous écrabouiller.

– Peut-être. Alors, il sort quand, le prochain ? Après le carton de *L'Arme noire*, ça va être dur de faire aussi bien...

– C'est pour le printemps, en mars.

– Toujours chez Gallimard ?

– Hé oui. Je suis fidèle.

Pierre a beaucoup fréquenté Lipp après la Libération, s'attardant en fin d'après-midi avec Fombeure et Bazin. Attablés devant des « sérieux », ils refaisaient le monde, faisaient le tri entre les arrivistes et les arrivés, assassinaient gentiment leurs confrères.

– Et le Goncourt, lundi, vous pariez quoi ?

– Sais pas. Pas moi en tout cas, ils n'aiment pas couronner les succès de librairie. Je vois Gascar.

Marcellin Cazes renouvelle le whisky.

– Encore un Gallimard ! Et les élections ?

– On s'en fout, Cazes. Pleven, Laniel, Bidault, qu'est-ce que ça peut changer ? À propos, le beau François, il est toujours fourré chez vous ? Je ne comprends pas bien. Il dit qu'il faut rester en Afrique et il démissionne quand on vire le sultan pour le remplacer par une ganache aux ordres de Paris.

Pierre n'aime pas Mitterrand, récemment classé par *Elle* comme l'un des dix hommes les plus séduisants de France. Son côté clair-obscur entre droite et gauche témoigne d'une ambition purement politicienne. Le sourire carnassier de l'homme l'insupporte. Et cette manie de toujours exiger la table n° 1 ! Tandis que Cazes va servir un client, Pierre parcourt les titres du *Monde*. Le projet de budget pour 55 000 milliards de recettes fiscales semble raisonnable. Si les prix restent stables et si les 3 % d'augmentation de l'activité industrielle sont tenus, Pinay aura bien joué.

Chez Lipp, l'horloge avance de sept minutes, le temps nécessaire pour que députés et sénateurs rejoignent tranquillement et en étant à l'heure leurs assemblées respectives après avoir traîné à table. Pierre sourit. Sept minutes de plus avec Hélène. Il règle l'addition, quitte la brasserie, se dirige à gauche vers la rue du Dragon. Ces imbéciles ont largué des milliers de parachutistes sur Diên Biên Phu, à trois cents kilomètres à l'ouest de Hanoi. C'est, paraît-il, une cuvette fertile, entourée de collines. Fertile pour se faire encercler, oui...

La cour du 31 est toujours aussi charmante. L'herbe pousse entre les pavés. Pierre monte les étages, frappe à une porte verte en se demandant pourquoi il pense politique chaque fois qu'il se rend chez sa maîtresse.

– Pierre, dit-il.

La jeune femme lui ouvre, l'embrasse à pleine bouche.

– Viens !

L'appartement d'Hélène, situé sous les toits, est composé de trois chambres de bonne réunies en enfilade. L'ensemble est coquet, soigné. Le cabinet de toilette dispose d'une baignoire sabot, une TSF avec phonographe intégré trône dans le salon, un petit Philco avec freezer agrémente le coin cuisine. Une planche posée sur deux tréteaux fait office de bureau, supportant une Japy toute neuve avec retour de chariot électrique.

– Tu es en avance !

Hélène Sauvageot vient d'avoir trente ans et a pris trois kilos, ce qui la désole. Dactylo deuxième échelon dans une compagnie d'assurances de la rue Vivienne, elle se nourrit de pommes, de gâteaux et de romans-photos. Pierre l'a rencontrée par l'intermédiaire de Suzanne, la secrétaire de Camus, lorsqu'il cherchait quelqu'un pour transcrire ses manuscrits. Devant les avances pressantes de la jeune femme, il n'a pas su dire non.

Pierre détaille sa maîtresse avec curiosité. Pourquoi elle ? Une fausse blonde, potelée, une vulgarité saine et un rire chevalin. Tout le contraire d'Ariane.

– Je te sers un whisky ?

– Oui, s'il te plaît.

– Tu as bien travaillé ?

Pierre hoche la tête, amusé. Elle a demandé cela comme on demande à un enfant s'il a bien fait ses devoirs.

– Je t'ai apporté la fin, une cinquantaine de pages.

Hélène pose le verre sur la table basse, passe un bras autour de son cou.

– Mais pour nous, mon chéri, ce n'est pas la fin ?

Pierre ne répond pas. Bonne question. Il faudrait. Mais il n'y parvient pas. Elle est son millefeuille, son éclair au chocolat. Sucré à souhait, écœurant parfois. Elle est tout ce qu'Ariane ne lui donne pas : du désir à l'état pur, du sexe animal qui ne se pose pas de question.

– Vitrier !!!...

Pierre se lève, saisit son verre. Il rejoint la fenêtre, regarde dans la rue. L'homme lève les yeux vers lui, interrogatif.

– Vitrier !!!

Hélène a posé un disque sur le phono. Toujours le même, *Petite Fleur*, de Sydney Bechet. Elle a troqué sa gaine pour une combinaison aux bonnets incrustés de dentelle blanche.

– Tu n'es pas bien bavard, dit-elle. On va dans la chambre ?

Non, il n'est pas bavard. Et il n'a pas envie d'aller tout de suite au lit. Sa main, il le sent, ne va pas tarder à s'enflammer. Quand cette allergie se décidera-t-elle à disparaître ?

– Passe-moi mes cigarettes, s'il te plaît.

Hélène allume une Balto, la lui glisse entre les lèvres. Qu'a-t-il aujourd'hui ? Un peu grognon, l'écrivain.

– Tu songes à quitter ta femme, c'est ça ? Tu veux m'épouser ?

Elle aime le taquiner, observer son air effaré. Elle sait bien que jamais il ne quittera sa femme. Et c'est très bien ainsi. Il fait l'amour comme un jeune homme, lui relate des potins sur Sartre ou Malraux, elle côtoie les célébrités par procuration, que désirer de plus ? Et lui, se demande-t-elle, que cherche-t-il ? Rien de précis, sans doute. La rue du Dragon se trouve sur son chemin, entre la rue Cambon et la rue de Vaugirard, c'est aussi simple que ça. Est-elle amoureuse ? Pas vraiment. Tout juste étonnée de s'envoyer en l'air avec un écrivain connu. Son dernier roman, dont elle doit taper la fin, est plutôt émouvant.

– Et la fin, c'est comment ? interroge-t-elle.

Pierre sort une liasse de feuillets de la serviette posée à ses pieds.

– Tiens. Hirsch prétend que ce coup-ci, pour l'année prochaine, on peut viser le Goncourt.

Hélène se délecte du « on ».

– Elle va se suicider ?

– Qui ça ? demande Pierre.

– Louise, l'héroïne...

– Mais non ! Elle va l'épouser et ils auront beaucoup d'enfants. Comme dans *Nous Deux*.

– Tu te fiches de moi, ce n'est pas gentil. Tu t'es inspiré de ta sœur ?

– Un peu. Pas vraiment...

– Quel âge elle a, ta sœur ?

– Deux ans de moins que moi. Mais, si on considère ce qu'elle a vécu, elle n'a guère plus d'une vingtaine d'années.

Hélène va remplacer *Petite Fleur* par *Good Bye Helen*, une sorte de valse jazz des années 1930 que Pierre aime beaucoup.

– Louise, tu la fais sortir de clinique. Ta sœur, elle est toujours là-bas ?

Pierre se lève, rejoint la fenêtre, soulève le rideau. Hélène le fatigue avec ses questions.

– En fait, poursuit-elle, tu n'inventes rien, c'est ta vie sur papier carbone !

Pierre se retourne, la regarde avec curiosité. Papier carbone ? C'est un peu cela. Un double noir de l'original que l'on jette dans la corbeille en se salissant les doigts.

– Va dans la chambre, je te rejoins…

– Vitrier !!!

Dans la rue du Dragon, l'homme repasse dans l'autre sens. À travers le voilage, Pierre le suit des yeux. Changer tous ses carreaux, ce serait une bonne idée…

*

(Samedi 8 mai 1954)

« C'est un conte de fées. Au bord de la mer des Sargasses, un baladin se présente dans une ville étrange où il est interdit de rire ou de chanter. Un sortilège a chassé tous les oiseaux. Les arbres-à-mains saisissent le passant et le dévorent. Le baladin-vagabond veut fuir, mais les habitants le retiennent, pensant qu'il est leur sauveur et qu'il saura déjouer le mauvais sort. Il lui faut alors affronter la reine, sphinx au double visage, et l'obliger à lever la malédiction. Malheureusement, il doit alors payer sa performance en épousant la reine, faute de quoi il sera livré au bourreau. Ce qu'il choisit. »

Roger Blin referme le programme, se tourne vers Olivier.

– Mou, Moulou est vraiment tor, tordu… C'est lui qui l'a écrite ?

Blin, d'une si parfaite diction à la scène, bafouille comme un collégien dans la vie quotidienne.

– On s'en fout de sa pièce, dit Olivier. C'était vraiment nul. C'est le tour de chant qu'il faut voir. T'attends toujours Godot ? Ça marche bien ?

Blin acquiesce. Très bien.

– Et toi, paraît que tu te lances dans la li, limonade ?

– Ouais. Je vais monter un cabaret à la Contrescarpe, j'ai trouvé un lieu, rue Descartes. Je vais demander à Moulou de venir y chanter. S'il veut bien.

– Et comment ça s'appelle ?

– Je ne sais pas encore. L'Heure Bleue, peut-être.

– Et t'aurais qui ?

– Il y a un mec à L'Échelle, chez la mère Lebrun, un Belge, le genre chevalin qui me plaît bien. Il chante des trucs un peu catho, mais il ira loin. Sinon, j'ai l'embarras du choix, ça se bouscule au portillon.

Blin plie soigneusement le programme en quatre, le glisse dans sa poche.

– C'est vrai, sa mer des Sar, Sargasses, c'était pas terrible. Et pourquoi il n'a pas fait son, son tour de chant avant la pièce ? Ce serait plus logique.

– Tu vas voir. À mon avis, avec la petite borisvianerie qu'il va chanter, il n'y aurait pas eu de pièce après !

L'entracte n'a duré que dix minutes. La salle s'est remplie, les lumières s'éteignent. Au centre de la scène du théâtre de l'Œuvre, le visage de Mouloudji est éclairé par un mince faisceau blanc. Pull et pantalon noir, comme le lui avait suggéré Cocteau. Jean Bertho est au piano, ce même piano qui accompagnait tout à l'heure le baladin-vagabond dans son délire. Le visage de Mouloudji se lève vers le ciel, la voix y monte, rauque.

– « *Un jour, tu verras* »...

Mouloudji chante, les deux bras tendus vers le public, comme le faisait Damia avant la guerre. Le trémolo de sa voix fait frissonner les femmes, une voix gouailleuse et tendre, légèrement au-dessous du ton. Depuis son *Coquelicot*, il est devenu une vedette de la chanson, aux côtés de Gréco et d'Yves Montand.

– « *Méfiez-vous, femmes cruelles* »...

– Il chante faux, murmure Olivier, mais qu'est-ce qu'il chante bien !

Les succès défilent. *Si tu t'imagines, Rue de Lappe, Le Mal de Paris, Comme un p'tit coquelicot*...

– C'est là, dit Olivier. Ça va chier.

Mouloudji salue sous les applaudissements, s'avance au bord de la scène. Il tend le bras, le doigt, semble désigner quelqu'un au fond de la salle. Le piano égrène quelques notes.

– « *Messieurs qu'on nomme grands, je vous fais une lettre* »...

Le tempo est lent, pesant.

– « *Je ne suis pas sur terre / Pour tuer des pauvres gens* »...

Dans la salle, pétrifiée, personne ne bouge. La voix de velours côtelé, que le piano semble précéder, poursuit sa rengaine lancinante.

– « *Je ne veux pas la faire* »...

Mais qu'est-ce qu'il raconte ? La main de Mouloudji se pose sur un revolver imaginaire à la hauteur de sa hanche, puis les deux mains se lèvent, paumes ouvertes, à l'horizontale. Le piano, dans des graves, annonce la chute :

– « *Que je serai sans arme / Et qu'ils pourront tirer.* »

Grand blanc. Pendant une dizaine de secondes, la salle observe un silence de mort. Puis, sur la droite, un homme se met à siffler. Des voix montent : « Salaud ! Pourri ! Pacifiste ! Métèque ! » Sur la gauche répliquent des applaudissements : « Bravo ! À bas la guerre ! Dans le cul l'armée ! » Les deux partis s'empoignent, se giflent, le théâtre se transforme en champ de bataille. Olivier et Blin se sont levés, tentent d'échapper à la mêlée. Trois hommes s'avancent vers la scène, apostrophent un Mouloudji totalement ahuri :

– Toi, l'Arabe, on aura ta peau !

– Viens, dit Olivier en tirant Blin par la manche, faut le sortir de là !

Tandis que la salle poursuit son pugilat, Olivier et Blin montent sur scène, entraînent Mouloudji vers les coulisses.

– Mais qu'est-ce qu'ils ont ? demande Moulou.

– Je t'avais dit que ça barderait. T'es vraiment un peu con.
– Quoi ?
– Chanter un truc pareil !
– Ben quoi ?
– Diên Biên Phu est tombé, Moulou. La France vient de perdre la guerre d'Indochine.

*

(Lundi 10 mai 1954)

Douze mille prisonniers, deux mille disparus, mille déserteurs. La guerre d'Indochine est terminée, ça commence à chauffer en Algérie et, Pierre en est persuadé, cela pourrait finir de la même façon. Pourquoi les politiques sont-ils si lents à comprendre ? À droite comme à gauche ? Le gouvernement Laniel va démissionner, un de plus, Mendès France ce coup-ci a peut-être une petite chance...

Julien et François viennent de partir pour Henri-IV, Odile s'agite dans la cuisine. Pierre abaisse son journal, pose sa cigarette en équilibre sur le bras du fauteuil. La cinquième de la matinée, il fume beaucoup trop. Ses petites alertes cardiaques seraient-elles en rapport avec sa consommation ? Il faudra en parler à Bompart. Ariane, sur le balcon, tente de mettre de l'ordre dans un lierre prolifique. Odile frappe, pénètre dans la pièce en traînant l'aspirateur, un Progress dernier modèle disposant de trois petites roulettes.

– Je peux, Monsieur ?

Pierre acquiesce, pose *Combat* sur le fauteuil, récupère sa cigarette et rejoint sa femme sur le balcon. Ariane, à genoux, élague les plantes avec application à l'aide du sécateur.

– Tu rentreras tard, ce soir ? demande-t-elle.

– Oui, j'ai une séance...

Ariane lève la tête, scrute son visage. Quel genre de séance ? Avec qui ?

Pierre s'est accoudé à la rambarde. Il était déjà là il y a presque dix ans, devant le Luxembourg, à cette place précise, dans le petit matin de la Libération. Ariane était en nuisette, il avait caressé un sein. Je déprime, songe-t-il, j'ai l'âme à vau-l'eau, tout m'emmerde, Hélène, la Cour, l'âme humaine, l'espoir d'un Goncourt...

– On déjeune à Fontenay, dimanche prochain ?

Il écrase sa cigarette entre deux doigts, regarde le bout incandescent tournoyer dans le vide, jette le mégot dans un pot d'hortensias.

– *Yes, darling.* Marie sera peut-être des nôtres, elle essaiera, elle m'a promis. Tu sais comment on la surnomme dans *Arts et Lettres* ? L'Ormen ! Une vraie diva ! Tu te souviens ? Tu disais que je serais un grand écrivain, qu'on oublierait mon prénom. Tu t'étais juste trompée de personne...

– Qu'est-ce qu'ils disent d'autre ?

– Rien. Elle trimballe un python dans tous ses voyages, elle l'appelle Monsieur Georges. Elle loue à l'année une suite au Waldorf et persiste à terroriser les chefs d'orchestre. Cette histoire de violon, quand elle était petite, je ne suis pas sûr que c'était une très bonne idée...

– Elle me manque, Pierre...

– À moi aussi...

Ariane dépose son sécateur sur une caisse, se passe la main sur le front.

– J'en ai marre de ce lierre ! Tu es passé voir Amélie ?

– Ouais.

– C'est quoi, cette manie de dire ouais ? C'est à la Cour des comptes qu'on s'amuse à parler comme ça ?

– *Scusi*, ça m'a échappé.

– Et cette manie de parler anglais, italien, finnois, serbo-croate, c'est quoi, ça aussi, ça te fait voyager ?

Pierre crache dans la rue, délicatement. Voyager, c'est ce qu'il lui faudrait. Descendre l'Amazone, escalader le mont

Blanc, s'enfermer pendant huit jours dans une chambre d'hôtel à Montargis.

– Pierre, je te parle !

– Excuse-moi, chérie, j'avais la tête ailleurs... Delphine est partie ?

– Évidemment ! Elle a cours à 8 heures ! Tu pourrais suivre un peu. Tu sais que ta fille est douée en dessin ? Et qu'elle ne va pas tarder à se faire virer de Fénelon ?

– Oui, je sais.

– On pourrait l'inscrire dans quelque chose d'un peu plus costaud que son Gérard Philipe du pauvre, qu'est-ce que tu en penses ?

– Je ne sais pas, Ariane.

– Pourquoi pas au cours Julian, rue du Dragon ? C'est tout près.

Pierre se fige. Que sait-elle ?

– Elle va bien ? demande Ariane.

– Qui ça ?

– Amélie.

– Pas mal. Elle s'occupe du jardin, elle parle presque normalement, Bompart est très content. Il envisage qu'elle puisse sortir de temps en temps.

– Et ta maîtresse, elle va bien ?

– Quelle maîtresse ?

– Pierre, je t'en prie !

Il y avait les mêmes nuages, il y a douze ans, lorsqu'il s'était réfugié près de la fenêtre et avait failli dégueuler à la vue du bébé. L'un ressemblait à un lapin, l'autre à un ours, il s'en souvient...

– Pierre, tu peux me le dire. Je peux comprendre.

– Elle n'existe pas en tant que personne. C'est toi que j'aime.

Ariane enlève son tablier, contemple sans indulgence son reflet dans la vitre de la porte-fenêtre. À quarante-quatre ans, son corps s'est légèrement empâté, son visage a besoin des soins du matin. Elle compte mentalement sur ses doigts : cela fait quatre mois qu'ils n'ont pas fait l'amour.

– Tu ne me désires plus, c'est ça ?

– Ariane !!!

Ariane le prend fermement par la main, pousse la porte-fenêtre du pied, traverse le salon. Le Progress émet un vacarme d'enfer.

– Je fais la chambre, Madame ?

– Non, Odile, pas maintenant. Soyez gentille, allez à Saint-Sulpice acheter des Gauloises bleues et des Balto.

Odile arrête l'aspirateur, regarde Ariane entraîner Pierre dans le couloir. C'est bien. C'est bien que Madame s'occupe de Monsieur. Monsieur ne va pas bien fort, en ce moment.

*

(Vendredi 15 mai 1954)

« *Papa, maman, la bonn' et moi / On a une radio qui march' pas* »...

Colette baisse le son, emplit une cuvette d'eau. Elle verse une cuillerée d'Alcalia et fait tremper ses bas nylon en prenant soin d'enlever sa bague. Sur la Scholtès à bois et charbon, les pommes de terre cuisent, les torchons sèchent.

« *Papa, maman, la bonn' et moi / Des gens comm' nous y en a des tas* »...

– Et toi, demande Colette, il est où, ton papa ? Si tu es sage, nous irons cet après-midi au jardin des Plantes, voir les animaux.

Le petit garçon éclate de rire, jette sa cuillère sur le carrelage. Colette se baisse, ramasse la cuillère, pousse du pied le bébé-trotte : Olivier n'est pas rentré. De la rage froide qui l'animait ces derniers mois ne subsiste qu'une tristesse résignée. Faites attention, Colette, c'est un dangereux séducteur : Bill avait raison, elle aurait dû faire attention. Olivier est parfait : il laisse toujours l'argent de la semaine sur le buffet sans qu'on le lui demande, il chante perpétuellement, il lui dit qu'elle est belle, mais il n'est jamais là, il disparaît trois jours puis revient avec des fleurs, le sourire aux lèvres. L'aime-t-il encore ? Elle en doute. L'a-t-il un jour aimée ? Elle en doute également.

Depuis qu'elle a quitté le Studio des Agriculteurs, en octobre dernier, Colette se sent prisonnière du petit deux-pièces de la rue du Pot-de-Fer. L'hiver a été rude, un bébé est mort de froid à Neuilly-Plaisance. Avec les beaux jours et l'aide d'Henriette, sa voisine, tout sera plus facile. Elle regarde son fils, se penche pour l'embrasser.

– J'ai faim !

– On y arrivera, mon bonhomme, ne t'en fais pas. Maman est là.

Sa mère à elle est morte pendant l'exode, son père aussi, mitraillés sous ses yeux par les balles des Stukas sur une route de campagne près d'Orléans. Elle avait dix ans. Tac tac tac tac tac. Curieusement, leurs corps déchiquetés ne viennent jamais hanter ses nuits. Mes mécanismes de défense, songe-t-elle, je refoule à volonté. En septembre, elle s'inscrira en psychologie, afin de préparer le concours de l'Institut d'orientation pédagogique, rue Gay-Lussac.

– Je vais te donner ta purée…

– Et du zambon !

Colette contemple son fils. Bientôt trois ans. Un ravissement. Il sera sans doute aussi beau que son père, ce sera probablement son seul héritage. Et moi, se demande-t-elle, comment suis-je ?

Elle se regarde dans la glace, sans complaisance. On lui dit qu'elle est belle, mais elle se trouve laide. Vingt-quatre ans, sans boulot, bientôt sans mari. Elle arrange ses cheveux, se tire la langue. Ça va aller, ma vieille, il y a plus malheureuse.

Bien calé sur sa chaise dans sa barboteuse, les fesses sur un coussin, Serge mange son jambon avec application. Colette se lève. La porte qui donne sur le palier est ouverte en permanence, celle de sa voisine également. Elles vivent ainsi en s'entraidant.

Professeur de piano, Henriette donne ses cours à domicile. Les services qu'elle rend valent largement les gammes interminables qui traversent la cloison.

– Bonjour, tu peux garder le petit ? J'en ai pour une heure…

– Bien sûr, ma chérie. Olivier n'est pas là ?

– Il n'est pas rentré.

– Pauvre chou !

Henriette s'approche, tend le doigt vers le soutien-gorge à balconnet, effleure la naissance d'un sein blanc et volumineux.

– Tu n'en as pas marre, des hommes ?

Colette se dégage doucement.

– Le petit est tout seul, j'y vais, merci, Henriette.

*

Dans le hall de la Maison pour tous, Mère Louve est entourée d'une vingtaine de personnes, verre à la main. On y fête l'achèvement des travaux du théâtre. L'aînée des sœurs Levasseur, fondatrices du lieu, ne participe pas à l'euphorie ambiante. Bill lui a forcé la main, cette histoire de spectacles ne lui plaît pas du tout. Colette s'avance, salue quelques visages connus d'une brève inclinaison de la tête. Beaucoup d'artistes en tenue d'ouvrier, quelques voisins.

– Bonjour, Bill…

– Bonjour, Colette. Tu trinques avec nous ?

La marquisette maison a un goût amer. Trop de citron. Accoudé au comptoir qui fait office de bar, Bill fume un Toscano, un cigare italien âcre et piquant. Près du baby-foot, Mère Louve discute avec un homme plutôt élégant, cheveux noir corbeau coiffés en arrière, chapeau à la main. Colette pose son verre. Il lui semble que l'homme l'a dévisagée avec insistance.

– Bill ?

– Oui, Colette ?

– Tu n'aurais pas un petit boulot pour moi ? Pas besoin d'une ouvreuse pour le théâtre ?

Bill secoue la tête. Désolé, ma chérie, ici, il n'y a que des bénévoles.

– C'est dur, tu sais, poursuit-elle. On va divorcer.

Bill la prend par l'épaule et la serre contre lui, attristé. Il ne sait pas quoi dire. Olivier est son ami. Et Colette aussi.

– Tu ouvres bientôt ? s'enquiert-elle. Tu vas faire concurrence à L'Heure Bleue ?

Bill fait la grimace. Ces cigares italiens sont vraiment immondes. Mais ce sont ceux qu'il préfère.

– Ça n'a rien à voir. J'ouvre un samedi par mois, rien que des copains. Viens demain si tu veux, il y aura Ferrat, sa femme, les marionnettes de Joly et Anne Sylvestre. Cent sous l'entrée, juste une petite pièce pour les œuvres sociales de la maison.

– Non, je ne peux pas, j'ai le petit...

Le regard de l'homme s'est à nouveau posé sur Colette. Pas une once de sourire, une attention grave, profonde et enveloppante.

– Qui est ce monsieur ? demande-t-elle à Bill.

– Qui ça ?

– Avec Mère Louve.

Bill se retourne discrètement.

– Je ne sais pas, dit-il. C'est marrant, il ressemble à Roger Vailland. Pas de chez nous en tout cas, un bourgeois. Excuse-moi, on m'appelle.

Colette reprend son verre, trempe ses lèvres. Toujours aussi amer. Le regard de l'homme ne l'a pas quittée, incisif et froid. Elle se sent transpercée, tac tac tac tac tac, ça entre dans son ventre, sa poitrine, son cœur. Puis soudain il sourit, incline imperceptiblement la tête. Qu'avait dit Olivier lorsqu'ils s'étaient rencontrés, pratiquement au même endroit, à côté du comptoir ? « J'ai du pain, un œuf et des rutabagas. Et un carré de chocolat, que je garde pour les grandes occasions. » Du chocolat, il n'y en avait pas. Ou c'était elle, le chocolat. Elle avait fondu dans sa bouche pendant tout l'après-midi, de quoi faire mille bébés.

L'homme a quitté Mère Louve, il s'approche tranquillement, sort de sa poche une fiasque à alcool en métal argenté.

– Whisky ? propose-t-il.

Colette secoue la tête. Non.

– Croyez-vous au coup de foudre ?

Colette secoue la tête. Non.

– Moi si. Cela se caractérise par une brûlure intense, telle une balle qui vous troue la poitrine. Comment dire ? Une douleur exquise. Le pouls s'emballe, le cœur explose, les pendules se détraquent.

– Quelle heure est-il ? demande-t-elle.

– 14 h 15. Je m'appelle Roger, dit-il. Roger Delacour. Voulez-vous m'épouser ?

Colette sourit. On se croirait dans un film, au Studio des Agriculteurs.

– Je suis pauvre, vous savez, j'ai un fils de deux ans.

– Parfait.

– Et un mari, poursuit-elle. Il s'appelle Olivier.

– Ce n'est pas un problème. Vous allez divorcer.

Colette fixe l'homme élégant droit dans les yeux. Son regard est clair. Il parle sérieusement, elle en est persuadée. En une fraction de seconde, la certitude tranquille qu'ils vieilliront ensemble s'impose à son esprit. Elle perçoit une allée bordée de platanes, une grande maison sévère, elle distingue le cimetière où ils reposeront un jour, côte à côte, dans un village de Provence.

– Au revoir, dit-elle en tendant la main. Il faut que je m'en aille.

Il s'incline, esquisse un baisemain.

– Au revoir. À bientôt.

Durant leur échange, Bill ne les a pas quittés des yeux. Tandis que l'homme s'approche de lui, il détaille la silhouette de Colette se dirigeant vers la sortie. Quel con, cet Olivier ! Jamais il n'a rencontré une femme aussi belle.

*

(Vendredi 16 juillet 1954)

« Un Rothschild qui n'est pas riche, pas juif, pas banquier, pas travailleur et qui ne mène pas un certain train de vie n'est pas un Rothschild. » Qui lui a dit cela sur le ton de la confidence amusée ? C'était avant-hier, dans un dîner guindé rue Spontini. Une pouffiasse du nom de Stein. Ou Strohein. Amédée s'interroge. Est-il antisémite ? Pas vraiment, décide-t-il. Mais une chose est sûre : tant qu'il y aura des Juifs, il y aura des antisémites. Et tant qu'il aura de l'argent à placer discrètement, ce sera ici, à la banque Rothschild.

La Vega grise quitte la rue Laffitte et s'engage dans la rue Rossini pour rejoindre le Palais Royal. En passant devant Drouot, Amédée songe à son rendez-vous. Après de longues hésitations, il s'est résolu à vendre le petit Delacroix, une « tartouillade » passablement craquelée représentant des Grecs en costume de palikares. Si tout se passe bien, il vendra ensuite le Cézanne et l'un des dessins de Michel-Ange. Devant le Carrousel, une 4 CV beige fait de l'obstruction. Amédée klaxonne violemment : autant en profiter, ça va être interdit le mois prochain.

Depuis la réapparition de Marcel, il y a trois ans, Amédée s'est enrichi au-delà de ses rêves en investissant dans la pierre. Un immeuble dans le Marais, un autre vers les Gobelins, trois appartements dans le 10e, des quartiers aux prix abordables. À Victor-Hugo, il a fait appel à Jean Royère, l'un des plus prestigieux décorateurs de Paris, qui lui a conçu un intérieur aux allures scandinaves, blond et épuré. Il a troqué sa Buick contre ce petit bijou qui respire le cuir et le bois rare, sans doute la première Vega à sortir des usines Facel. La grosse américaine faisait vraiment trop voiture de voyou. Comme Marcel Ducasse, le petit fumier. Que reste-t-il de lui ? Rien sans doute. Un squelette rongé par les rats jusqu'au dernier lambeau, un radiateur en fonte, une menotte beaucoup trop grande pour son maigre poignet. Amédée soupire. Il faudra bien, un jour. Jamais il n'a eu le courage de descendre voir ce qu'il était devenu : la cave lui fait peur. Mais aujourd'hui, il est grand temps : il mettra un masque, creusera un trou, le remplira de chaux vive. Dissous, le petit Marcel. Ensuite, il vendra Levallois à un promoteur. Ou il réalisera lui-même l'opération, on verra.

La Facel remonte à vive allure le boulevard Raspail. Amédée a rendez-vous au bar du Lutetia, il est en retard de dix minutes. Combien peut-il espérer pour le Delacroix ? À son avis, en salle des ventes, cela monterait à trente millions. S'il en tire six, il aura de la chance. J'aurai une cravate jaune avec des papillons, avait dit le type. Il l'a. Infecte. Amédée sort un *France-Soir* plié en quatre, son signe de ralliement.

– Joubert…

– Ormen.

Les deux hommes se serrent la main et s'installent dans le fond de la salle, déserte à cette heure. Amédée se demande si le choix du lieu revêt une signification secrète : c'est ici, dans les locaux de l'Abwehr, que se réunissaient il y a dix ans tous les caïds du marché noir.

Et c'est surtout ici qu'arrivaient les survivants des camps de concentration, ici que les familles venaient les chercher…

Joubert commande un Picon-Suze, Amédée un scotch à l'eau.

– Vous avez les photos ?

Amédée sort une dizaine de clichés. Joubert les examine avec attention.

– 1824 ?

– Probablement. Regardez à droite : je pense qu'il s'en est servi pour *Les Massacres de Scio*.

– De toute façon, dit l'homme en allumant une Boyard à l'aide d'un briquet en or, si c'est un faux, nous savons où vous trouver…

Amédée hoche la tête. À quoi riment ces menaces ? Et comment peut-on fumer ces cigarettes infâmes aussi grosses qu'un cigare ?

– Vous avez vu, élude-t-il en montrant le journal, Derain est mort.

Joubert hausse les sourcils.

– André Derain, le peintre !

– Ah !

Toi, mon coco, se dit Amédée, tu connais la peinture comme moi l'art pré-angkorien.

– C'est pour un de mes clients, explique Joubert. Un diplomate sud-américain. Je suppose que nous ne rencontrerons pas le vendeur ?

– Exact, répond Amédée. Il veut rester discret. Et il en veut dix millions.

Joubert saisit son verre, sirote du bout des lèvres. La cravate, la Boyard et le Picon-Suze, ce type est vraiment d'un ridicule achevé.

– Votre commission comprise, évidemment ? demande-t-il.

– Évidemment, rétorque Amédée.

Après une âpre discussion, les deux hommes se mettent finalement d'accord sur sept millions et demi. Payables par virement, en dollars, sur un compte UBS, en Suisse. Livraison du tableau à Lausanne, non encadré, roulé.

Joubert se lève, met les photos dans sa poche, sort un calepin.

– Je vous téléphone demain pour mettre au point l'opération. À quel numéro puis-je vous joindre ?

– Trocadéro 15 15. Facile à retenir, mais cher à obtenir.

– Alors à demain…

Amédée suit des yeux le bonhomme court sur pattes à la cravate jaune. Drôle de type. Il commande un nouveau scotch, éloigne le cendrier. Avec cet argent, il va pouvoir acheter deux ou trois appartements du côté de la Chapelle, là où les Alliés ont tout rasé au cours du bombardement de 1944. Ce soir, pour se récompenser, il ira dîner à La Lorraine, puis il se rendra au bal des bonniches, salle Wagram. Il trouvera peut-être une petite qui acceptera, contre un ou deux billets, quelques jeux érotiques de son invention.

Dans son verre encore plein, les glaçons ont fondu misérablement. Liquéfiés. Comme moi, songe Amédée. Quel âge a la petite, aujourd'hui ? 1942 à 1954, cela fait douze : douze ans ! L'envie le prend soudain de se rendre au Luxembourg, d'aller traîner discrètement entre les balançoires et le bassin, à la recherche d'une tête blonde. Delphine. Ils l'ont appelée Delphine. Dans quelques années, ce sera une femme et lui, il ne l'aura jamais connue enfant. Ressemble-t-elle à Amélie ? A-t-elle ce petit nez retroussé, ce teint de lait, ces yeux d'un bleu plus profond que la mer ? Il rêve parfois de sa sœur devant la grande cheminée de l'avenue Victor-Hugo. Elle a douze ans, lui quinze. Ils sont allongés sur le canapé de l'orangerie, elle se serre contre lui comme elle le fait depuis qu'elle a deux ans. On est dimanche, Mme Farge aura préparé les poulets dominicaux. On passera à table en se bousculant, Valentin se fâchera, il enlèvera son œil de verre et frappera sur son assiette. Jean-Noël dira : « Il est pas poli son œil. » À quoi Olivier répondra : « Mais les obus, si ! » Tout le monde rira sauf Mme Farge. Amélie cherchera sa main sous la table, la serrera fort.

Que nous est-il arrivé ? s'interroge Amédée en vidant son verre d'un trait. Que m'est-il arrivé ? Dans la famille Ormen, je demande le jeune homme qui adorait sa sœur et qui n'aurait pas dû.

– Un autre, Monsieur ?

Amédée acquiesce. Oui, un autre. Si le destin l'avait voulu, il aurait été autre. Mais il est Amédée, voleur, violeur et assassin. Et, curieusement, il ne s'en veut pas.

*

(Vendredi 17 juillet 1954)

Devant le Grand Véfour, rue de Beaujolais, le taxi attend depuis cinq minutes. Le chauffeur a laissé tourner son moteur et lit *L'Aurore* en suçant une pastille. Il ne possède pas de lumineux sur le toit, bien que ce soit désormais obligatoire : encore un nouveau règlement, et qui c'est qui va payer, hein ? La cliente sort du restaurant, une jolie cocotte, la quarantaine bien entamée, accompagnée d'un jeune homme à la mine sombre. Son gigolpince, ça ne fait pas un pli.

– Je te dépose ? entend-il.

– Non merci, Dadou, je vais marcher.

Pour ce douzième anniversaire de la rafle du Vél' d'Hiv', malgré la chaleur, David a revêtu un costume trois pièces gris anthracite. Pour la première fois, il a repoussé la traditionnelle enveloppe gonflée de billets. Il a réglé l'addition avec un chèque, laissé un gros pourboire. Dans deux ans, il sera notaire.

– Tout va bien, mon chéri ?

– Tout va bien. J'y réfléchis.

Odette s'installe à l'arrière du taxi. Il va y réfléchir, a-t-il dit. Cela veut dire oui. Comment pourrait-il lui refuser quoi que ce soit ?

– Rue du Pot-de-Fer, s'il vous plaît, au coin de la rue Mouffetard.

L'homme replie *L'Aurore*, se tourne vers sa cliente.

– Ça ne passera pas, ma petite dame. Je vous dépose place de la Contrescarpe, ça vous va ?

Cela lui va et elle s'en fiche. Durant le trajet, elle récapitule. Un, le notariat. Deux, convaincre David. Trois, convaincre Valentin. Quatre, attendre. Elle se cale dans un coin, fait rapidement les comptes. La transaction avec la mairie de Bagneux s'est bien terminée. Valentin est ravi, elle aussi : cinq cent mille francs de commission. Quant aux terrains de La Croix Valmer, elle sent un léger frémissement en faveur d'un passage en zone constructible. Mais peut-être faudra-t-il arroser au passage quelques plantes grasses.

Place de la Contrescarpe, la 203 s'arrête devant La Chope. Une bande de clochards traînent autour de la vespasienne, un type joue de la guitare, perché sur l'arrêt du 84. Odette a horreur de ce quartier. Comment Olivier peut-il se plaire dans un endroit pareil ?

Elle descend la rue Mouffetard, dépasse les 5 Billards, s'arrête à La Laiterie Parisienne pour acheter du beurre et un paquet de pain d'épice. Elle en sort, tourne à droite. Le 5, rue du Pot-de-Fer est un immeuble branlant ; les murs suintent, la cour est encombrée d'un bric-à-brac indistinct que personne ne songe à dégager. Elle monte les étages, la porte est ouverte, sans doute pour faciliter l'aération. Odette frappe, attend. On entend un bébé pleurer. Colette apparaît, l'enfant dans ses bras. Odette, attendrie, contemple son petit-fils.

– Bonjour, Colette.

– Bonjour, Odette. Entrez…

Les deux femmes s'installent près de la fenêtre, Colette propose un rafraîchissement. Grenadine ? Menthe à l'eau ? Odette a pris le petit Serge sur ses genoux, lui offre une tranche de pain d'épice.

– Alors ? demande-t-elle.

Odette a de l'estime pour Colette. Elle la juge courageuse. À son âge, comme elle, elle avait un enfant à charge et pas d'homme sur lequel compter pour l'élever.

– Nous allons divorcer, annonce Colette. Il est enfin d'accord.

Odette approuve. Avec toutes ces chanteuses et ces actrices qui lui tournent autour, Olivier a complètement perdu la tête. Quel gâchis… Depuis la fin de la guerre, les rapports avec son fils se sont réduits au strict minimum. Il ne vient jamais la voir à Fontenay, donne rarement de ses nouvelles. Qu'a-t-elle fait, pour qu'il tourne ainsi ? Il lui semblait pourtant l'avoir élevé comme il le fallait, une bonne éducation, comme les enfants Ormen.

– Il a toujours été comme ça ? demande Colette.

– Comme ça quoi ?

– Un papillon insaisissable, imprévisible…

– Toujours, répond Odette. Quand il était adolescent, il me rendait folle. Il découchait périodiquement, il me disait que c'était à cause des répétitions, que ça se terminait très tard, qu'il dormirait sur place. Il était perpétuellement fourré avec sa bande de communistes, le Prévert et sa troupe, le petit Mouloudji, un voyou celui-là, j'ai failli plusieurs fois aller voir la police. Puis il a quitté Fontenay, ça devait être début 1939, quand il a commencé à faire du théâtre et à jouer des petits rôles au cinéma. Il avait quinze ans, il était bien trop jeune pour tout ça. Mais si je le retenais, il fuguait aussitôt. Et puis après, avec la guerre, on ne s'est pratiquement plus vus.

Colette se lève pour remplir une carafe d'eau.

– Odette, déclare-t-elle en ouvrant le robinet, il faut que je vous dise : j'ai rencontré quelqu'un.

Odette fronce les sourcils.

– Quelqu'un comment ?

– Quelqu'un de bien. Qui m'aime. Je vais peut-être m'installer chez lui, avec Serge.

Colette revient s'asseoir, pose la carafe et la bouteille de menthe sur la toile cirée. Serge commence à s'agiter, Odette lui enfourne un gâteau dans la bouche.

– Il a une bonne situation ? demande-t-elle.

– Il travaille à Saclay, comme chercheur. Il a trente-six ans.

– Des enfants ?

– Divorcé. Un fils de quatre ans qui vit avec sa mère, à Nice.

Odette saisit son verre, verse de l'eau. Chercheur, qu'est-ce que ça veut dire ? Est-ce qu'il est fonctionnaire, au moins ? Cela étant, dix ans de différence, c'est juste ce qu'il faut entre un homme et une femme. Sans enfant, évidemment, ce serait mieux, mais c'est peut-être un bien : un frère aîné pour Serge, ça ne peut pas faire de mal. Elle acquiesce de la tête. La seule chose importante, c'est l'avenir de son petit-fils.

– Avec Olivier, vous avez parlé argent ? s'enquiert-elle.

Colette hausse les épaules.

– Il n'a que des dettes. Et puis, ça n'a pas d'importance. Roger est riche. Son père était administrateur de nombreuses sociétés. Il vient de mourir, Roger a hérité.

– Je suis désolée, dit Odette tout en pensant le contraire. Où habiterez-vous ?

– Je ne sais pas encore. Peut-être au Champ de Mars. Il possède un grand appartement avenue de Suffren.

Odette étudie la pièce. Les meubles, les murs. Pas vraiment un taudis, mais quelle pauvreté ! Son petit-fils mérite mieux.

– C'est bien, ma petite Colette. Je suis certaine que vous allez être heureuse. Il aime les enfants ?

– Beaucoup. Serge l'adore, ils jouent ensemble aux petites voitures.

– Bien, bien. Si vous avez le moindre problème avec Olivier, vous m'appelez.

Odette se baisse, tente de reprendre le petit dans ses bras. Serge se met à hurler.

– Bon, dit-elle, je vais vous laisser. Au revoir, ma petite Colette. Prenez bien soin de lui.

Les deux femmes s'embrassent du bout des lèvres. Odette descend l'escalier, traverse la cour. Dans la rue Mouffetard, une foule bigarrée monte et descend. Des légumes, de la viande, du poisson, c'est un marché à ciel ouvert. On se croise, on crie, on se bouscule près de la fontaine. Devant le 76, à la Maison pour tous, un homme fume un cigare torsadé. Il suit Odette des yeux, intrigué. C'est fou ce que cette femme ressemble à Olivier...

5

(Jeudi 10 mai 1956)

Sous un soleil citron, la bicyclette de Delphine remonte en ahanant la rue Soufflot. Elle dépasse la pharmacie Lhospitalier, contourne le Panthéon, s'engage dans la rue Clotaire. Au coin de la rue des Fossés-Saint-Jacques, un long garçon vêtu d'un duffle-coat traverse le carrefour en lisant une revue. Delphine freine violemment, le vélo entame un vol plané spectaculaire, elle se retrouve à terre, le nez dans les pavés.

– Ça va ? Vous n'avez rien ?

Le garçon l'aide à se relever. Sa jupe est déchirée, les socquettes tachées. Elle le dévisage, sourit.

– Olivier ?

Olivier cherche. Ce visage lui est vaguement familier.

– Delphine ! dit-elle.

Il sourit, relève la bicyclette.

– Mais bien sûr ! Ne m'en veux pas, mais tu as tellement changé !

Olivier déploie la béquille, regarde la fille. Deux nattes croisées sur le haut de la tête, un petit nez retroussé, des taches de rousseur, des attaches délicates, des yeux d'un bleu intense et pâle : quel mimétisme, pour une enfant adoptée ! Une vraie Ormen ! Quand l'a-t-il vue pour la dernière fois ? Il y a environ quatre ans, à Fontenay, c'était une vraie gamine.

– Et où va-t-elle, la petite Delphine ?

– Je vais à mon cours de dessin. Et vous ?

– Je vais à la boîte, rue Descartes.

– Quelle boîte ? demande-t-elle, impressionnée par sa rencontre.

Olivier ! L'ami de Mouloudji, de Boris Vian, l'ancien petit ami, d'après ce qu'on dit, de Juliette Gréco !

– Tu sais que j'ai ouvert un cabaret ? L'Heure Bleue, à côté de la librairie Plein Vent. Passe après ton cours, si tu veux...

– L'Heure Bleue ? Comme le tableau ?

– Oui. Je pensais que ça plairait à ma mère. Mais elle n'est jamais venue me voir.

– Et Picasso, le peintre, vous le connaissez ?

Olivier se met à rire. Elle est charmante.

– Un peu. Je l'ai rencontré à la fin de la guerre, chez des amis à lui, on jouait sa petite pièce, *Le Désir attrapé par la queue*, on s'était bien marrés. Je l'ai aperçu aux obsèques d'Éluard, il y a quatre ans, mais cela ne s'appelle pas connaître.

Delphine se hisse sur la pointe des pieds, l'embrasse maladroitement sur la joue.

– À tout à l'heure...

Olivier la regarde monter sur son vélo, tourner rue d'Ulm sa jupe flottant au vent. Quelle fraîcheur ! Il presse le pas. Rue de l'Estrapade, rue Thouin. À l'arrière du lycée Henri-IV, quelques élèves attendent en tenue de sport.

Les locaux de L'Heure Bleue sont situés dans une ancienne ferronnerie. Au-dessus de l'enseigne, Olivier a installé un cadran solaire, bleu, avec lune et soleil entremêlés, sur lequel est écrit « N'oublie pas de vivre ». Contre travaux à sa charge, il a signé un bail de six ans, à prix modique. Des fouilles dans le sous-sol ont permis de mettre au jour une large cave du XIIIe siècle communiquant par une échelle avec le rez-de-chaussée, ce qui permet aux artistes de se changer et d'entrer en scène de façon inhabituelle. Bill lui a offert un immense bar stocké depuis des décennies dans les greniers de La Mouff', meuble qu'il a fallu transporter sur deux charrettes à bras reliées l'une à l'autre. Brassens, plus économe de ses efforts, a donné un petit micro.

La salle est éclairée par le gaz de ville. Devant la scène, sommaire, des tables rectangulaires en bois brut. Le long d'un mur, des bancs à claire-voie, de vieux sièges de métro. Sur le mur opposé, quelques gradins surplombent l'ensemble de la salle.

Au terme de six mois d'activité, L'Heure Bleue vivote chichement, Olivier n'a pas de quoi payer les artistes. Lieu de rencontre insolite, familial et amical, son cabaret survit par les amis. Ceux de la première heure s'appellent Audiberti, un voisin qui n'hésite pas à monter sur scène, les frères Félix, André Schwarz-Bart, Robert Doisneau, François Truffaut, Serge Korber, Claude de Givray, Jean-Claude Carrière, René Fallet...

Pour la semaine en cours, Olivier a composé un programme de bric et de broc. Ricet, un ancien professeur d'éducation physique, Riffart, un cheminot à veste de cuir noir, qui débite des histoires cocasses vaguement chantées avec des airs de clochard inspiré, les marionnettistes Georges Tournaire et Bob Gouge, Jacques Florencie, amateur de Bruant et de Couté, Pauline Julien dans son petit chandail rouge et un Ostrogoth rustaud, Bobby Lapointe, ancien scaphandrier, qui chante mort de trac des textes incompréhensibles. Seul problème, les voisins. Et la licence. On ne sert pour l'instant que des jus de fruits et de la bière, en recommandant discrètement aux amis d'apporter leur bouteille d'alcool.

Lorsque Delphine arrive à L'Heure Bleue après son cours, Olivier est au piano. Ses traits sont tirés. La veille, après le spectacle, tout le monde est resté jusqu'à 3 heures du matin. Bobby était fin saoul, Truffaut et Givray emmerdaient tout le monde avec leur court métrage, Riffart pleurait ses amours perdues.

Cachée derrière un pilier, Delphine écoute. Il chante. Plutôt bien. La mélodie, répétitive mais envoûtante, accompagne un texte où il est question de blancs ruisseaux de Canaan et de sirènes. C'est beau.

– Tiens, tiens, mais c'est Delphine !

Olivier plaque un horrible accord, se lève, va l'embrasser. Il détaille à nouveau les traits de la jeune fille, les cheveux, les yeux. Très Ormen, tout cela. Odette aurait-elle raison ? Une fille illégitime de Pierre ? Difficile à croire.

– Un Coca ? propose-t-il.

Delphine examine les lieux avec curiosité. Pierre et Ariane sont venus une fois : à part le quartier, ils avaient trouvé ça bien.

– Comment vont tes parents ?

– Pas très bien. Papa est déprimé, ça déprime maman.

Delphine donne des nouvelles de Vaugirard : les jumeaux passent leur bac philo, toujours aussi insupportables, mais ils auront leur mention très bien, c'est réglé comme du papier à musique. Marie va venir jouer en France pour une quinzaine de jours, elle va sûrement passer, en coup de vent, comme d'habitude. Géniale, celle-là, mais complètement tarée.

– Et à Fontenay-aux-Roses ?

– Toujours pareil. Votre mère s'occupe beaucoup de grand-père Valentin, c'est vraiment bien de sa part.

– Après tout ce qu'elle lui a fait endurer, c'est la moindre des choses. Et tu peux me tutoyer.

– Oui, sans doute. Et vous ?

– Vous qui ? Vous quoi ?

Delphine bafouille :

– Heu, toi. Ça marche bien ? Vous ne regrettez pas le théâtre ?

– Un peu. Mais c'est comme ça. Et je n'ai plus le temps.

– Et votre femme ?

– On va se séparer, c'était une connerie. Elle a rencontré un type qui travaille au CNRS, un type sérieux, pas comme moi, un homme stable, qui veut l'épouser.

– Et votre fils, alors ?

– Serge ? Tout va bien. Elle le garde, bien sûr. Mais je pourrai le voir autant que je veux.

Delphine sirote son Coca. Quelle drôle de vie, les artistes…

– Vous ne chantez pas dans votre cabaret ? demande-t-elle. C'était bien, tout à l'heure.

– Non, des chanteurs comme moi, il y en a trop. J'ai honte d'être aussi mauvais. Avant-hier, il y avait Louki, un copain qui suit des cours de théâtre auprès de Roger Blin. Il chante aussi et il a honte, comme moi, mais pour d'autres raisons. Faire du cabaret, pour lui, à côté du théâtre, c'est la déchéance. Sa terreur : que Blin puisse le voir sur scène débiter ses petites chansons, comme celle des petits pois ! Et justement, avant-hier, Blin était là. À la fin de son tour de chant, au lieu de sortir, Louki est resté caché à la cave, en attendant que l'autre s'en aille. Sauf que Blin, il ne voulait pas partir ! Quand Louki s'est décidé à remonter, au bout d'une heure, Blin l'a traité de couillon en lui disant que sa chanson préférée était « *Ah ! les p'tits pois, les p'tits pois, ça s'mange pas avec les doigts* ».

– Mais je la connais, s'écrie Delphine, je l'ai entendue à la radio !

Olivier passe derrière le bar, se sert un grand verre d'eau.

– Tu vois, dit-il, ici, ce n'est pas un cabaret, c'est une pépinière, un potager où l'on fait pousser les talents. Ce n'est pas très ordonné, mais ça pousse.

Sur le pas de la porte, une voix retentit :

– Olivier, t'es là ?

L'homme s'avance vers le bar, une guitare à la main. Ses cheveux sont gominés, une fine moustache barre son visage.

– Salut, dit-il. On avait bien dit 17 heures ?

– Salut, Jacques. Je t'attendais. Je te présente Delphine.

L'homme les dévisage l'un après l'autre.

– C'est ta fille ? demande-t-il.

– Non, c'est un peu ma nièce.

Delphine rougit et murmure :

– Il faut que je rentre. Je suis en retard.

Olivier l'embrasse sur les deux joues.

– Salut, petite. Embrasse tes parents pour moi. Et reviens quand tu veux.

Delphine sort de L'Heure Bleue en se demandant pourquoi elle a rougi. C'est vrai, c'est un peu son oncle… Elle enfourche son vélo et rejoint la place de la Contrescarpe. Dès qu'elle sera rentrée, elle tentera de faire son portrait au fusain. Avec la mèche qui tombe et le grain de beauté. À la hauteur de l'église Saint-Étienne-du-Mont, une petite pluie de printemps se met à tomber. Delphine lève la tête pour avaler les gouttes et chante à tue-tête en dévalant la rue Soufflot. « Tu reviens quand tu veux », a-t-il dit. Elle reviendra. Dès qu'elle pourra.

*

(Samedi 12 mai 1956)

– Adjugé à Mme de Beaupré, pour six millions cinq cent mille ! Mes félicitations, madame !

Malgré les événements d'Algérie, les fortes hausses d'impôt et les menaces sur le franc, les prix de l'art poursuivent leur ascension. Quatre millions et demi pour la petite cathédrale de Monet, dix-neuf millions cent pour les *Cinq Baigneuses* de Cézanne ! Me Laurin a abaissé son marteau, David est aux anges : jamais il n'aurait pensé que le Miró puisse monter si haut. Bien plus haut que le montant de l'acompte pour la rue de Rivoli. Merci, Odette. Et merci, père.

– Lot n° 43, une sanguine de Renoir, 1912…

Odette et David sont arrivés trop tard pour trouver des places assises. Debout près de la porte d'entrée, Odette scrute la foule compacte. Peu d'habits, beaucoup de femmes sans chapeau, les usages se perdent. Au deuxième rang, un homme de haute stature discute avec une femme au profil chevalin. Blond, élégant. Odette sursaute, agrippe le bras de David. Amédée !

– Qu'est-ce qu'il y a, Dadou ?

– Non, rien…

Odette l'observe attentivement. Ses traits se sont empâtés, le cheveu se fait plus rare, il porte des lunettes. Il semble intéressé par la sanguine, enchérit discrètement par de légers hochements de tête. Odette se glisse derrière David. Quand a-t-elle vu Amédée pour la dernière fois ? Ce devait être mi-octobre 1941, il y a quinze ans, quand les Américains avaient bombardé Lille, juste avant qu'Amélie ne quitte Fontenay.

– On reste, Dadou ?

– Non, on s'en va.

Odette s'emploie à respirer profondément, à maîtriser les tremblements qui lui parcourent le corps. Avant de sortir, elle jette un dernier coup d'œil vers Amédée, qui continue à enchérir. Elle a souvent pensé lui faire payer ses saloperies, le retrouver, l'espionner, lui faire briser les deux jambes par des voyous. Mais ses rêves de vengeance n'ont jamais dépassé le stade des fantasmes.

Amédée, tout sourire, a indiqué d'un signe de tête qu'il ne monterait pas plus haut. Petit salopard, se dit Odette, tu es chez toi, ici, connu comme le loup blanc. Qu'est-ce que tu fous dans les salles de ventes ? C'est toi, ça ne peut être que toi. Non seulement tu as dénoncé Isaac et sa famille, mais en plus tu les as dévalisés, pillés, tu t'es acharné comme un charognard sur leurs cadavres.

– Viens, on s'en va.

Odette prend le bras de David, l'entraîne vers le hall. C'est lui, ça ne peut être que lui. Qu'a-t-il fait des tableaux ? Et *L'Heure bleue*, cette toile impossible à vendre, où est-elle ? Mon Dieu, si David savait qu'Amédée se trouvait à six mètres de lui...

En sortant de Charpentier, à l'angle du faubourg Saint-Honoré et de la rue de Duras, David ouvre son parapluie.

– Où va-t-on ? demande-t-il.

– Aux Panoramas, on sera à l'abri. Un thé, cela te dit ?

– Bonne idée.

Odette hèle un taxi, une Simca Aronde rutilante couleur crème.

– Arrêtez-vous un instant au coin de la rue Royale, puis nous irons boulevard Montmartre.

» Je fais un saut chez Pihan, confie-t-elle à David, ils font les meilleurs chocolats de Paris, Valentin les adore.

Après une courte halte, la Simca dépasse la place Vendôme, emprunte la rue des Pyramides, rejoint Richelieu-Drouot sans encombre : en ce samedi de mai, Paris s'est vidé.

Dans le passage des Panoramas, tout près de chez Stern, La Lanterne propose tous les thés du monde, assortis de madeleines douces au palais, de gâteaux aux noix et de fruits confits. Odette et David s'installent sur la minuscule terrasse, face au marchand de poupées.

– Content ? lance Odette.

David lui prend la main, en embrasse la paume.

– Plus que content. J'ouvre l'étude dans deux mois. Merci encore, Dadou. Je ne sais pas comment je pourrais te remercier pour tout ce que tu as fait pour moi. Tu es une fée !

Tu parles, songe-t-elle. Une vieille fée Carabosse, oui !

– Et ton mari ? demande-t-il en servant le thé. Monsieur Valentin, comment va-t-il ?

Un homme s'est retourné. Odette ajuste son chapeau. Était-ce elle qu'il regardait, ou le couple qu'elle forme avec David ?

– Pas bien. Sa maladie des os empire, il a du mal à se tenir debout. J'ai dû acheter un fauteuil roulant et engager une infirmière.

– Et ses affaires ?

– Je m'en occupe. C'est moi qui gère tous les papiers, les factures, les impôts... Je signe même ses chèques.

– C'est triste.

– C'est l'âge, David. La maladie. C'est comme ça. Prends une madeleine. Tu as des associés, je crois ?

– Un associé, Jean Feigel, tu sais, celui qui me cède des parts. Mais le plus dur commence, je vais devoir trouver mes propres clients.

Odette commande deux gâteaux et du thé de Ceylan. Elle ajuste son chapeau, respire profondément. C'est le bon moment, il faut s'appliquer.

– David...

– Oui ?

– Il faut que je te parle de quelque chose d'important. Pour toi. Valentin a soixante et onze ans, il est très malade, il n'en a plus pour longtemps.

– Mais Dadou…

– C'est comme ça, malheureusement. David, je voudrais que tu deviennes notre notaire. Valentin aimait beaucoup ton père, il n'a pas de notaire attitré depuis la mort d'Isaac, cela ne devrait pas poser de problème.

David saisit une madeleine. Les souvenirs remontent à la surface : les policiers français, les cris de sa mère, l'autobus, le Vél' d'Hiv'. L'idée de revoir un membre de la famille Ormen, ne serait-ce que Valentin, lui semble difficilement supportable.

– Tu es vraiment sûre que c'est une bonne idée ?

– Ça lui fera une joie immense de te savoir vivant. Revoir le fils de son vieil ami, toi qui lui ressembles tant, tu ne peux pas imaginer…

David tente de peser le pour et le contre. Comme dit Jean, il est bon d'oser, mais il faut doser.

– Mais les autres ? objecte-t-il.

– Tu ne les verras pas. Uniquement Valentin.

David hésite. Il faudra bien les revoir, un jour. À moins de confier la succession à son associé ?

– Je vais y réfléchir, Dadou.

– C'est cela, réfléchis !

Odette s'aperçoit qu'elle a parlé d'un ton un peu sec.

– David…

– Oui ?

– Si tu revois Valentin, je souhaite que tu ne parles pas de moi. De ce que j'ai fait pour toi. Cela doit rester strictement entre nous.

– Mais pourquoi ?

– Tu diras que Levitte s'est occupé de toi. Pas moi.

– Mais pourquoi, Dadou ?

Odette réfléchit. Oui, pourquoi ?

– C'est mieux comme ça. Tu le sais, je ne lui en ai jamais parlé. Pendant la guerre, c'est normal, personne ne devait être au courant. Pas même lui. Ensuite, j'aurais pu lui parler, mais je ne l'ai pas fait. C'est un peu tard, maintenant, il pourrait sûrement me le reprocher.

David la regarde attentivement. Curieuse bonne femme. Elle devrait pourtant être fière de ce qu'elle a fait.

– D'accord. Mais je ne t'ai pas dit oui. Je vais réfléchir.

Odette a rapproché sa chaise. Elle sent qu'il est temps de changer de conversation.

– Ton appartement, ça va ?

David a loué un grand studio rue de Thorigny, face à l'École des métiers d'art installée dans l'hôtel Salé. Le quartier est sordide, mais cela ne le gêne pas. Et le loyer est dérisoire.

– Tu me feras visiter ?

La main d'Odette s'est posée sur la cuisse de David. Troublé, il se dégage. Il n'ose pas imaginer que ce soit une avance. Elle est un peu sa mère. Et quel âge a-t-elle ? Cinquante ? Cinquante-cinq ?

– Il faut que je rentre à l'étude, Dadou. Je te tiens au courant pour Valentin.

– Bien sûr. Quand auras-tu le téléphone ?

– Dans deux ans, si tout va bien.

– Je vais m'en occuper. J'ai mes entrées aux PTT.

– Merci, Dadou…

– Allez, file…

David se lève, se penche, l'embrasse sur les deux joues. Odette le regarde s'éloigner vers la sortie de la rue Saint-Marc. Presque aussi grand que son père. Elle reprend une madeleine, la trempe dans le thé. Cela ne se fait pas, elle le sait. Mais il y a tant de choses qui ne se font pas…

*

Pierre a planché toute la matinée sur les comptes de la Sécurité sociale. Il referme la porte du bar du salon et déambule, pensif, un verre à la main. À l'image de son couple, l'état de l'appartement s'est encore dégradé. Il faudrait tout repeindre, abattre des cloisons, aérer tout cela. En attendant, dans une semaine, après avoir demandé un congé sans solde de trois mois pour convenance personnelle, il sera en Afrique avec un photographe de *Paris-Match*, afin de descendre le Niger depuis sa source jusqu'à Port Harcourt.

Une couverture posée sur les épaules, Pierre se rend sur le balcon afin de contempler les nuances gris-vert des feuillages du Luxembourg, son éternel Manet toujours recommencé. Fuir pour se reconstruire, c'est ce qu'il a trouvé de mieux. Sur la table monastère, il a posé la Bible dans laquelle il a retrouvé le passage qu'il cherchait, un texte de saint Matthieu concernant l'adultère : « Si c'est à cause de ta main droite que tu tombes dans le péché, coupe-la et jette-la loin de toi : il vaut mieux pour toi perdre un de tes membres que d'aller en enfer avec ton corps tout entier. »

Sur la rambarde noire, une tourterelle s'est posée, sans doute échappée de la cage de Mme Crié.

– Toi aussi tu t'es enfuie ? murmure-t-il en tendant la main.

L'oiseau recule devant la caresse, bat des ailes, s'envole. Pierre le suit des yeux, petite boule de plumes grises qui disparaît bientôt derrière l'orangerie.

– Bonjour, Pierre…

Il se retourne. Ariane, pieds nus, le rejoint sur le balcon.

– Tu vas prendre froid, dit-il en l'attirant vers lui.

Serrés l'un contre l'autre sous la couverture, ils contemplent les arbres du Luxembourg qui se balancent doucement sous un vent de printemps.

– C'est pour quand ? demande-t-elle.

– Jeudi en huit.

– C'est dangereux, j'en suis sûre…

– Mais non.

– Tu ne seras pas là pour le concert de Marie…

– Elle a promis de passer dans la semaine.

– Et pour le bac des jumeaux.

– Je ne m'inquiète pas pour eux.

– J'ai froid, dit Ariane, rentrons au salon.

Sur la longue table, près du dossier Sécurité sociale, les feuillets s'entassent : Pierre s'y installe de plus en plus souvent pour travailler. Il jette un coup d'œil sur le manuscrit, esquisse une grimace. En décembre dernier, contre toute attente, Albin Michel a raflé la mise avec *Les Eaux mêlées* d'Ikor. L'année précédente, Beauvoir l'a coiffé au poteau avec ses *Mandarins*. Le Goncourt ressemble à une savonnette qui lui glisse entre les mains, hiver après hiver. Et, pour couronner le tout, il a perdu le manuscrit de *La Vive*, son dernier roman, oublié dans le métro à un mois de son départ !

Ariane dépose un disque sur le pick-up, allume deux cigarettes. Une blonde pour lui et une brune pour elle.

– Tu as vu Camus, hier ? Qu'est-ce qu'il a dit ?

– On a déjeuné chez Chéramy. Il met en scène Faulkner, pour septembre, aux Mathurins. On a beaucoup parlé de l'Algérie.

– Et *La Chute* ?

– C'est sorti il y a une semaine. Il n'en a pas parlé.

Pierre ment. Ils en ont longuement discuté. Pierre s'est même demandé s'il n'avait pas servi quelque peu de modèle : le Jean-Baptiste du livre lui ressemble furieusement, ce talent d'orateur, ces tourbillons de gloire, cet égoïsme de bon aloi et cette chute soudaine qui s'amorce un jour sur un pont de Paris. Sa chute à lui, c'était en 1942, un 16 juillet. Est-ce pour aller crier dans le désert, comme Jean le Baptiste, qu'il part pour le Niger ?

– Et toi, avec Françoise ? réplique-t-il afin de changer de conversation.

Ses succès littéraires lui ont ouvert des portes. Celles de *L'Express* notamment, dont il partage les prises de position en faveur de l'Algérie et dans lequel il signe parfois en compagnie de Camus, Sartre et Mauriac. À l'occasion de quelques dîners, Ariane s'est rapprochée de Françoise Giroud, la femme de Servan, délaissant Beauvoir, qu'elle ne trouve plus suffisamment impliquée dans le combat en faveur des femmes.

– Elle m'a commandé un papier sur le contrôle des naissances, pour le numéro de début juillet. Tu sais combien de femmes avortent clandestinement chaque samedi ?

– Non. Pourquoi le samedi ?

– Parce qu'il y a le dimanche pour se reposer et qu'il faut aller travailler le lundi. Deux mille, Pierre, deux mille femmes qui tombent chaque semaine dans l'escalier. Ça ne peut plus durer.

– Tu y arriveras, chérie. Tu seras plus grande que Simone et Françoise réunies. Et on n'oubliera pas ton prénom.

Ariane sourit tristement à cette évocation des jours heureux. Comme il est loin, ce petit matin. Un élan de tendresse la fait frissonner. Ils seraient si bien ensemble, si seulement il le voulait bien.

– Je m'habille, dit-elle. Tu m'emmènes déjeuner ? Après un tour au Luxembourg ?

– Bien sûr, chérie…

*

Dans l'allée des marronniers, des chèvres attelées promènent lentement des petites filles modèles. Parterres semés de pâquerettes. Colombes et tourterelles sur les statues de pierre. Pierre et Ariane, main dans la main, déambulent sous un ciel radieux, s'approchent des chevaux de bois.

– Marie, tu te souviens ?

– Oui.

La petite était tombée, on avait arrêté le manège, elle n'avait pas pleuré, elle était aussitôt remontée sur son cheval. Tous les parents présents l'avaient applaudie. Pierre contemple son royaume : le palais, l'orangerie, l'observatoire que l'on aperçoit au loin. Existe-t-il plus bel endroit à Paris ? Près de Valentine Visconti, l'épouse de Louis Ier, deux fauteuils se sont libérés. Des vingt reines de la terrasse, avec son livre à la main, c'est celle qu'il préfère. Mme Ticket, la chaisière que les jumeaux faisaient tant enrager, trottine vers eux d'un pas fiévreux. Les deux chaises réunies, les visages proches l'un de l'autre, Ariane et Pierre s'abandonnent au soleil. Elle cherche sa main, la trouve, la caresse doucement. Les yeux fermés, elle imagine le regard des passants se posant sur eux : le tableau de l'amour tendre et éternel.

– Tu m'écriras ?

– Oui. Toutes les semaines. Disons dès que je pourrai.

Sur le plan d'eau, un petit garçon portant une culotte tyrolienne suit son voilier des yeux. Pas un souffle. Le bateau s'immobilise près du jet d'eau. Il faudrait du vent, pense Pierre. Et un puissant jet d'eau pour laver mes plaies.

– Tu sais, dit Ariane, avec l'association, ça avance vraiment. Quand tu reviendras, La Maternité heureuse sera pratiquement en route.

– C'est bien.

– Et j'aurai installé ton bureau dans la chambre de Marie, tu veux bien ? Je vais la repeindre. En gris clair. Et poser des étagères.

– Oui, chérie…

– Où va-t-on déjeuner ?

Pierre consulte sa montre.

– Aux Charpentiers, ça te va ?

– Tout me va, répond Ariane. Et tu fais le guide pendant la promenade, d'accord ?

Pierre et Ariane sortent par Saint-Michel, descendent la rue de Médicis la main dans la main. Au milieu de la rue de Condé, Pierre s'arrête devant le Mercure de France.

– Sais-tu, dit-il à Ariane, que Paul Léautaud habitait Fontenay-aux-Roses ? Il prenait la ligne de Sceaux tous les jours pour venir travailler ici. C'était dans les années 1935, j'ai dû le croiser des centaines de fois, voyager près de lui sans savoir qui c'était !

Pierre aime raconter le bouillonnement littéraire qui anime le quartier depuis des décennies. La librairie Shakespeare and Company – rue de l'Odéon – où Hemingway déboula en août 1944, revolver à la ceinture ; le magasin de musique du frère de Vian, rue Grégoire-de-Tours ; la cour de Rohan, où le peintre Balthus louait durant la guerre son appartement à Georges Bataille. Le Flore et sa salle de classe au premier étage ; l'hôtel La Louisiane, le meublé minable de Sartre et Beauvoir entre 1943 et 1946 ; l'hôtel de Nice, rue des Beaux-Arts, où habitaient Henri Crolla et Mouloudji ; l'appartement des Desnos, rue Mazarine. Au milieu de la place Saint-Sulpice, les quatre prédicateurs en bronze de l'affreuse fontaine contemplent les pigeons d'un air désabusé.

– Regarde là-bas, dit Pierre en désignant du doigt l'immeuble du 36, rue Saint-Sulpice ; derrière ces fenêtres, il y avait un lupanar pour ecclésiastiques, recommandé par l'archevêché.

Il entraîne sa femme vers la rue des Canettes, s'arrête devant une maison délabrée.

– Là, reprend-il, le rez-de-chaussée et l'entresol abritaient un salon de lecture où venait souvent Balzac, vers 1860. Et là, tu vois cet hôtel minable ? Il est tenu par Céleste Albaret, la gouvernante de Proust et son mari Odilon, l'ancien cocher de l'écrivain. Et là…

– Pierre ! Oh ! Pierre !

De l'autre côté de la rue, Georges Abbe et sa femme, Minouche, discutent sur le pas de la porte. Ils le hèlent à nouveau.

– Allez, viens !

Le Comptoir des Canettes est une épicerie-buvette où se retrouvent artistes et intellectuels du quartier, ainsi que quelques ménagères à court de pâtes, de jambon ou de boîtes de cassoulet. La fumée y est telle qu'on n'y voit pas à trois mètres. La buvette est bondée, Pierre repère Hugues Aufray à côté de sa sœur, ainsi que Monique Morelli drapée dans son écharpe rouge, attablée en compagnie de Maurice Fombeure. Georges frappe sur le bar, réclame le silence.

– Mesdames, messieurs, on salue l'écrivain…

La salle se déchaîne : « Ormen, on t'aime », « Une chanson, une chanson ! »

– … qui finira un jour à l'Académie française !

– Ouh ! Ouh ! Ormen, à la trappe !

– Minouche, dit Georges, un petit whisky pour l'écrivain. Et pour la dame, qu'est-ce qu'on lui sert ?

– Un café, s'il vous plaît.

Ariane, estomaquée, détaille les lieux. Des glaces fatiguées, un long bar en zinc, des chaises dépareillées, des banquettes déglinguées où s'entassent des êtres chevelus s'engueulant copieusement. Voici donc l'un des points de chute de Pierre. Combien y en a-t-il, des endroits comme celui-là, sur le chemin qui mène de la rue Cambon à la rue de Vaugirard ? Et surtout, vient-il ici avec les autres ? L'euphorie de la promenade disparaît brusquement, elle se sent vide et transparente, totalement déplacée. Elle avale son café, repose la tasse. Sa main tremble légèrement.

– Pierre, je sors, il y a trop de monde, je t'attends dehors.

Dans la rue des Canettes, le soleil éclabousse les numéros impairs. Ariane traverse la rue pour rechercher de l'ombre, s'assied sur le bord du trottoir, désemparée. Pierre, un verre à la main, discute avec Minouche. Ariane ferme les yeux, tente d'imaginer à quoi peut ressembler la source du Niger. Vivement qu'il parte. Et aussi qu'il revienne.

*

(Dimanche 13 mai 1956)

Sur le terre-plein du carrefour de l'Odéon, le père Léon fait exploser ses énormes chaînes en gonflant ses biceps, son visage cramoisi ruisselant de sueur. Delphine ne s'arrête pas : le spectacle ne l'amuse plus. Parvenue à Mabillon, elle bifurque vers le marché Saint-Germain, hésite à voler une pomme à la sauvette, rejoint la rue Guisarde pour retrouver son magasin préféré, une minuscule devanture perchée en haut de trois marches dans laquelle des poupées entourées de dentelles reposent dans de petits lits en fer. Rue des Canettes, devant La Polka des Mandibules, la marchande des quatre saisons aligne ses poireaux. Delphine s'attarde un moment devant les vitrines du réparateur de jouets et du vendeur d'automates, traverse Saint-Sulpice, remonte la rue Garancière. Elle passe devant Plon, rejoint la rue de Vaugirard en s'obligeant à ne pas marcher sur la bordure des dalles. Mme Crié a mis son écriteau « La concierge est dans l'escalier ». Sauf que, dans l'escalier, elle n'y est pas. Au troisième étage, Delphine perçoit le son d'un violon. Marie ! Marie est là ! Elle sort la clef, sa clef personnelle qu'elle a enfin réussi à obtenir des parents. Au moment où elle ouvre la porte du palier, le violon s'arrête. Delphine accroche son manteau à la patère, se rend dans le salon.

Sa sœur est allongée sur le canapé, jupe retroussée jusqu'à mi-cuisses. Elle a posé le violon sur la table basse et allume un petit cigarillo.

– Marie !

Delphine s'approche, intimidée. Marie a beaucoup changé, c'est presque une dame.

– Te voilà, toi ! Ça fait combien de temps qu'on ne s'est pas vues ? Un bail ! Et les parents, ils sont où ? Cela fait une demi-heure que j'attends !

– On s'embrasse ?

– Bien sûr qu'on s'embrasse.

Marie se lève, dépose un rapide baiser sur la joue de sa sœur.

– Alors, les parents ? J'ai rendez-vous à 18 h 30 !

– Ils ne vont pas tarder, Marie.

– J'espère bien. Tu as quel âge, maintenant ?

– Bientôt quatorze.

Marie l'examine, lui demande de faire un tour sur elle-même.

– Tu fais plus, dit-elle. Tu as un amoureux ?

Delphine pique un fard.

– Laisse, je plaisante. Assieds-toi. Comment ça se passe, entre Pierre et Ariane ? J'ai cru comprendre qu'il y avait de l'eau dans le gaz.

Delphine soupire. Ce n'est pas de l'eau dans le gaz, ce serait plutôt une allumette au-dessus d'une caisse de dynamite.

– Papa ne va pas bien, on ne sait pas ce qu'il a. Maman prétend que c'est la quarantaine, que ça lui passera.

Marie écrase son cigarillo dans un cendrier, se lève, inspecte la pièce.

– C'est nouveau, ça !

– C'est un électrophone. Ils viennent de l'acheter. Ça marche avec des microsillons.

Marie passe en revue les pochettes, sort un disque. *Sonate pour violon n° 9 en la majeur « À Kreutzer »* op. 47 de Beethoven. David Oïstrakh. Et elle, alors ? On n'achète pas ses disques ?

– Je prendrais bien un petit verre, dit-elle. T'as quoi ?

– Il y a du porto, hasarde Delphine.

– Parfait. Sers-moi un porto. Et parle-moi des jumeaux. Toujours aussi débiles ?

Delphine sort le flacon, un petit verre en cristal.

– Ils passent leur bachot philo dans un mois. Ils s'engueulent tout le temps pour des choses politiques. Et avec les parents, qui refusent de leur prêter l'appartement pour des surprises-parties.

Marie hausse les épaules, vide son verre d'un trait. Des surprises-parties ! Elle se ressert, va s'asseoir sur le bras du canapé.

– C'est vrai, pour le serpent ? demande Delphine.

– Monsieur Georges ? Mais oui. Je l'ai laissé à New York pour qu'il peaufine son anglais ! Bon, ça commence à bien faire. Je vais me tirer.

– Mais non, Marie, je t'assure, ils vont arriver…

– Tu parles ! Que je sois là, ils en ont rien à fiche !

– Tu exagères. Ils vont te voir à chaque concert quand tu viens à Paris. Toi, par contre, tu ne fais pas beaucoup d'efforts.

– Des efforts ? Quels efforts ?

Delphine commence à s'énerver. « Assieds-toi ! Je me tire ! Sers-moi un porto ! » Sa sœur n'a pas changé, toujours aussi égoïste.

– Tu ne penses qu'à toi ! Tu ne viens jamais voir les parents. Tu ne dis jamais merci, tu ne dis jamais s'il vous plaît, tu débarques sans prévenir, tu n'as aucune considération pour eux. Après tout ce qu'ils ont fait pour toi !

Marie blêmit. Pour qui se prend-elle, cette péronnelle ?

– Quoi ? Qu'est-ce qu'ils ont fait pour moi ? Je me suis faite toute seule, tu entends, toute seule !

– Ah oui ? Et les leçons de violon ? Et le Conservatoire ? Les soirées passées à écouter tes jérémiades, à te passer tous tes caprices !

Marie se dresse, furieuse. Elle balaie d'un revers de main le verre de porto, qui se fracasse sur le carrelage.

– Et toi, tu m'emmerdes ! Toi aussi, ils ont tout fait pour toi. Les parents, c'est fait pour ça. Et puis, toi, t'es même pas leur fille !

Delphine se fige, pétrifiée.

– Tu le sais pas ? Tu es une fille adoptée, ma petite vieille. Recueillie par charité.

Delphine est abasourdie. C'est impossible, sa sœur plaisante...

– Tu te crois drôle ?

– Pas du tout. C'est la vérité. Tu es une petite Juive, tes parents, les vrais, ils s'appelaient Bronstein, ils sont morts dans un camp, c'est la concierge qui me l'a dit. Et les miens, tu leur diras que je suis passée !

La porte s'ouvre, la tête d'Odile apparaît derrière la porte.

– Tout va bien, Mademoiselle ?

Marie la foudroie. Oui, j'ai fait une connerie. Mais de quoi je me mêle ?

Odile observe les deux sœurs qu'elle a connues bébés. Le porto sur le sol menace le tapis. Marie saisit sa veste, son sac, la bouscule sans ménagement. On entend claquer la porte palière. Odile s'approche de Delphine, lui pose une main sur l'épaule.

– Ce n'est rien. Je vais nettoyer. Et ne vous en faites pas. Votre sœur crie très fort, mais c'est vite oublié.

Delphine la dévisage avec stupéfaction.

– Oublier ? Après ce qu'elle m'a dit ?

– Mais qu'est-ce qu'il y a, Mademoiselle Delphine ?

– Elle est folle, n'est-ce pas ? Hein, Odile, elle est complètement folle ?

Odile se penche, remet en place une mèche rebelle sur le front perlé de sueur. Bien sûr, Mademoiselle Marie est bizarre, mais ce n'est pas à elle de le dire.

Delphine renifle, sort son mouchoir.

– Quelle heure est-il ?

– Cinq heures et demie, Mademoiselle. Vous avez pris votre petit quatre-heures ? Vous voulez du chocolat ?

– Non merci, Odile. Je vais dans ma chambre faire mes devoirs à la con.

Tandis qu'Odile ramasse les débris de verre, Delphine rejoint sa chambre, ferme soigneusement la porte. Elle s'allonge sur son lit, ferme les yeux, tente de calmer ses tremblements. Sa sœur est folle, tout le monde sait ça. Mais si c'était vrai ?

*

– Qui t'a dit ça ?

Ariane et Pierre sont rentrés vers 18 heures, sans les jumeaux. Delphine s'est précipitée dans l'entrée, s'est mise à hurler. « Alors c'est vrai ? Vous n'êtes pas mes vrais parents ? »

Pierre et Ariane, atterrés, ont tenté de la calmer. L'ont conduite au salon, ont fermé les portes. Pierre s'est servi un énorme whisky.

– Qui t'a dit ça ?

– Marie. Elle est passée. Et elle est repartie. Pas le temps d'attendre !

– Qu'est-ce qu'elle t'a raconté, exactement ?

Ariane a passé un bras autour du cou de sa fille.

– Que je n'étais pas votre fille. Que j'étais la fille des gens qui habitaient au-dessous, les Bronstein.

Ariane sursaute

– Quoi ? Mais elle est folle !

Delphine respire. Elle le savait ! Sa sœur a raconté n'importe quoi. Mais pourquoi ? C'est vraiment dégueulasse !

Ariane se dégage, allume deux cigarettes. Une blonde et une brune. Sa main tremble légèrement.

– Delphine ?

– Oui ?

– Il faut que nous parlions. Ton père et moi avons des choses à te dire.

Delphine se fige. Elle regarde ses parents alternativement. Ariane est parfaitement calme ; son père a pâli, il gratte le dos de sa main avec un crayon.

– Des choses sur quoi ? Sur ma naissance ?

Ariane tapote un coussin.

– Viens ici, chérie, on va t'expliquer. Pierre, tu veux le faire ?

– Non, vas-y.

Ariane inspire longuement. Respirer. Trouver les bons mots, ceux qu'ils ont répétés si souvent avec Pierre.

– Voilà. Tu es née pendant la guerre, en juillet 1942.

– Je sais !

– C'était une période très difficile, douloureuse. Beaucoup de femmes avaient perdu leur mari, ou bien ils étaient prisonniers en Allemagne. Dès qu'il faisait nuit, il y avait le couvre-feu, on n'avait pas le droit d'être dans la rue. Un soir, nous rentrions ton père et moi, par la rue Garancière. Et nous avons entendu un bébé pleurer, à l'angle de la rue de Vaugirard. Nous nous sommes approchés, le bébé reposait dans une petite caisse en bois, enveloppé de chiffons.

Delphine attend la suite. Sa rage a disparu mais son cœur va éclater.

– C'était moi ? souffle-t-elle.

– C'était toi. Nous ne savions pas quoi faire. Nous aurions pu passer voir le curé de Saint-Sulpice, mais il était trop tard, il fallait rentrer. Alors, nous avons pris la caisse et nous sommes montés à l'appartement. Les jours suivants, nous avons tenté de savoir d'où tu venais, qui tu étais, mais personne ne savait quoi que ce soit dans le quartier. Ton père est allé chercher du lait à Fontenay, nous nous sommes occupés de toi, tu étais si jolie. Après, il a fallu décider. La seule solution, c'était l'Assistance publique.

– Et alors ?

– L'Assistance, c'est horrible. On ne peut pas faire cela à un enfant. Ton père et moi, nous avons décidé de te garder. Nous avons décidé que tu serais notre fille, comme Marie, comme les jumeaux.

Delphine s'est mise à pleurer. Ariane aimerait la prendre dans ses bras, mais elle n'ose pas, de peur de se voir repousser.

– C'est pas vrai ! crie Delphine. Pourquoi Marie a-t-elle dit que j'étais la fille des Bronstein ?

– Je ne sais pas, ma chérie. Ce sont des bruits qui ont couru. Des gens ont pensé que nous avions pu sauver le bébé d'Esther, au moment de l'arrestation. Une petite fille, qui s'appelait Rebecca. Mais ce n'était pas toi, ils l'ont emmenée, n'est-ce pas, Pierre ?

Delphine serre les dents.

– C'est dégueulasse !

– Mais, ma chérie, il n'y a rien de changé. Tu es notre fille, notre amour. Pierre, dis quelque chose...

Pierre est livide. Il bafouille, cherche ses mots. L'évocation du bébé Bronstein lui ravage le cœur. La nuit chez Mireille. Et cette matinée d'horreur, à son retour.

– Mais si, tout a changé, vous m'avez menti !

Delphine se lève, quitte la pièce en pleurant. Pierre prend sa femme dans ses bras, la berce doucement.

– Tu as été très bien.

– Je ne sais pas. Je n'ai pas l'impression d'avoir été très convaincante.

– Mais si, chérie. Je te remercie. Je n'aurais pas pu le faire. Tu penses qu'elle va s'en remettre ?

– Je l'espère.

– On retourne la voir ?

– Non, attendons un moment. Tout à l'heure. Tu sais, je me demande si nous avons eu raison. Imagine qu'Amélie veuille un jour voir sa fille, qu'est-ce qu'on fera ?

Pierre allume l'électrophone, pose un disque sur le plateau.

– La *Kreutzer*, ça te va ?

– Je m'en fous. Qu'est-ce qu'on fera ?

– Rien, répond-il. Aucun danger. Elle n'en a pas parlé en quatorze ans de clinique. Elle n'a jamais eu d'enfant.

– Le Ciel t'entende. C'est Marie ?

– Non, c'est Oïstrakh.

– Tant mieux. Celle-là, il va falloir que je lui dise deux mots…

Pierre contemple sa femme qui s'est laissée tomber sur le canapé. Il perçoit sa souffrance devant l'inévitable aveu, la nécessité de mentir. Il imagine sa peur d'être rejetée, de ne plus être la mère de sa Delphine chérie. Ariane, sa femme. Volontaire, courageuse, belle, équilibrée. Pourquoi n'arrive-t-il pas à l'aimer comme elle le mérite ? Des bouffées de tendresse lui montent au visage. Se fondre en elle, respirer ses cheveux, embrasser ses yeux. À son retour d'Afrique, tout ira beaucoup mieux.

*

(Lundi 14 mai 1956)

– « *Ta Katie t'a quitté, tic tac, tic tac* »…

Delphine a poussé la porte de L'Heure Bleue, abandonnant sa bicyclette contre le rideau de fer de la librairie Plein Vent. Elle s'avance silencieusement dans la semi-pénombre, contourne le pilier, dépose son manteau sur le bar et va se jucher sur un tabouret. Dans les gradins, tout en haut, au dernier rang, Olivier écoute un type qui chante bizarrement, le pied posé sur une chaise, en s'accompagnant à la guitare.

– « *Ta tactique était toc, tic tac, tic tac* »...

Delphine s'avance vers la lumière.

– Olivier...

– Oui ?

– C'est moi... C'est Delphine...

Olivier se lève, descend, traverse la salle. Le type à la guitare s'est arrêté de chanter.

– Bon, dit-il placidement en posant l'instrument sur la chaise, je vais à La Chope, je repasse tout à l'heure.

Delphine se jette dans les bras d'Olivier, se met à pleurer.

– Qu'est-ce qui se passe, mon petit chat ?

Delphine raconte, secouée par les hoquets. La visite de Marie, hier après-midi, cette histoire de Bronstein, la réponse de ses parents, la petite caisse en bois, l'horreur. Olivier est atterré.

– Calme-toi...

Delphine ne peut pas. Sa poitrine se soulève, elle s'agrippe à lui. Ils lui ont menti pendant des années, ils continuent à lui mentir, elle en est sûre, elle ne sait plus quoi penser, elle ne sait plus qui elle est.

– Tes parents savent que tu es là ?

– Non, c'est l'heure de l'école. J'ai séché les cours. Tu le crois, toi, que je suis juive ?

Olivier l'observe, interloqué. Juive ou pas juive, elle fait quand même plutôt Ormen, la petite !

– Franchement non.

– Et tu crois que j'ai été abandonnée dans la rue, comme un petit chien, par des gens dont on ne sait rien ?

– Je ne sais pas, Delphine. Calme-toi.

Il tente de rassembler ce qu'il sait de cette histoire dont l'évocation reste totalement taboue dans la famille. Le bébé Bronstein ? Peu probable. Ce qui est certain, c'est qu'Ariane n'était pas enceinte. Et qu'il a toujours été question d'un bébé adopté, sans que Pierre et Ariane n'apportent la moindre précision. Quel bordel !

La tête de Delphine repose sur son épaule. D'un doigt, il essuie les larmes qui coulent sur la joue.

– Olivier, je n'ai plus confiance en eux. Ils m'ont menti. Pour que je ne sois pas une petite juive, ils ont inventé cette histoire de bébé abandonné. Je ne veux plus les voir, jamais, je reste avec toi.

Olivier, suffoqué, tente de se dégager.

– Attends, attends. Pas si vite. S'ils t'ont menti, ce qui m'étonnerait, c'est par amour. Ils t'ont aimée, ils t'aiment...

– J'ai plus confiance...

Olivier la prend par les épaules, la regarde dans les yeux, secoue la tête. Sa mère a raison : cette famille Ormen ne peut vivre que dans le drame. Il ricane intérieurement. Une bâtarde, comme lui ? Et alors ?

– Écoute-moi bien, petite. Un : tu as des parents qui t'aiment. Deux : tu as quel âge ? Quatorze ans ? Tu ne peux pas vivre sans eux. Trois : je vais te dire ce que je pense. Admettons que ta sœur ait raison, ce dont je ne crois pas un mot. Dans ce cas-là, tu as de la chance. Tes parents, tu sais qui c'est : ils t'ont abandonnée pour te sauver. Moi, je suis un bâtard. Mon père ne sait même pas que j'existe, et je ne sais même pas qui c'est. Alors je vais te donner de l'argent, tu vas acheter des fleurs, rentrer chez tes parents et les embrasser comme ils le méritent, d'accord ?

Delphine renifle abondamment, se colle contre lui. C'est doux comme une maison. Elle ignorait qu'il n'avait pas eu de père, elle est heureuse, cela les rapproche encore un peu plus.

– D'accord ? répète Olivier. C'est promis ?

– D'accord. Mais je pourrai revenir ? Quand je voudrai ?

– Bien sûr. Excuse-moi un instant, il y a quelqu'un. C'est toi, François ?

– Oui, dit une voix depuis la porte. Tu n'as pas vu Claude ?

– Pas vu.

– Bon, à ce soir…

Olivier se tourne vers Delphine.

– Tu as vu ce type ? Il est comme moi, comme toi : né de père inconnu. Et ça ne l'empêchera pas de percer dans le cinéma. Tu comprends ? Ta vie, elle est devant, pas derrière.

– Oui.

– Alors, ces fleurs, c'est pour aujourd'hui ou pour demain ?

Delphine enfile son manteau. Elle renifle, hoche la tête. S'il en existe en cette saison, elle achètera des chrysanthèmes.

*

(Vendredi 8 juin 1956)

Dans la chambre aux rideaux tirés, Ariane a posé le transistor emprunté aux jumeaux et s'est allongée sur le lit, paquet de cigarettes à portée de main. Sur la Chaîne nationale, Robert Laulan a invité Pierre dans le cadre de son émission *Deux Minutes à livre ouvert*, interview réalisée début mai et programmée en différé. Pierre ne s'entendra pas : il est déjà là-bas depuis près de trois semaines, à mille lieues de la civilisation. Et elle n'a pas encore reçu la moindre lettre.

Elle consulte sa montre, règle le volume de la radio, cale sa nuque sur un oreiller. Dans la pénombre de la chambre, sur leur lit, il va être près d'elle et pourtant si loin.

– Pierre Ormen bonjour, merci d'être avec nous en cette fin d'après-midi, je sais que vous êtes très occupé.

– Merci à vous de me recevoir.

– Vous êtes Pierre Ormen, Compagnon de la Libération. Vous avez quarante-quatre ans, vous êtes marié, vous avez quatre enfants. Vous avez publié il y a un an votre sixième roman, *Les Ailes des anges*, chez Gallimard, dont on parle beaucoup pour les prix de fin d'année. Vous menez parallèlement une brillante carrière à la Cour des comptes. Première question : comment faites-vous ?

– Il n'y a pas de secret : je dors très peu. Trois heures par nuit me suffisent amplement.

– Votre fille, Marie Ormen, est une violoniste de renommée mondiale. Y a-t-il un secret génétique dans la famille Ormen ?

– Je ne crois pas. Mais je suis beaucoup plus fier de ma fille que de ma propre trajectoire. Son violon pèse plus lourd que tous mes livres réunis.

– Votre famille, c'est important ?

– C'est toute ma vie.

– Quel sera le thème de votre prochain livre ?

– Le prochain va sauter son tour ! J'ai égaré le manuscrit dans une rame de métro. Sans mention d'auteur, sans adresse.

– Diable, quelle aventure ! Je me souviens de Jean Genet dont Gallimard, votre éditeur, avait perdu son *Pompes funèbres*, c'était un véritable drame. Que se passerait-il si, par extraordinaire, quelqu'un s'en octroyait la paternité, y avez-vous déjà pensé ?

– Je pense que je le lirais avec un œil neuf. Ce serait intéressant.

– Dans *Les Ailes des anges*, le héros est confronté à un choix cornélien. En projetant d'assassiner l'officier allemand, il sait qu'il risque de provoquer la mort de vingt-cinq otages. Ce thème du dilemme revient souvent dans vos écrits...

– C'est ce que j'appelle la part du diable. Chacun de nos actes, les plus lourds comme les plus anodins, possède sa part d'ombre, son choix contraire. Son jour et sa nuit.

– Quoi que nous fassions, nous serions donc toujours plus ou moins coupables ?

– D'une certaine façon. Il n'existe pas d'acte lumineux. Heureusement, oserais-je dire. Car, sans ombre, il n'y a pas de lumière.

– Et vous, Pierre Ormen, êtes-vous coupable ? Et si oui, de quoi ?

– Je ne peux pas vous inviter dans ma maison intime. Mais oui, je suis coupable. Je suis l'enfant de mes faiblesses, de mes petites lâchetés, de mes mensonges par omission…

– Toujours ce masochisme à fleur de peau, dans toutes vos interviews. C'est de la provocation ?

– C'est ce que vous me demandez. Ce que je suis, ce que je pense.

– Admettons. Et comment vivre, alors, avec ce sentiment de culpabilité ?

– Il faut faire les comptes, perpétuellement. Comme vous le savez, *Schuld*, en allemand, signifie à la fois la dette et la culpabilité. Tout se mesure. Le héros dont vous parliez doit faire ses comptes. Un pour vingt-cinq, c'est vrai. Mais faut-il compter ainsi ? La mort des vingt-cinq otages ne permettra-t-elle pas, par sa « part du diable » et par ricochet, de contribuer à gagner la guerre et à sauver des milliers de vies humaines ? Croyez-moi : nos actes ne pèsent que le poids de leurs contradictions.

– À propos de contradictions, comment peut-on exercer son talent dans des domaines aussi éloignés que l'écriture romanesque et les comptes de la nation ? Que faites-vous dans un monde de chiffres ?

– C'est un monde très divers, ouvert à toutes les sensibilités. Certains de mes collègues sont musiciens, d'autres historiens, beaucoup mènent une double carrière.

– Mais on n'a jamais vu un président de chambre construire une œuvre littéraire !

– Détrompez-vous. Il y a par exemple Gabriel Lagros de Langeron qui, sous le pseudonyme de Michel Provins, publia au début du siècle une douzaine de romans, dont le merveilleux *Professeur d'amour*, paru chez Fayard en 1910.

– Mais il n'a pas fini à l'Académie…

– Non, je vous le concède.

– Et vous, vous y songez, à l'immortalité ?

– Parfois. Mais cela ne m'empêche pas de dormir mes trois heures.

– Merci pour cet entretien. Que faut-il vous souhaiter ?

– Bon voyage. Je pars pour trois mois en Afrique ; je vais descendre le fleuve Niger depuis sa source jusqu'à Port Harcourt.

– Alors, bon voyage, Pierre Ormen. Remonter à la source ne peut que faire du bien. Et, s'il vous plaît, revenez-nous.

*

Oui, remonte à la source et va laver tes péchés dans l'eau du fleuve, murmure Ariane. Et reviens-moi, ajoute-t-elle en éteignant le transistor. Ce journaliste a raison : ce n'est plus du masochisme, c'est de la flagellation. Quelle est cette culpabilité dont il se délecte ? N'avoir pas su voir ou deviner la détresse d'Amélie ? N'avoir pas vu sa grossesse ? Il est assez intelligent pour comprendre qu'il n'y pouvait rien. Quoi d'autre ? Aurait-il, parmi les opérations secrètes du réseau Cervantès, commis un acte noir, une faute indélébile ? Un acte en rapport avec la mort de son frère ?

– Maman ?

– Oui ?

– Je suis là...

– Je t'entends, ma chérie.

– Et j'ai acheté ça.

Ariane se lève, rejoint Delphine dans le couloir. La petite tient un bouquet de roses serré contre son cœur.

– Mais qu'est-ce que tu as fait à tes cheveux ?

– Je les ai coupés.

Ariane contemple le saccage. Un vrai désastre. Il faudra des années pour retrouver la chevelure dont la petite était si fière. Et d'abord aller chez le coiffeur, pour sauver ce qui peut l'être.

– C'est pour moi ? demande-t-elle en prenant les roses.

– Pour toi et papa, sauf qu'elles seront fanées quand il reviendra.

Ariane retient une larme, se penche pour l'embrasser.

– C'est parce que les petites filles naissent dans les roses ?

– Oui. Et qu'elles ont des épines.

– Ça va mieux, ma chérie ? C'était bien, ton cours de dessin ?

– Non, pas vraiment. Je ne sais pas qui je suis.

– Tu es notre fille, Delphine. Tout le reste est du roman.

– Mais les vrais parents, ça compte. Pour l'hérédité.

– Ton hérédité, c'est nous. Tu portes en toi tout ce qu'on t'a appris, tout ce que tu as pris de moi, de Pierre.

– Non, j'ai autre chose dans le sang. Maman, est-ce que tu veux bien m'emmener dans une synagogue ?

Le visage d'Ariane se fige, elle retient sa respiration. Rester calme, comme pour les cheveux. Ne pas commenter. Accompagner.

– Tu penses que cela te ferait du bien ? demande-t-elle doucement.

– Oui.

Ariane prend le bouquet, le pose sur la commode. Comment la délivrer de ce roman-photo inventé par sa sœur ? Et pourquoi Pierre a-t-il toujours refusé catégoriquement de lui dire la vérité, pour Amélie ? Encore une zone d'ombre qu'il faudrait éclaircir. Elle attire sa fille vers elle, la prend dans ses bras.

– D'accord, ma chérie, je t'emmènerai…

*

(Vendredi 15 juin 1956)

Allongé sur un lit étroit sous une couverture, la tête soutenue par de nombreux coussins, Valentin contemple la mire du gros téléviseur qu'il vient d'acheter, un Ducretet-Thomson à l'élégante ébénisterie. Odette, dans un fauteuil, feuillette *Marie Claire*.

– Pourquoi ça ne marche pas ? demande Valentin.

– Il faut attendre, répond Odette.

Valentin se penche pour attraper son journal, ajuste son lorgnon. Ce Real ! Nous voler comme ça la première Coupe d'Europe ! Et Kopa qui va les rejoindre à Madrid l'année prochaine, ce n'est pas de la traîtrise, ça ?

– Pourquoi on n'a pas gagné ? s'offusque Valentin.

– Les autres devaient être meilleurs.

– Quand même ! On a mis deux buts en dix minutes, deux à zéro, qu'est-ce qui s'est passé ?

– Je ne sais pas, Valentin. Ce n'est pas grave, ce n'est que du football.

– Ah bon…

Depuis un mois, Valentin alterne les hauts et les bas. Son ostéoporose, ce mal silencieux, l'oblige à faire très attention, toute chute pouvant entraîner une fracture irrémédiable. Parallèlement, sa mémoire décline. Odette le gave de yaourts, veille sur lui comme une mère poule. Le vin d'Anjou n'est pas vraiment recommandé, mais elle n'a pas le courage de l'en priver.

Mme Farge frappe à la porte, entre sans attendre, pose la carafe de vin accompagnée d'un demi-oignon sur la table basse.

– Il est arrivé, Madame Odette. Je le fais patienter ?

– Oui, dites-lui d'attendre un moment.

Valentin se redresse.

– C'est qui ? C'est Pierre ?

Odette vient s'asseoir près de lui, ajuste la couverture, lui sert un verre.

– Non, ce n'est pas Pierre. C'est quelqu'un que tu n'as pas vu depuis très longtemps, tu l'as connu enfant, ça va te faire un choc, mais tu seras très content.

– C'est pas Pierre, alors ?

– Non. Mais cela a un rapport avec la rue de Vaugirard. Tu ne vas pas pleurer ?

– Et pourquoi je pleurerais ? Même avec les oignons, je n'y arrive pas !

– Parce que. Tu vas voir. Je l'ai invité pour le dîner, si tu veux bien.

Odette fait un signe à Mme Farge. Qui ouvre la porte, s'efface. David s'avance à pas lents, un peu gauche, légèrement courbé, comme s'il venait faire une demande en mariage. Valentin le fixe de son œil valide. Dans les trente ans, beau garçon, un visage qui lui semble curieusement familier. C'est fou ce qu'il ressemble à Isaac.

– Valentin, dit Odette, je te présente David. David Bronstein.

– Bonjour, monsieur Ormen...

Valentin et David se regardent longuement. Le garçon s'approche du lit, tend la main.

– Comment allez-vous, monsieur Ormen ?

Valentin lève les yeux, son regard s'embue. Comment est-ce possible ?

– C'est toi, David ?

– Oui, monsieur. Mais je suis le seul. Ils sont tous morts là-bas.

Valentin se lève difficilement, saisit la main tendue, la serre entre les siennes, longuement.

– David, mon petit David !

Valentin fouille sa mémoire. Il y avait la petite Sarah. Esther était enceinte, le garçon était déjà grand. Mais c'était quand ? Son corps vacille, il manque de trébucher.

– Assieds-toi, Valentin, ordonne Odette. Toi aussi, David.

Elle saisit un couteau, coupe l'oignon cru, dépose les lamelles dans une coupelle. Valentin tend une main tremblante vers son verre de vin. David, le petit David, comment est-ce possible ?

– Raconte-moi, demande-t-il. Qu'est-ce qui s'est passé ? Tu as survécu aux camps ? Tu as pu t'échapper ?

David, gorge serrée, relate la journée du 16 juillet 1942. Les gendarmes, l'autobus, le bébé qui pleurait. Le cri de sa mère, son évasion à la faveur de la cohue.

– Mais tu es allé où ?

David jette un coup d'œil vers Odette.

– Mon père nous avait dit que si les choses tournaient mal, s'ils étaient arrêtés, je devais me rendre avec ma petite sœur chez Simon Levitte, rue Claude-Bernard. C'était un de ses amis, le patron des Éclaireurs israélites.

Odette approuve. Très bien, David.

– Mon Dieu, David, quelle histoire ! s'écrie Valentin. Et quelle horreur ! Quand j'ai appris la nouvelle, j'en ai été malade pendant des semaines. J'aimais tellement ton père. Sa bonté, son courage… Tu restes dîner avec nous, c'est cela ?

– Oui, monsieur.

– Appelle-moi Valentin. Et toi, Odette, prépare mon carrosse s'il te plaît.

Odette déplie le fauteuil roulant, elle et David aident le vieil homme à s'asseoir. Ils se dirigent vers la salle à manger contiguë au salon. Mme Farge a sorti l'argenterie, les verres en cristal, les chandeliers aux bougies rouges. La radio diffuse un concerto de Bach, la cheminée est allumée. Odette cale le fauteuil, invite David à s'asseoir à sa gauche. Valentin a du mal à contrôler ses pensées. David, ici ! David Bronstein ! Et les autres, alors, ils ont pu s'échapper ? Il va pouvoir revoir Isaac !

– Tu es bien installé, Valentin ? Tu veux un coussin ?

Mais non, ils sont tous morts, c'est ce qu'il a dit… Et pour Amédée ? Il n'a rien dit, cela signifie qu'il n'est pas au courant. Mon Dieu, pourvu qu'on ne parle pas d'Amédée !

Valentin se met à siffloter, Odette et David le regardent bouche bée.

– Alors, mon garçon, tu travailles dans quoi ? Est-ce que tu as fait ton régiment ?

– Il vient de réussir ses études de notariat, précise Odette.

– Tu vas être notaire, comme ton père ?

– Oui, monsieur.

– Appelle-moi Valentin !

– Oui, monsieur, comme mon père. Je vais m'associer dans une étude de la rue de Rivoli.

– Très bien, très bien… Isaac serait fier de toi.

Mme Farge a posé la soupière de Gien sur un plateau d'argent. Une bisque de homard.

– Attention, c'est chaud. Je sers le vin, Madame Odette ?

– S'il vous plaît.

Mme Farge s'applique. Château Lafite Rothschild 1928, l'année de naissance de Monsieur David. Elle emplit les verres religieusement, en commençant par Valentin et en finissant par Odette. Valentin saisit son verre, le vide d'un trait.

– J'adore le vin d'Anjou, dit-il en clappant de la langue, c'est mon péché mignon. Avec les oignons. Isaac avait une cave divine, n'est-ce pas, Odette ? Le vin et la peinture, c'étaient ses passions. Il chantait toujours « Papa boit dans les pins, maman peint dans les bois », tu t'en souviens, c'était très amusant…

Ses passions… songe Odette. Tu m'oublies, mon Valentin.

– L'appartement, David, tu n'as jamais eu de nouvelles ? Je veux dire, tout ce qu'il y avait dedans, les tableaux, tout ça. Ce serait à toi, maintenant.

Le visage de David se fige instantanément. Du regard, il consulte Odette. Elle bat des paupières, incline légèrement la tête.

– C'est terminé, monsieur Ormen. Il y a neuf ans, je me suis adressé à la CRA, vous savez, la Commission de récupération. Mais mon dossier était vide. Aucune trace du déménagement. Aucune trace des tableaux.

Valentin se mord les lèvres. Imbécile ! C'est lui qui a mis le sujet sur le tapis !

– Tu n'as revu personne ? Pierre et Ariane ?

David ne répond pas.

– Oui, bien sûr, excuse-moi, je suis une vieille bête.

– Mais non, Valentin, ne vous excusez pas. Comment va votre f… comment va Monsieur Pierre ?

Le visage de Valentin s'éclaire.

– Il va bien. Enfin, je crois. Il est parti chez les Nègres pour un reportage, il avait besoin d'air, il faut le comprendre. Sinon, il conseille des gens à la Cour des comptes, un poste important, il fait les comptes de la nation, pour voir si on dépense bien. Et il est écrivain, peut-être le sais-tu, un écrivain célèbre…

– Oui, dit David. J'ai même lu son dernier livre.

– Ah bon ? Pas moi. Mais je vais le faire !

– Et Mme Ormen, Ariane, comment va-t-elle ?

– Très bien. Elle songe à créer une maison de couture, maintenant que les enfants sont grands.

David ne peut s'empêcher d'ajouter :

– Et Monsieur Amédée ?

Odette, sous la table, lui envoie un coup de pied.

– David, je t'en prie ! On ne va pas parler de cela.

Valentin se penche vers David, lui demande sa main.

– Tu sais, petit, rien n'est plus terrifiant que ce qui est arrivé à ta famille. Il n'y a pas de mots. C'est la honte de Dieu. Mes petites douleurs ne pèsent guère à côté des tiennes. Mais elles sont là. Si mon fils est responsable de ce qui vous est arrivé, je le suis aussi, moi qui n'ai pas su l'élever comme il l'aurait fallu. Ce sont tous les Ormen qui portent cette infamie. Je te demande de me pardonner. Aujourd'hui, je suis un homme un peu cassé. Malade et vieux, orphelin de ses enfants. Amélie à l'asile, Jean-Noël disparu, Amédée perdu, il ne me reste que Pierre.

Il regarde Odette, tente de se rattraper :

– Et Olivier, bien sûr, mais c'est un courant d'air.

David baisse les yeux, saisit son verre. Il n'aime pas le vin, mais là, vraiment, il en ressent un besoin impérieux. Ainsi c'est vrai. C'est bien Amédée qui a dénoncé ses parents.

– Notaire, c'est très bien, poursuit Valentin. Tu y arriveras, petit. Nous t'aiderons.

Il se tâte les bras, le cou, les jambes. Il tremble.

– Je suis fatigué, dit-il, je vais me retirer.

– Mais on n'a pas commencé, proteste Odette.

– Vous finirez sans moi, j'ai la tête qui tourne. David, ne m'en veux pas. Mme Farge te préparera une chambre. Et nous reparlerons de tout cela demain matin.

Odette se lève.

– Je t'emmène, Valentin.

– Non, Odette, merci. Mme Farge va m'accompagner. À demain, David.

– À demain, monsieur Ormen. Je suis heureux de vous revoir. Prenez soin de vous.

Valentin enlève son œil de verre et frappe sur son assiette pour appeler Mme Farge.

– C'est amusant, hein ?

David contemple l'objet avec curiosité. Odette lui en a souvent parlé.

– Très amusant.

Mme Farge s'avance.

– S'il vous plaît, dit Odette, conduisez Monsieur à la chambre et restez près de lui. Je m'occupe du dîner.

Tandis que la vieille gouvernante emmène Valentin dans son fauteuil roulant, Odette soulève la soupière : la bisque est froide. Elle examine la cheminée, va alimenter le feu avec deux belles bûches provenant du chêne qu'elle a fait abattre il y a deux ans, de quoi tenir jusqu'à minuit.

– Tout va bien, David ? demande-t-elle sans se retourner.

– Ça va, Dadou. C'était un peu éprouvant. Un peu émouvant. Je suis heureux que cela se termine tôt. Il n'est pas très en forme, ton Valentin.

– L'ostéoporose. Une chose terrible. Il n'y a rien à faire, le médecin l'a dit. Il faut simplement éviter les fractures, il pourrait en mourir.

David se ressert un verre de vin. Il ne pensait pas que ce puisse être aussi bon.

– Dadou ? dit-il.

– Oui ?

– Pour prendre le dossier, c'est d'accord. J'aime beaucoup M. Ormen.

Odette vient se rasseoir, pose une main sur la sienne. On entend le grincement de la rampe électrique qu'elle a fait installer. David retire sa main.

– Moi aussi, répond-elle. Moi aussi…

*

Delphine contemple les milliers de confettis gisant au pied du poinçonneur, la plupart gris-vert, quelques-uns roses. Faire des trous dans des tickets du matin au soir, quelle drôle de vie…

Elles sont montées dans la rame rouge, en première, sont descendues à Le Peletier, incommodées par l'odeur d'eau de Cologne bon marché : à titre expérimental, pour contrer les odeurs de champignon moisi, une électrovalve diffuse du parfum à l'ouverture des portes, œillet et essence de pin. Ça ne pue plus comme avant, mais différemment.

Devant la grande synagogue de Paris, rue de la Victoire, Delphine a contemplé la façade romane enjolivée de fioritures byzantines : ça ne fait pas très juif, a-t-elle pensé. Avant d'entrer, Ariane lui a raconté tous les malheurs du lieu pendant la guerre : l'explosion d'une bombe, la profanation du tabernacle, la rafle en plein office, en 1943. Elle lui a expliqué le sens de la cérémonie à la mémoire des Martyrs de la Déportation. Elle lui a relaté les dernières heures du ghetto de Varsovie, le soulèvement désespéré, les trois cent mille Juifs assassinés. Elles sont entrées, se sont installées en haut, près de la sortie, ont attendu patiemment. Puis les chants sont venus. En écoutant les airs yiddish des déportés de Cracovie, Delphine s'est mise à pleurer silencieusement. Sa mère lui a tendu un mouchoir sans dire un mot. Elles sont sorties au bout d'une heure, écrasées d'émotion.

– Maman, c'est parce que je suis juive que ça me bouleverse autant ?

Ariane s'énerve.

– Delphine, s'il te plaît, tu n'es pas juive, arrête ce cinéma. Tu es Delphine Ormen, une merveilleuse enfant adoptée par Pierre et Ariane Ormen.

– Et pourquoi ça me fait pleurer ?

– Parce que c'est beau, c'est tout.

– Non, dit Delphine en trottinant à son côté, c'est parce que c'est en moi. Je veux qu'on m'appelle Rebecca.

Sa mère s'arrête au milieu du trottoir, la prend par les épaules.

– Je te fais remarquer que pour l'état civil et pour toute la famille, tu t'appelles Delphine. Tu as compris ? Delphine Ormen !

– Maman, s'il te plaît...

– Tu me fatigues ! Tu as voulu voir, écouter, ressentir, tu m'as traînée ici, maintenant, c'est terminé. Tout cela me bouleverse autant que toi, ça ne fait pas de moi une Juive pour autant.

– Vous m'avez menti. Vous me mentez. Je m'appelle Rebecca !

– D'accord. Tu vas quitter le cours Désir, je vais t'inscrire dans un collège spécialisé, tu apprendras le Talmud. Chaque samedi, tu feras sabbat, un jour réservé à l'étude et à la prière. Tu n'auras pas le droit d'écrire, de dessiner, d'allumer l'électricité. En attendant, on rentre, j'ai mille choses à faire.

– On prend l'autobus ou le métro ?

– Comme tu veux, chérie.

– L'autobus, alors. Il y a le 85, il va jusqu'à Luxembourg.

– Comme tu veux.

Appuyées à la rambarde de la plateforme, Ariane et Delphine regardent défiler un Paris printanier. Provence, Richelieu.

– Tickets, s'il vous plaît.

Le receveur ressemble à Darry Cowl. Il zozote, comme lui. Ariane fouille son sac, se tourne vers sa fille.

– Rebecca, tu as les tickets ?

Delphine regarde autour d'elle, se met à rire.

– T'as raison, maman, ce n'est pas une bonne idée...

– Tickets !

– Je crois que je vais rester Delphine, Delphine Ormen.

– Grand bien vous fasse, dit le receveur. Vos tickets, s'il vous plaît, mademoiselle Delphine.

*

(Mardi 3 juillet 1956)

– Pouvons-nous avoir de notre passé une connaissance exacte ?

– Je te pose la question.

– Moi aussi.

– Disons que le souvenir n'a rien à voir avec la réalité.

– Oui.

– Qu'il est reconstruit par l'esprit.

– Oui.

– Que cette reconstruction lui confère son identité.

– Oui.

– Et ça nous donne ?

Julien et François jouent des coudes, scrutent le tableau d'affichage du lycée Victor-Duruy.

– Regarde, on est là...

Julien a obtenu la mention bien, François la mention très bien.

– T'as triché, évidemment... Tu avais le sujet.

– Pauvre type !

– Démocrate !

Les jumeaux se dégagent, insensibles aux cris de joie et de désolation qui éclatent ici et là. Le boulevard des Invalides est écrasé de soleil, une fille pleure sur les marches de la station Saint-François-Xavier. François porte les cheveux longs, Julien arbore une coupe militaire.

– Et voilà, terminé, à nous les vacances. C'est bath !

– Et à nous les p'tites pépés, dit François, en imitant Eddy Constantine.

– On prend le 82 ?

– Non, j'ai envie de marcher. Tu t'inscris où ?

– En droit. Et toi ?

– Sais pas. Sciences Po, peut-être, c'est ce qu'il y a de plus proche de la maison.

Dans la rue de Babylone, pas la moindre boulangerie. Les jumeaux pressent le pas : ils veulent deux pains au chocolat, tout de suite.

– Tu viens, ce soir ? demande François.

– Ben oui, face de pet, tu ne crois pas que je vais te laisser toutes les filles !

Une soirée est prévue chez les frères Le Hénaff et leur sœur Dominique, rue Serpente. L'appartement est vaste, les chambres nombreuses et spacieuses, pas de parents, il ne faut pas rater ça. Les reçus au bac sont priés d'apporter une bouteille. Mention bien, c'est deux bouteilles. Et mention très bien, c'est trois. Et on n'oublie pas d'apporter des disques, s'il vous plaît.

– On les piquera à la cave, propose Julien. Il reste une caisse de Cheval Blanc.

– Qu'est-ce qu'on amène, comme zizique ?

– J'ai la version originale de Bill Haley, avec Marshall Lytle et Danny Cedrone. Et les Platters, en 45 tours. Ils vont pouvoir remballer leur cha-cha-cha.

– Tu vas te les faire faucher...

– Tu veilleras dessus. Avec ton allure para, on est tranquilles.

Julien soupire. Son frère ne peut pas s'empêcher de mettre sans arrêt la politique sur le tapis.

– Pauvre larve ! L'Indochine, le Maroc et la Tunisie, ça te suffit pas ? Tu veux aussi leur filer l'Algérie ?

Les dissensions politiques entre les deux frères ne se sont pas résorbées. François marche sur les traces de son père et voue une admiration sans bornes à Mendès France. Julien est très à droite, militant actif. Ils divergent totalement sur la question algérienne.

– Ça finira comme ça, tu le sais bien. On ne peut pas lutter contre l'Histoire. L'Histoire avec un grand i, comme indépendance.

– On est chez nous. Là-bas, c'est la France, je te le rappelle. Et je t'emmerde !

– Objection, monsieur le président. Dire « on est chez nous » sous-entend que les Arabes ne le sont pas. Ou qu'ils le sont autrement. C'est du colonialisme rampant.

– Objection refusée, maître. Le « on » peut être englobant.

– Certes. Mais si tout le monde est chez soi, là-bas, comme le dit si bien mon distingué confrère, à quoi sert alors ce pléonasme agressif ?

– Vous vous égarez, maître !

– Je vous emmerde aussi, monsieur le président.

Julien se marre.

– Le barreau, c'est moi. Je croyais que tu voulais faire HEC.

– Ouais. Je ferai carrière dans le pétrole, il paraît qu'il y en a, « chez nous », là-bas...

– Parfaitement, monsieur. Et avec les deux cent mille hommes que Lacoste va engager, on va le garder, notre pétrole !

– Bon, ça va, dit François. T'es au courant pour Delphine ?

– Non, quoi ?

– Olivier, mon pote, Olivier...

– Notre Olivier ?

– Ouais. La petite est toujours fourrée à L'Heure Bleue, c'est louche...

– Tu rigoles ! Il pourrait être son père !

– Et alors ? rétorque François.

– On va lui casser la gueule. Ou on tient la bougie, comme tu veux.

– Je vais te dire : je m'en fous totalement.

– Pas moi. Je n'ai pas envie d'être un jour l'oncle du fils de mon oncle !

François se marre.

– Ce n'est pas ton oncle, merdaillon. Pas un gramme de sang commun. Faudrait pas mélanger les Ormen et les Russier...

Rue du Cherche-Midi, à l'angle de la rue de l'Abbé-Grégoire, deux boulangeries se font face. Julien entre dans l'une,

François dans l'autre. Pain au chocolat à la main, ils dépassent Châtaignier, l'un des restaurants préférés de Pierre, se dirigent vers Saint-Placide.

– Grand-père va crever, dit François.

– Qu'est-ce que tu en sais ?

– Après son attaque, il n'est plus très frais.

– Et ça te fait quoi ?

– Ça me fait que je voudrais bien que le paternel revienne avant la mort de grand-père. Et puis, sa crise existentielle, ça commence à bien faire. Il se prenait pour Stendhal, maintenant il se prend pour Kessel. Et pendant ce temps-là, qui fait les comptes de la nation, hein ? Qui surveille la gabegie ? Les petits arrangements financiers entre Pinay et Edgar Faure ? Avec de Gaulle, ça ne se passerait pas comme ça…

– François, arrête ! On ne va pas recommencer…

Rue de Fleurus, jardin du Luxembourg. Les joueurs de croquet ne sont pas encore arrivés, la statue de Bartholdi rêve de sa grande sœur new-yorkaise. Julien et François passent derrière les tennis, flânent durant dix minutes puis vont s'installer sur un banc surplombant le bassin, près d'une fille plongée dans un bouquin. Elle est coiffée d'un de ces chapeaux pointus en paille qui font fureur en ce moment, porte des lunettes de soleil à monture de bambou tout aussi à la mode. François se penche : *Un certain sourire*, le second Sagan.

– Bonjour, mademoiselle…

– Bonjour, mademoiselle…

Pas le moindre sourire. Pas le moindre regard.

– Bonjour tristesse, murmure François.

Les jumeaux allongent leurs longues jambes, inclinent à l'unisson la tête vers le soleil. Julien évalue la fille du coin de l'œil. Teint bronzé, corsage avantageux. Oui mais. Cette peau ferme et dorée ne lui procure pas la moindre envie. Comme toutes les autres, d'ailleurs. J'ai un problème avec les femmes, songe-t-il en suivant du regard un jeune garçon balançant élégamment sa raquette de tennis.

– Alors, Dominique, tu l'as bai ? demande-t-il en se tournant vers son frère.

François se redresse, répond un peu plus fort que nécessaire.

– Pas tout à fait, elle avait ses.

– Vous n'avez rien ?

– Si. Elle m'a su. C'est une vraie sa.

– Quel effet ça ?

– Si tu, elle te. Tu verras bien !

La fille lève les yeux de son livre, les regarde avec curiosité.

– Et celle d'à cô, elle te ? demande Julien.

– Oui. J'y mettrais bien ma dans le.

– Je crois qu'elle a comp. On va se faire assass.

– Mais non, n'est-ce pas, mademoiselle ?

La fille pose son livre. Une Danoise. Ou une Suédoise.

– Désolée, je ne comprends pas. Vous cherchez la rue d'Assas ?

L'accent est charmant, François lui sourit.

– Nous en sommes tous là, mademoiselle, le monde, c'est Ionesco, personne ne comprend personne. Mais je maintiens. Je mettrais bien ma dans…

– C'est bon, François, ça suf !

François se lève.

– Au, mademoiselle. À bien, peut-être.

Les deux jumeaux s'éloignent en pouffant vers les joueurs d'échecs. François s'arrête devant une table, contemple une position. Le roi blanc est à moitié nu au milieu de l'échiquier. Couvre avec le cavalier, bordel, le cavalier ! L'homme tend la main, avance un pion. Pauvre pomme, songe François, t'es cuit, comme nous en Algérie.

*

– Alors, les garçons ?

Ariane a tiré les rideaux pour se protéger du soleil. Les genoux repliés sous elle, calée dans un angle du canapé, elle parcourt *L'Express*.

– Qui boit Vabé va bien, répond Julien depuis le pas de la porte.

– Recalés avec mention, ajoute François en s'approchant. Bien et très bien. Très bien pour moi, évidemment.

Ariane pose son journal, tend la joue, se laisse embrasser.

– Formidable, dit-elle. J'en étais sûre. Votre père sera ravi.

– Et il rentre quand, le paternel ? demande nonchalamment Julien.

– Dans quinze jours, si tout va bien.

Odile frappe à la porte. Elle porte un fichu bleu, un chemisier blanc et un tablier rouge.

– C'est pas dans dix jours, le 14 Juillet ? s'esclaffe Julien.

– Est-ce que je mets la table, Madame ?

– Oui, répond François. On a les crocs. Quoi y a ?

– Du rôti de veau, déclare Odile en disparaissant. À l'arsenic !

Ariane invite ses fils à s'asseoir près d'elle, demande à Julien de lui allumer une cigarette.

– Qu'est-ce que tu lis, maman ?

– Les résultats du concours de la Femme parfaite, présidé par André Maurois.

– Et alors ?

– Eh bien, recalée sans mention. Il faut savoir réussir un pâté de lapin, pouvoir faire un pansement de première urgence, connaître le dernier livre de M. Daninos, repasser les torchons sans les brûler et offrir à ses proches un visage toujours souriant.

– La vache, dit Julien.

– Et Rebecca, elle est où ? demande François.

Ariane, furieuse, pose son journal.

– François, je t'interdis !!!

– Excuse-moi, maman, c'est de très mauvais goût, d'accord. Mais la petite plaisanterie commence à nous fatiguer.

– C’est fini, mes chéris. Ça va beaucoup mieux.

– Mais cette histoire de caisse en bois, interroge François, c’est vrai ? Cela fait un peu… un peu roman de gare. C’est quoi, le vrai de vrai de la vraie vérité ?

– Nous vous l’avons dit quand elle est née, François. Nous ne vous l’avons jamais caché. Le bébé était dans la rue, nous l’avons recueilli, nous avons fait des recherches puis nous l’avons adopté. Cela ne vous posait pas de problème, quand vous aviez cinq ans. Qu’est-ce qui se passe aujourd’hui ?

– Mais rien, maman, c’est notre Delphine, notre Bécassine. Je voudrais bien savoir pourquoi l’Ormen symphonique a inventé cette histoire…

– Je ne sais pas, soupire Ariane. Sans doute une confusion avec le bébé d’Esther Bronstein, vous savez bien, lors de l’arrestation. Un bébé que nous aurions réussi à sauver au dernier moment.

– Et vous n’avez pas pu ? demande Julien.

Ariane se lève, va fermer la porte restée entrouverte. Elle cherche un briquet, s’aperçoit que sa cigarette est déjà allumée.

– Non, dit-elle, nous n’avons pas pu. J’étais seule, votre père n’était pas là. Il s’était fait coincer par le couvre-feu, il avait dormi sur place, chez son contact du réseau Cervantès. Quand il est arrivé, le matin, tout était fini. Je crois qu’il s’en veut. Peut-être pense-t-il qu’il aurait pu tenter quelque chose…

– Et l’oncle Amédée ? s’enquiert François.

– Quoi, l’oncle Amédée ?

– Il les a vraiment dénoncés ?

Ariane écrase nerveusement sa Gauloise à peine entamée dans le cendrier. Qu’est-ce qu’ils ont, aujourd’hui ? Se sentent-ils devenus subitement adultes par la simple magie du baccalauréat ?

– On ne sait pas, les enfants. À quoi bon remuer tout cela ?

– On a le droit de savoir, rétorque Julien. C’est notre famille.

– Pas lui, coupe Ariane. Il ne fait plus partie de la famille.

– Mais, s’il ne l’a pas fait, c’est dégueulasse !

Ariane acquiesce.

– C'est vrai, un doute subsiste. Mais tellement ténu. Votre oncle Amédée s'est placé lui-même hors de la famille. Quoi qu'il ait fait, c'est son choix. Nous aussi, nous en avons fait un, lorsque nous avons adopté Delphine.

– Et si les parents se manifestaient un jour, vous y avez pensé ? demande Julien.

– Ce serait déjà fait, répond Ariane. Je ne veux même pas y penser.

Elle y pense, bien sûr. Souvent. Que se passerait-il si Amélie retrouvait un jour la mémoire, si elle quittait la clinique pour réclamer l'enfant qui n'existait pas ? Cette hypothèse lui fait horreur. Delphine est sa fille. Et personne ne pourra jamais la lui enlever.

*

(Samedi 21 juillet 1956)

Depuis la terrasse d'Orly, Ghislaine Dombasle regarde le Constellation d'Air France s'immobiliser près des nouveaux hangars. Les grosses pales nickelées tournent encore au ralenti, quatre hommes en gris poussent une passerelle bleue vers l'avant de l'avion.

Depuis maintenant six mois, Ghislaine gère le magasin d'antiquités qu'Amédée a ouvert face à la couturière Marcelle Dormoy, rue de La Trémoille. Lourde, fortement charpentée, elle dégage une impression de puissance qu'accentuent les grandes capes rouges et les immenses chapeaux qu'elle porte en permanence. Femme de tête et de chiffres, elle excelle dans la vente et l'entregent. Fille d'un ancien et obscur ministre des Colonies sous Albert Lebrun, lesbienne notoire, elle possède un étonnant vivier relationnel dans lequel s'ébattent politiciens frelatés, anciens caïds du marché noir et intermédiaires en tous genres dans le commerce de l'art, des devises et du sexe. Sa soif de notabilité et son ambition ont déteint sur Amédée. Il a mûri, acquis de l'assurance, pris un pseudonyme : Charles de Beaurepaire, antiquaire. Au sein de son réseau aussi vaste qu'éclectique, il a fait la connaissance du trublion de la République, Jean-Marie Le Pen, dont l'élection dans le 6e arrondissement a fait pâlir quelques intellectuels de Saint-Germain-des-Prés. Le jeune député, fréquemment invité avenue Victor-Hugo, lui rappelle ses engagements d'antan : la Corpo de droit, l'attachement à l'empire, la haine viscérale du bolchevisme.

Lorsqu'Amédée paraît, altier et souriant, Ghislaine comprend que tout s'est bien passé : le Matisse va bientôt prendre le chemin de Genève.

– Bonjour, Ghislaine.

– Bonjour, Charles. Vous rayonnez, mon cher. Si j'étais une femme, je serais à vos pieds... Bien voyagé ?

– Très bien, merci. Nous prenons un taxi ?

– Non, j'ai la Dauphine. Un vrai bijou, vous allez voir.

Dans la petite Renault, Amédée cherche en vain une position adaptée à ses longues jambes. Il ouvre la vitre, afin d'échapper aux effluves de tabac qui envahissent l'habitacle. Ghislaine fume des Celtique, une véritable infection. Sur la nationale 7, voitures et camions avancent au compte-gouttes en raison du chantier de l'autostrade.

– Quel bordel, dit-il. Ce sera fini quand ?

– Je ne sais pas, Charles, je m'en fous.

– Vous savez qu'il est question qu'elle traverse le parc Montsouris et qu'elle débouche place Denfert-Rochereau ? Qu'est-ce qu'ils vont faire du lion ? Le renvoyer dans la jungle ?

– On s'en fout, Charles. Parlez-moi de Genève.

– C'est vendu. À un Américain. Il va falloir trouver un moyen astucieux pour passer la frontière.

– Ne vous inquiétez pas, je possède les filières. Et la galerie ?

Sur les conseils de Ghislaine, Amédée songe à ouvrir une galerie de peinture au cœur de Genève.

– J'ai peut-être quelque chose, près du Grand Théâtre. Et vous, pour Levallois ?

– C'est en cours. Mais le promoteur nous trouve trop gourmands. Il faut baisser.

Amédée contemple les HBM qui fleurissent au niveau du Kremlin-Bicêtre. Du carton. Comme le projet de Levallois. Dès la signature, il faudra sortir la vieille Rolls du sous-sol en ouvrant l'ancienne rampe du garage. Quant aux restes de Marcel, pas le moindre risque : dissous dans la chaux, enfouis sous un immeuble de cinq étages, ils alimenteront les spéculations des archéologues de l'an 2000.

Amédée replie et déplie ses jambes. Baisser le prix ? Pourquoi pas. Les locaux ne lui ont absolument rien coûté. Il se souvient du chèque que son père agitait comme s'il avait pris feu, de ses conseils, de ses recommandations.

– Quel jour sommes-nous ?

– Le 21, mon cher...

C'était le même jour, un 21 juillet, il y a quatorze ans très exactement, dans ce bistrot de Saint-Germain. Abel et Caïn. Il se souvient encore du goût du café, de la fureur de son frère, de son mépris, de son incapacité à l'écouter.

– Ce n'était pas ma faute, murmure-t-il.

– Quoi donc ? demande Ghislaine.

Non, ce n'était pas sa faute. Il avait bu. Et Amélie n'avait guère résisté. Amédée s'assombrit : la reverra-t-il ? Jamais il n'a osé rendre visite à sa sœur. Il prend de ses nouvelles, régulièrement, grâce à une infirmière qu'il emmène parfois au palais des Glaces ou au bois de Boulogne, puis à l'hôtel. Elle va bien. Elle jardine. Il semble qu'elle soit heureuse.

La Dauphine entre dans Paris par la Tombe-Issoire, un Paris déserté et caniculaire. Ghislaine allume la radio, cherche une fréquence :

« *La lune trop pâle / Caresse l'opale / De tes yeux blasés / Princesse de la rue / Soit la bienvenue / Dans mon cœur blessé...* »

– Elle nous emmerde, grogne Amédée. On n'entend plus que ça...

Ghislaine baisse le son, allume une Celtique. Devant l'église d'Alésia, elle bifurque à gauche, prend l'avenue du Maine.

– Nous sommes invités, ce soir, dit-elle. Chez Élisabeth. Vous vous sentez en forme ?

Ghislaine est une intime d'Élisabeth Pinajeff, la maîtresse de Le Troquer, un habitué. Et une amie de Sorlut, chauffeur d'un policier haut placé, chargé de l'organisation des soirées « spéciales ». Amédée hoche la tête. Il a beaucoup aimé la dernière séance du pavillon du Butard, à La Celle-Saint-Cloud. Surtout la petite brune, qui lui faisait penser à cette salope d'Odette.

– Je prends par où ? demande Ghislaine.

– Montparnasse, Invalides, Ségur. Ça me rappellera des souvenirs. J'avais un stand, au Village suisse.

J'avais, songe Amédée. Un père, deux frères, une sœur, j'avais une famille. Et tout cela n'est plus qu'un petit tas de cendres. Il faudrait pouvoir faire la route à l'envers, retrouver le carrefour, scruter les pancartes, reprendre la bonne route. Il faudrait remonter jusqu'aux ténèbres de l'enfance, jusqu'à ce pensionnat loin de tout, loin des siens. Quel âge avait-il ? Sept ans ? Il ne faudrait jamais abandonner les enfants.

*

(Lundi 10 septembre 1956)

Ma chérie,

Les semaines passent au rythme du fleuve, en pirogue le plus souvent, à quatre kilomètres-heure. Je porte la barbe, j'ai maigri, mes yeux brillent comme l'or. Tout a commencé à cent mètres de la frontière de la Sierra Leone, dans les rochers du Fouta-Djalon, où nous avons enfin trouvé la source de « Dioliba », le fleuve-dieu. Il s'agit d'un filet d'eau qui deviendra un monstre dévorant tout sur quatre mille kilomètres à travers la forêt vierge, la savane et le désert, avant de se jeter dans la mer au Nigeria britannique.

Nous avons eu de la chance : d'habitude, les rares Blancs qui s'aventurent ici sont conduits à de fausses sources, à Nélia. Par nos offrandes, nous avons eu le privilège d'accéder à la véritable source qui abrite le génie des eaux. Il y a eu ensuite Karoussa et les collines de Siguiri, où des villes ambulantes cherchent de l'or dans la boue des calebasses, puis le lac Débo, cette mer intérieure où de terribles vagues font regretter l'océan.

Nous sommes au pays de Gao, à mi-trajet entre Tombouctou – le bastion de l'islam – et Niamey. J'ai vu hier l'« issa koï », le maître de l'eau, devenir poisson. Ses deux mains émergeaient au-dessus de la surface des eaux, il commandait à toute chose. Sa puissance est absolue, il apaise ou déchaîne, appelle à son gré les hippopotames ou les crocodiles, indique où il faut pêcher. Si un objet précieux a été perdu dans le fleuve, il le retrouve immédiatement. S'il pouvait venir de temps en temps à Vaugirard dans la chambre de Delphine, ce serait bien pratique.

Avec les pêcheurs sorko, nous irons bientôt chasser l'hippopotame, à la lance et au harpon. On m'a donné un conseil : si je tombe à l'eau et s'il vient vers moi, faire le noyé et attendre. Promis, j'attendrai.

Lorsque nous étions à la source, il y a six semaines, notre guide-chasseur nous a fait boire, en nous rappelant que l'eau est du temps, que celui qui boira à la source du fleuve vivra aussi longtemps que le fleuve est long. Pour ma part, d'après lui, je vivrai au-delà de cent un ans. Je veux bien, mais avec toi.

J'ai pas mal réfléchi à nos difficultés passées. Mes crises d'identité, mes déguisements sociaux : rêver de Cour des comptes et d'Académie n'est pas anodin sur le plan vestimentaire. Tu me retrouveras moins chamarré, quelque peu dépouillé sinon nu, comme un Africain. Cette aventure me fait du bien, la carcasse tient bon et la tête s'aiguise. Embrasse les enfants, prends soin de toi, je reviens et je t'aime, je vous aime tous, ton Pierre.

PS : Me serais-je purifié dans l'eau du fleuve ? Depuis que je suis en Afrique, ma main droite s'est calmée, mon « eczémain » a disparu !

*

(Mardi 9 octobre 1956)

L'automne est passé, pense-t-il. Largement. Si la vie dure douze mois – c'est juste une image pour se rendre compte –, moi, j'en suis où ?

Valentin calcule. En novembre, ce serait bien. Mais il ne faut pas rêver. Je suis en décembre, songe-t-il, entre le 1er et le 15. Et mon père, Célestin, il est mort en quelle saison ? Il avait trente-cinq ans lorsque je suis né, il est parti en 1908, le jour où les cendres d'Émile Zola ont été transférées au Panthéon ; cela nous donne quarante-trois ans, comme s'il était mort en plein mois d'août. Moi, j'aurais donc vécu trente ans de plus. Plus que toute la vie de Jean-Noël. Mais est-ce que le bonheur se mesure en nombre d'années ?

Le parc de Fontenay est à l'abandon. Ciel bas. Feuilles mortes, branches cassées, bassin verdâtre. Odette pousse le fauteuil dans l'allée centrale, ajuste la couverture de laine. Comment sera-t-il aujourd'hui ? Avec Valentin, parfois c'est blanc, parfois c'est noir.

– On est quel jour ?

– Mardi.

– Mais quel jour vraiment, quel jour de l'année ?

– Mardi 9 octobre 1956.

Valentin lève la tête, contemple le ciel chargé de monstres noirs.

– Je vais mourir bientôt, Odette. Je le sens dans mes os, à la couleur du ciel, à l'allure des arbres. Et je vais te dire : cela ne me fait pas peur.

– Tais-toi, idiot. Tu vivras jusqu'à cent ans !

En bas de l'allée, Odette bifurque à droite, vers l'acacia. Valentin aime bien la régularité. L'acacia d'abord, le garage ensuite.

– Celui-là, dit-il, je l'ai planté en 1918, le jour de la victoire. Je me souviens : Jean-Noël a voulu m'aider, il est tombé dans le trou, il était épouvanté.

– Jean-Noël avait un an, Valentin…

– Tu crois ? Peut-être. Je suis heureux qu'il revienne. L'Afrique, il paraît que c'est dangereux.

– C'est Pierre, Valentin…

– Oui, tu as raison. Comme toujours.

En bas de l'allée qui descend en pente douce, Valentin saisit sa canne, la pointe vers le garage.

– Tu veux voir la voiture ? s'enquiert Odette.

– Oui.

Chaque jour, Valentin demande à voir la Chenard et Walcker. Il en ouvre les portes, contemple le cuir fatigué, caresse l'aigle qui prolonge le capot, s'extasie devant la peinture bicolore. Il appuie sur le klaxon, en vain, la batterie est à plat.

– Tu sais, Odette, elle a une boîte électromagnétique, avec un inverseur. Quatre vitesses avant, quatre vitesses arrière.

– Je sais, Valentin. C'est très pratique.

– Je me demande pourquoi Pierre ne s'en sert plus. C'est une belle voiture.

– Il a la sienne…

– Cela m'ennuie de la voir inutilisée. Je l'ai achetée quand ?

– En 1936, je crois.

– Ah oui ! Pour les congés payés. Ils m'avaient bien emmerdé, ceux-là, avec leur grève. Et celle-là, qu'est-ce qu'on va en faire ?

La Rosengart bleue disparaît sous les toiles d'araignée.

– Elle tombe en ruine, poursuit-il. Tu te souviens de la chanson ? « *J'ai ma p'tite Rosengart je suis un père peinard* ». Le père Rosengart, je l'ai bien connu, on a failli s'associer. Il avait inventé des fusées lance-obus. Lucien, qu'il s'appelait. Même qu'il a inventé le baby-foot.

Celle-là, pense Odette en contemplant l'épave, c'était en 1928. Mon cadeau. Drap spécial de luxe, vide-poches en acajou avec un nécessaire de voyage comprenant une glace, un flacon à parfum, une boîte à poudre, un tube à rouge. À l'époque, rien n'était trop beau pour moi.

Dans le garage s'amoncellent valises et vélos, vieux outils rouillés, caisses abandonnées. La porte coulissante en bois exotique qui donne sur la rue des Roses n'a pas été ouverte depuis des années. Valentin soupire. Il faudrait aérer, ranger tout ce fourbi.

– Sortons, grommelle-t-il, ça me fiche le bourdon.

Odette noue l'écharpe blanche, relève le col du manteau, consulte sa montre. Midi moins dix. Valentin hoche la tête. Brave Odette...

– On fait le cèdre, dit-il, et ensuite on passe à l'orangerie.

« Faire le cèdre », c'est s'arrêter devant la tombe miniature, enlever les feuilles mortes apportées par le vent, vérifier les fleurs, s'assurer que la petite croix est bien droite. Il y a longtemps qu'il ne pleure plus. Désormais, il se contente de hocher la tête comme s'il avait compris quelque chose d'important. Odette pousse le fauteuil en s'inclinant vers l'avant, bras tendus, appuis fermes sur les jambes. Ça monte. Devant l'orangerie, Mme Farge a fait entreposer du bois. Les caisses des citronniers ont perdu leur belle peinture verte, le carreau de la verrière n'est toujours pas remplacé, le plancher ne va pas tarder à gondoler. Pourquoi Valentin s'obstine-t-il à refuser qu'elle fasse venir le jardinier, le menuisier, le vitrier ? Quand le jour arrivera, elle mettra de l'ordre dans tout ça.

– Tu veux entrer ? demande-t-elle.

– Non. Il fait trop froid là-dedans. Plus froid qu'à l'extérieur. Si j'avais du courage, je ferais un grand feu avec toutes ces toiles. Des tableaux avec des arbres, ça brûlerait bien.

– Ce serait dommage, proteste Odette. Certains sont bien.

– Minables ! Des croûtes ! Dire que j'y passais des heures...

– Dans ton trou du sous-sol, là aussi, tu y passais des heures. À bricoler. Et à boire du vin d'Anjou.

– Oui, mais c'est pas pareil. Les tableaux, c'était pour Jean-Noël. Les petits chefs-d'œuvre en bois, c'était pour Célestin. Tu crois que je les retrouverai là-haut ?

Odette effectue un demi-tour, se dirige vers la villa.

– J'en suis sûre, Valentin. Mais ne parlons pas de ça. Il faut qu'on rentre, l'infirmière a dit une demi-heure, pas plus.

Sur l'escalier de gauche qui mène au perron, Odette a fait installer une rampe inclinée. Mme Farge les attend sur le pas de la porte, minuscule et fragile dans son éternel tablier rouge.

– C'est prêt, Monsieur Valentin. Dans le bureau. Et le journal est arrivé.

Odette est persuadée qu'elle calque son apparence sur celle de Valentin, comme si elle souhaitait vieillir au même rythme que lui, disparaître en même temps. Valentin se lève avec précaution, saisit sa canne, entre dans la maison. Il s'amuse un moment avec le bouton qui met en marche le jet d'eau du patio, se débarrasse de son manteau. Dans le bureau, un grand feu de cheminée alimente des ombres fantasmagoriques qui crépitent sèchement et animent les motifs des murs or et brun. Sur la table basse, devant deux fauteuils Olympe, le vin chaud fume. Valentin s'assied, ajuste son lorgnon, saisit le journal.

– Ce Nasser, quand même, avec son canal, c'est pas des manières. Qui c'est qui l'a creusé, le canal ? C'est nous ! Et les bateaux, comment ils vont faire ?

– En attendant, ils feront le grand tour, répond Odette.

– En attendant quoi ? On a assez attendu. Qu'est-ce qu'il fiche, cet œuf Mollet, qu'est-ce qu'il attend pour envoyer les paras ?

– Calme-toi, ne te fatigue pas…

Valentin jette son journal, se lève, se dirige vers un petit coffre-fort dissimulé derrière un tableau.

– Odette…

– Oui.

– Comment s'appelle le fils d'Isaac ?

– David.

– C'est cela, David. Il est bien notaire ?

Valentin a sorti un dossier bleu, peu épais.

– Oui, un peu grâce à toi. Nous l'avons bien aidé financièrement. Il a pu finir de payer son étude rue de Rivoli, ce sera un bon notaire, j'en suis certaine.

Valentin revient s'asseoir dans son fauteuil, saisit le verre que lui tend sa femme.

– J'ai besoin de lui. J'ai fait mon testament.

– Valentin, ne parlons pas de ça ! Tu sais que je suis superstitieuse.

– Si, si, c'est important. Tu veux savoir ?

– Non. Je suis sûre que tu as bien fait.

– Bon. Il faudrait que j'aille voir David boulevard Malesherbes pour le lui remettre.

– Valentin ! Tu n'as pas le droit de sortir !

– Ah oui, c'est vrai. Mais tu peux le faire, toi ?

Odette le regarde laper son vin chaud. Quelques gouttes sont tombées sur le dossier bleu.

– Si tu veux, Valentin. Mais, tu sais, il n'y a pas urgence. On peut attendre que David vienne nous voir, je peux l'inviter ici la semaine prochaine.

– Non, c'est tout de suite. Disons demain. Comme ça, je dormirai mieux.

Odette contemple le dossier. Et voilà, on y est. Trois cents grammes d'avenir.

– Comme tu veux, chéri. Et si David ne peut pas se déplacer, j'irai le lui porter rue de Rivoli.

– Comment tu as dit ? Chéri ?

Odette rit.

– Excuse-moi, ça m'a échappé.

Valentin tend la main.

– Odette...

– Oui ?

– Est-ce que tu m'as vraiment aimé ? Pour de vrai ?

– Mais bien sûr, mon Valentin.

– C'est important, tu sais, de savoir si on a été aimé. Parce que c'est la seule chose qui reste, quand on n'est plus là.

– Ne dis pas de bêtises. Le docteur va arriver, ne te fatigue pas avec des idées noires.

– Odette ?

– Oui ?

– Je ne suis pas bête, tu sais. J'ai vu ce que tu pensais tout à l'heure dans le parc. Appelle le jardinier. Remets les choses en ordre. Il faut que tout soit beau. Bien net.

– Promis, je m'en occupe. Je te laisse, on sonne, j'appelle Mme Farge pour qu'elle reste avec toi jusqu'au déjeuner.

Après avoir accueilli le médecin et l'avoir mené jusqu'au bureau, Odette monte à l'étage pour se rendre dans ses appartements. S'assied devant sa coiffeuse. Par la fenêtre de la tourelle, elle contemple le parc. Qu'y a-t-il dans le testament ? Elle se tourne vers la glace. À partir d'un certain âge, une femme doit choisir entre son corps et son visage. Elle, c'est le visage. Odette se sourit. Cinquante-six ans, quand on a de l'argent, ce n'est pas grand-chose. Tout juste le commencement d'une nouvelle vie.

*

(Mercredi 11 octobre 1956)

– 15, place Vendôme, s'il vous plaît.

Décidément, ça ne passe pas. Ariane ne parvient toujours pas à prononcer le mot « Ritz ». Pourquoi Marie s'obstine-t-elle à y séjourner ? Le personnel, dit-elle. Il n'y a qu'au Ritz que le personnel ne change pas. Elle dispose du même garçon d'étage, de la même femme de chambre quand elle vient à Paris.

Ariane relit le court billet reçu la veille, posté de Port Harcourt, et sans doute écrit il y a plus de trois semaines.

Ma chérie,

Je t'écris ce petit mot en espérant qu'il arrivera avant moi. Le franchissement des rapides de Boussa s'est avéré particulièrement délicat, mais tout va bien, à part ma jambe qui traîne parfois. Ici, on écrit avec la parole et les comptes de la nation s'effectuent avec les doigts de la main. Grande sagesse et proximité des dieux. J'apprends à écouter, à décrypter d'autres cosmogonies, cela me fait un bien fou. Port Harcourt approche et je me réjouis de vous revoir bientôt. Vous me manquez, tu me manques, à très vite, Pierre.

Ariane replie la courte lettre, la cinquième en trois mois. Le taxi qui l'emmène place Vendôme respire la vieille pipe et le parfum bon marché, mélange de marjolaine et de lavande. Avant-hier, Marie a encore fait des siennes en exigeant qu'un verre de vin soit posé à portée de main sur le Steinway de Barbizon. Curieuse image de l'émancipation de la femme… De qui tient-elle ce sens inné de la provocation, du jeu à contre-temps ? Ni d'elle ni de Pierre. Toute petite, déjà, elle transformait ses poupées en monstres déguenillés et demandait aux agents de police s'ils aimaient Mozart. Comme dit Pierre, il y a du Rimbaud en elle. Je sais qu'il faut absolument être moderne, mais à ce point… Peut-être est-ce l'âge, songe-t-elle, je vieillis.

Depuis le départ de Pierre, Ariane déborde d'activité. Le lancement de La Maternité heureuse avec Françoise Giroud, une ébauche de collaboration avec Leonor Fini pour des décors de théâtre, un projet de maison de haute couture « démocratique », le réaménagement total de la maison du Reculet. Fin août, après trois semaines de vacances sur la côte basque avec les enfants, dans un Luxembourg écrasé de soleil, elle a rencontré un ami de Pierre, Jacques Lancelot, l'ancien commandant Titus du réseau Cervantès. Ils ont parlé des heures et elle s'est retrouvée dans son lit en fin d'après-midi, très naturellement, sans le moindre sentiment de culpabilité. L'aventure a duré et dure encore. Lancelot habite le haut de la rue de Médicis, dans l'immeuble où naquit Gide. Par la fenêtre, la vue sur le jardin ne ressemble en rien à celle de Vaugirard. Plus vaste, plus profonde. Et, heureusement, elle n'aperçoit pas l'appartement. Cette liaison la rassure : elle reste désirable, Jacques est attentionné, tendre et inventif. Et elle sait qu'elle maîtrise : dès le retour de Pierre, ce sera fini, elle le lui a dit.

La Versailles s'est arrêtée près d'une petite Messerschmitt bleue au toit transparent, une sorte de bulle en plexiglas. Le voiturier en capote marron s'approche et ouvre la portière :

– Bonjour, Madame, avez-vous retenu une chambre ?

– Je viens voir ma fille. Mlle Ormen.

– Si Madame veut bien me suivre.

Ariane franchit les trente mètres qui la séparent de l'entrée avec un pincement d'appréhension. Un petit groom au visage d'ange fait tourner la porte à tambour, l'accompagne jusqu'à la réception aux boiseries d'acajou.

Le chef de réception note avec intérêt sa tenue irréprochable. Le manteau rouge de Dior posé sur le bras, la robe Pierre Balmain en lainage gris anthracite, le calot rond sur la tête recouvrant une partie de la chevelure. Ravissant.

– Mlle Ormen, s'il vous plaît…

– J'appelle sa suite, Madame. Qui dois-je annoncer ?

– Ariane Ormen.

La suite qu'occupe Marie est située au premier, côté Vendôme. Ariane frappe, entre dans un univers bleu et rose, à la Watteau. Au sein d'un désordre vertigineux et d'innombrables bouquets de cyclamens, sa fille est assise à même le sol sur un tapis. À l'aide d'une lame de rasoir, elle s'affaire sur une table basse. Par la porte ouverte sur la chambre, Ariane aperçoit un demi-corps humain en train de ronfler dans un lit aux barreaux de cuivre.

– Tu aurais pu me prévenir : c'est qui, celui-là ?

– Je ne sais pas.

Ariane regarde sa fille constituer deux petites lignes blanches parfaitement parallèles.

– Et ça, c'est quoi, ce truc-là ?

– Maman, s'il te plaît. C'est rien. J'en ai besoin pour jouer.

Ariane s'assied, attend. Est-ce ça, être moderne ? Est-ce qu'on est heureux quand on mène cette vie-là ? Elle en doute.

– Tu as écrit à ta sœur ?

– Oui, maman. Je lui ai dit que j'étais une conne, encore plus conne que la concierge, que je m'excusais, que c'était ma sœur, que je l'aimais, qu'on l'aimait tous, qu'elle était votre fille, bon, ça va.

– Tu l'as secouée, tu sais…

– J'ai dit que c'était bon. Terminé. Tiens, sur la cheminée.

– Quoi donc ?

– Les clefs. C'est pour elle.

Ariane se lève, examine le porte-clés en métal bleu chromé sur lequel est inscrit « Messerschmitt ».

– Tu es folle ? Tu lui as acheté ça ?

– Oui. Et elle a le droit de la conduire. Tu verras, c'est très amusant.

– Il n'en est pas question, Marie. Je refuse que ta sœur conduise ce genre de choses, un jouet de gosse de riche. Tu la rendras, tu la donneras, mais je n'en veux pas. Qu'est-ce qui t'a pris ? Tu as totalement perdu le sens des réalités, le sens de l'argent. Et puis, on n'achète pas les gens comme ça.

– Mais ça n'a rien à voir ! Je n'achète rien, je donne.

Que tu crois, songe Ariane. Donner sans se donner, ce n'est que du troc.

– Et ton python, il n'est pas là ?

– Monsieur Georges ? Il est puni, je l'ai laissé à Los Angeles.

Un tailleur en tweed bleu marine gansé de crème, une blouse ivoire sans manches et une jupe taille basse reposent sur une bergère. Marie surprend le regard de sa mère.

– Oui, dit-elle en s'habillant. C'est Chanel. Je l'ai fait faire sur mesure, rue Cambon. La Grande Mademoiselle possède le même.

Ariane inspecte le vêtement qui a tant défrayé la chronique. Des boutons dorés à tête de lion ornent la veste qui comprend deux poches gansées pouvant accueillir les mains ou un mouchoir.

– Tu vois, dit Marie en enfilant des escarpins bicolores, c'est Chanel et c'est moderne : je peux me vautrer par terre, écarter les jambes ou lever les bras au ciel, ça reste impeccable.

Depuis la chambre, les ronflements masculins se sont accentués.

– Un fâcheux, soupire Marie. Sportif et milliardaire. Il veut m'épouser et me faire cinq enfants dans le Connecticut. On va le laisser cuver, j'ai besoin d'un petit coup de fouet.

Le liftier n'a guère plus de dix-sept ans. Parvenu au rez-de-chaussée, il ouvre la porte et s'incline légèrement. Marie lui sourit et lui glisse un billet.

– C'est Paul, dit-elle en entraînant sa mère vers le bar du hall Cambon, un vrai chou, c'est lui que je devrais épouser. On vivrait dans un ascenseur doré, il m'emmènerait au septième ciel, on vivrait coincés entre deux étages, quel bonheur…

Les deux femmes s'installent dans les fauteuils de cuir, le barman s'approche, s'incline légèrement.

– Bertin, demande Marie, qu'est-ce que je vais boire ?

– *Pick-me-up*, Mademoiselle. Orange, Cointreau, brandy, champagne.

– Et pour ma mère ?

– Je suggère le *Spécial*. Eau-de-vie de pêche, vermouth et gin.

– C'est parfait, merci, Bertin.

Ariane regarde sa fille. Mon Dieu, quel mystère…

– Tu sais quoi ? dit Marie. J'ai rencontré Gary Cooper et Audrey quelque chose, ils tournent un film ici, au Ritz, avec Billy Wilder, le metteur en scène. Et tu sais comment s'appellera le film en français ? *Ariane* !

– Monsieur Georges, le type dans le lit, les petites lignes blanches, New York, Tokyo, appeler les barmen par leur nom, c'est cela la vie que tu veux ?

Marie se cabre.

– Ça me regarde. Je suis majeure.

– Depuis quatre mois, chérie…

– Et alors ? Je vais te dire, maman : je mourrai à cinquante ans. Il m'en reste vingt-neuf. Je n'ai pas de temps à perdre.

– Et tu bois trop.

– Je sais.

– Comme ton père. Peut-être veux-tu de ses nouvelles ?

– Oui. Comment va Monsieur Je-descends-intrépide-les rapides-de-la-vie ?

– Il arrive après-demain, si tout va bien… Tu passeras le voir ?

– J'essaierai. Je repars vendredi. Mais je reviens dans un mois et demi.

Le serveur apporte les boissons sur un plateau argenté. Marie saisit son verre, le vide à moitié. Ariane l'imite. Elle a envie de s'enivrer. D'un geste et d'un sourire, Marie signifie de renouveler.

– Tu sais qu'il va passer référendaire de première classe en novembre ? dit Ariane. J'aimerais tant que tu sois là… Tu as lu son dernier livre ? Ça parle un peu de toi…

– Il sait écrire, ça, c'est sûr. Parler, il sait moins.

– Tu lui en veux, chérie…

– Mais non, je l'aime bien. Les jumeaux ?

– Ils ont eu leur. Avec men. Donne-moi une ci.

Marie se met à rire.

– C'est l'alcool ?

– Mais non, donne-moi une cigarette !

– Je ne fume pas, maman.

Tandis qu'Ariane fouille son sac, sort des Gauloises et un briquet, un chasseur s'approche et tend une longue enveloppe à Marie.

– C'est arrivé par pneumatique à l'instant, mademoiselle Ormen.

Marie ouvre la lettre, lit, saisit le briquet d'Ariane. Elles regardent en silence le papier se consumer.

– C'était quoi ? demande Ariane.

– Mon nouveau contrat. Il ne me plaît pas. Maman, est-ce que je suis riche ?

Ariane lui communique approximativement le montant du compte en banque, celui des placements.

– Tu as besoin d'argent ? Tu peux en disposer, maintenant…

– L'argent, je m'en fiche !

– Et de quoi tu ne te fiches pas ?

– Je ne sais pas. Le violon. Le public. Sans les concerts, je crois que je me flinguerais.

Le serveur a renouvelé les boissons. Deux fois. Ariane commence à ressentir une douce euphorie, elle flotte comme un voile au-dessus de son fauteuil. Ce soir elle verra Jacques, sans doute pour la dernière fois. Pourquoi sa fille ne sait-elle pas être heureuse ?

– J'ai été une mauvaise mère, c'est cela ?

– Mais non, maman. Vous avez été parfaits, papa et toi. C'est moi qui n'y arrive pas.

– Je vais être pompette, dit Ariane en riant. Je ne vais plus marcher droit.

– Je te mettrai dans un taxi.

Ariane se met à chantonner *Trois Beaux Oiseaux du paradis*, une chanson de Ravel qui servait de berceuse lorsque Marie était enfant. Marie chantonne avec elle.

– Tu te souviens ?

– Oui.

– Tu aimais bien que je te la chante, pour t'endormir…

– Oui. Dors, maman, dors…

Les yeux d'Ariane se ferment. Elle est assise dans une pirogue au milieu des rapides, en tailleur Chanel. Pierre est au volant, Jacques lui demande son ticket. Il porte l'uniforme des receveurs de bus, sa mine est sévère. « Terminus, ma p'tite dame. Au-delà de cette limite, votre ticket n'est plus valable. » Pierre se retourne vers elle. Il porte un masque nègre barbouillé de rouge, des peintures de guerre. « Ariane, est-ce que je suis riche ? » demande-t-il. Tandis que la pirogue s'approche du jet d'eau, Ariane aperçoit Delphine assise sur le bord du bassin, près de sa voiture bleue. C'est ma sœur, dit-elle, c'est ma vraie sœur chérie qui me l'a donnée…

Ariane se réveille en sursaut, consulte sa montre : une heure et quart. Sa fille n'est plus là. Elle se lève, interroge la réception. Mlle Ormen est sortie. Mademoiselle a demandé qu'on vous laisse dormir. Et qu'un taxi vous attende.

– Très bien, merci.

Ariane quitte le Ritz, monte dans le taxi, jette un coup d'œil à l'espèce de cockpit d'avion monté sur trois roues. Delphine, là-dedans, elle n'ose y penser.

– Rue de Vaugirard à l'orangerie du Luxembourg, s'il vous plaît.

Le chauffeur abaisse son drapeau, la vieille Traction fait le tour de la place. Ariane se cale dans un coin, confuse. S'enivrer devant sa fille ! Et ce rêve idiot. Les jumeaux doivent l'attendre depuis un moment et il n'y a rien à manger. Ensuite, elle doit se rendre rue de Sèvres pour voir Mme Dupin, pour ce projet d'atelier de couture.

Julien et François l'attendent dans le salon, on les entend depuis l'entrée.

– Daladier !

– Parachutiste !

Julien défend le principe d'une intervention militaire : il faut envahir l'Égypte. François penche pour la négociation, comme d'habitude. Sur le transistor que Pierre leur a offert, Elvis Presley roucoule des suavités.

– Bonjour, les enfants. Vous avez déjeuné ?

– Oui, maman. Au Mabillon. C'était bien dégueulasse.

– Et Delphine ?

– Pas vue, répond Julien. Peut-être dans sa piaule, à dessiner…

– Vous savez que votre père rentre après-demain soir. Vous serez là ?

– On va voir *La Cantatrice chauve*, à 18 h 30. On sera là vers 20 heures.

Ariane sourit. Les jumeaux chez Ionesco, c'est tout aussi étonnant que Delphine dans une caisse à roulettes.

– Vous savez ce que c'est ?

– Oui, du théâtre non figuratif.

– C'est à peu près ça. J'emmènerai votre père chez Allard, il a sûrement besoin de retrouver la cuisine française. Qu'est-ce que vous faites cet après-midi ?

– Mais on a cours, maman !

Bien sûr, songe Ariane. Elle ne parvient pas à se faire à l'idée que les garçons ne soient plus en vacances. Odile entre dans le salon :

– Vous déjeunez, Madame ? Il reste du poulet froid et quelques tomates.

– Non merci, Odile, je vais ressortir.

– Bien, Madame.

– Vous avez acheté les fruits ?

– À la marchande des quat', Madame. Elle les a enveloppés dans du papier journal, j'ai râlé, c'est pas hygiénique que je lui ai dit, et vous savez ce qu'elle m'a répondu ? Qu'elle se torche le cul avec depuis vingt ans et qu'elle a jamais été malade !

– Odile !

– Excusez-moi, Madame, mais elle a dit ça !

Ariane sourit. Il faudra raconter cela à Pierre, ça l'amusera.

– Cet après-midi, vous descendrez à Saint-Sulpice et vous commanderez des fleurs, beaucoup de fleurs, une montagne de fleurs, celles que je prends d'habitude, vous les ferez livrer.

– Très bien, Madame.

Ariane s'interroge. Plus que deux jours. A-t-elle été heureuse, sans Pierre ? La réponse est oui, mais elle est impatiente de le voir rentrer. Peut-être cette séparation aura-t-elle été bénéfique ? Elle ressort la lettre, tente d'en découvrir les facettes cachées : « Vous me manquez, tu me manques, à très vite, Pierre. » Est-ce ainsi que s'exprime un homme amoureux ? Elle ne sait pas. Elle ne sait plus.

*

(Vendredi 9 novembre 1956)

Viendra-t-il ? Mon Dieu, faites qu'il vienne, cela fait si longtemps que je ne l'ai pas vu…

Dans l'entrée encombrée de manteaux, de chapeaux et de parapluies, Delphine discute distraitement avec un monsieur qui ne cesse d'essuyer ses lunettes. Elle le connaît de vue, il travaille chez Gallimard, il vient souvent à la maison pour les livres de son père.

– C'est quoi, pour toi, la Sainte-Chapelle ? demande-t-il.

– Je ne sais pas, répond Delphine, jamais mis les pieds. C'est fait pour les touristes.

– Et le métro, t'y mets les pieds ?

– Oui, bien sûr, mais ça sent mauvais !

Le grand salon de Vaugirard a été aménagé. Le vestiaire, tenu par Delphine, a été installé dans l'entrée. Dans la cuisine, Mme Farge et sa sœur s'affairent. Pour fêter la nomination de Pierre comme conseiller référendaire de première classe à la Cour des comptes, Ariane a invité une soixantaine de personnes. Le partage est équitable : moitié littérature, moitié comptes de la nation. Pour l'occasion, elle s'est confectionné une robe spectaculaire de taffetas bleu turquoise avec impression d'ondulations, assortie d'un jupon en tulle de soie.

Ariane cherche Pierre du regard, le trouve. Ces trois mois en Afrique lui ont fait du bien : peau tannée, œil vif, corps aminci, il rayonne. Chez Allard, le soir de son retour, elle lui a avoué son aventure avec Lancelot. Calmement. Après un long silence, il lui a parlé d'Hélène, de ce sentiment de vide et pourtant apaisant lorsqu'il se rendait rue du Dragon. Il a ajouté que c'était de l'histoire ancienne, qu'il l'avait quittée définitivement. Elle lui a répondu que la vue de chez Jacques ne valait pas la leur.

Qu'elle avait décidé de rompre tout aussi définitivement, le jour de son arrivée. Ils ont ri et bu, un Château Margaux, il a fallu les mettre dehors. Dans la rue de l'Éperon, Pierre l'a embrassée. Sur la bouche.

– Excusez-moi, nous sommes bien à la soirée d'hommage à Paul Claudel ?

Chez Le Soudier, rue Saint-André-des-Arts, les jumeaux ont loué des queues-de-pie totalement démodées et passent de groupe en groupe, une coupe à la main, l'air hagard. Pierre, en élégant smoking en alpaga gris clair de Severino, s'est isolé un moment avec Camus pour évoquer les événements de Hongrie, l'alignement probable du PC sur Moscou. On parle de quatre mille morts, d'un raidissement du Rideau de fer.

– Et Sartre ? demande Pierre. Toujours le cul dans son fauteuil orienté dans le sens de l'Histoire ?

– On ne se voit plus. Mais je crois qu'il a compris. Il était temps.

Pierre hoche la tête. Lui aussi ne voit plus Sartre. Comment une telle intelligence peut-elle se fourvoyer ainsi ?

– Et aux Mathurins ?

– Ça marche bien. Auclair est épatant.

Pierre jette un coup d'œil vers l'entrée, cherche sa femme du regard. Dans la distribution, Auclair est formidable, mais Catherine Sellers ne l'est pas moins. La vie sentimentale de son ami restera toujours une énigme.

– Tu sais que pour Stockholm, tu es bien placé ?

Le visage de Camus se ferme, il tire nerveusement sur sa cigarette.

– Ne parle pas de malheur. C'est la pire chose qui puisse m'arriver, à part pour le fric, bien sûr. Qu'ils le filent à ton pote, il le mérite plus que moi. Et il en meurt d'envie.

Pierre sourit. Malraux, c'est vrai, donnerait tous ses droits d'auteur en échange du prix Nobel.

– Francine et Maria ?

– Ça va. Et toi, avec Ariane ?

– Ça va. Très bien, même.

Pierre contemple la foule des invités. Il pense à l'Afrique, à la descente du fleuve. Il était bien là-bas, sans rien, sans autre enjeu que de survivre et d'essayer de comprendre. Drôle de monde. Mais c'est le sien.

Le tintement d'une louche contre une carafe se fait entendre. Les jumeaux réclament l'attention de l'assistance.

– Je crains le pire, glisse Pierre à Camus tout en surveillant le visage du président de la Cour des comptes.

– Mesdames, messieurs, s'il vous plaît.

Le silence s'est établi dans le salon. Julien et François montent sur une caisse en bois, sortent chacun un papier d'un mètre de long, commencent à lire.

– Bédame, bédieu, parmatez-nous de faciliter un homme d'exception, en purulence notre père, dont la momisation est amplement héritée. Dans l'honorable Cour des pontes, il peine une carrière qui fait la miriation de tous. Avoué à la nation, il trouve aussi l'étang de crire des œuvres d'un réel humanisme, à la gloire des ôvres gens, des sans-grade, des laissés-pour-compte de la party. Un maître, donc, disons même un double-mètre, dont nous vous conseillons les petits tours à la campagne, non, les petits-fours et le champagne. Porto et toast à son talent, à sa modestie, à sa gérontosité. Mesdames et messieurs, on l'aplatit bien fort...

Après une courte hésitation, Roger Léonard, le président de la Cour, donne le signal des applaudissements. Bravo ! Qu'ils sont drôles ! Les jumeaux s'inclinent.

– Et maintenant, dit François, permettez-nous de vous dire, comme le ferait Boris : en avant la zizique ! Maestro ?

Julien se rend dans le couloir, fait entrer une forme humaine recouverte d'un drap de soie rouge. Julien retire lentement le voile. Marie apparaît, serrant contre son cœur un petit violon. Le cœur de Pierre bat la chamade, couvrant les murmures qui se propagent dans l'assistance : l'Ormen, c'est l'Ormen. La tenue de Marie, en hommage à l'Afrique, éclate de couleurs : elle porte une robe bustier avec jupe à la zouave confectionnée dans une étoffe orange brochée de palmiers d'or, le tout accompagné d'un léger caraco assorti.

Marie monte à son tour sur la caisse en bois, esquisse une révérence et entame *Petit Papa Noël* sur un rythme jazzy, à la manière de Django. Ariane s'est approchée de Pierre, lui prend la main. Elle écoute, réprime une larme. Ses fils sont brillants, Delphine est ravissante, Marie est une star, Pierre est revenu. Elle revoit le timide jeune homme qu'elle avait rencontré devant le théâtre de l'Atelier, en 1934. Presque vingt ans, déjà. Ils vieilliront ensemble, elle le sait maintenant, face au jardin du Luxembourg. Les enfants feront des petits-enfants et la vie sera belle, au moins jusqu'à cent ans.

Dans l'entrée, Delphine met de l'ordre dans les manteaux, aligne les chapeaux, classe les parapluies par couleur. 21 h 40 : il ne viendra plus. Est-ce la famille qu'il boude ou bien est-ce elle qu'il évite ? J'ai bientôt quinze ans, songe-t-elle, et j'aimerais tant en avoir vingt. Juste une fois, juste une nuit, avec lui…

6

(Samedi 7 décembre 1957)

Il ne faut pas faire l'étable au veau avant qu'il soit né. Voilà ce qu'il faudrait lui dire, à Madame Odette, pour toutes ces manigances. Et Monsieur Valentin qui s'en va du chapeau. C'est pas mes affaires mais quand même, Monsieur Pierre, il devrait voir les choses.

– Comment ça va, ma petite pomme ?

Monsieur Pierre est le seul à se permettre des familiarités. Ce n'est pas que ça la gêne mais ça fait un peu mal, ça rappelle trop le passé, les années heureuses, lorsque tous les enfants tournaient autour d'elle comme un essaim en folie. Quatre garçons et une fille, c'était du travail. Celui qu'elle préférait, c'était Jean-Noël, un ange aux belles boucles blondes qui se cachait toujours dans le placard à balais. Et puis tout s'est cassé, à cause d'Amédée et à cause de la guerre. Une belle famille comme ça, si c'est pas malheureux.

Pierre s'est penché, l'a embrassée sur les deux joues.

– Bonjour, Monsieur Pierre. Entrez vite, il fait froid.

– Mon père est dans son bureau ?

– Il vous attend dans le salon, il n'est pas bien vaillant. Le docteur est passé, il n'avait pas l'air content.

– Allons-y, dit Pierre.

Dans le salon, devant le feu de cheminée, Valentin est allongé sur le tapis, en position fœtale. Il a enlevé son œil de verre et le fait rouler, comme si c'était une bille. Pierre s'approche et s'assied près de lui à même le sol. Mme Farge a déjà préparé le sapin. Dans quinze jours, comme chaque année, il y aura dinde farcie et bûche glacée.

– Comment ça va, papa ?

À la vue de son fils, le visage du vieil homme s'illumine.

– Très bien, mon garçon. À part ce docteur qui m'interdit le vin, un vrai crétin ! Sers-toi ton jus de punaises écrasées, pour moi ce sera un verre de vin, la bouteille est cachée au fond du bar.

Pierre se lève, va chercher les bouteilles, dispose deux verres sur la petite table. Avec le tisonnier, il attise le feu.

– C'était comment, l'Afrique ? demande Valentin.

– C'était il y a un an, papa...

– Tant que ça ? Plus on vieillit plus le temps passe vite. Raconte encore...

Pierre cale son dos contre le canapé et raconte, pour la dixième fois. Kouroussa, Bamako, les laveuses d'or de Siguiri, les danses rituelles des génies masqués au pays dogon.

– Et tes Nègres, là-bas, qu'est-ce qu'ils disent de la mort ?

– Papa, tu ne vas pas recommencer !

– Tu sais, Jean-Noël, j'ai toujours pensé qu'il n'y avait rien après la mort. Le grand sommeil. Aujourd'hui, je ne serais pas contre une petite surprise...

Pierre sirote son whisky. Du VAT 69, sa bouteille personnelle. Il y a bien longtemps qu'il ne reprend plus son père lorsque ce dernier s'emmêle dans les dates ou les prénoms.

– Qui sait, papa ? Avant de partir, j'étais comme toi. Après ce voyage, je ne sais plus. Il y a peut-être quelque chose de plus grand que nous, là-haut. Ou ailleurs. En tous les cas, c'est ce qu'ils croient, eux.

– Ah ! tu vois !

– Comment ça va avec Odette ?

– Odette ?

– Oui, ta femme...

– Bien. Très bien. Très efficace, Odette. Elle s'occupe de tout. Et ton livre, ça avance ?

Pierre fait la grimace, pense à son manuscrit errant dans le métro depuis presque un an. Neuf mois de travail abandonnés sur une banquette en bois. Selon Ariane, il pourrait s'agir d'un acte manqué, d'une volonté de faire avorter la publication d'un livre aux accents trop personnels. Peut-être, songe-t-il en regardant son père, peut-être y a-t-il des livres qu'on ne peut publier qu'après la mort des êtres chers...

– Ça avance...

– C'est bien, mon fils... Et David, tu le vois ?

– Quel David ?

– Ben, David Bronstein. Tu sais bien, le notaire.

Pierre le regarde, perplexe. Ce docteur a sans doute raison, pour le vin d'Anjou.

– Non, il n'est pas passé nous voir.

– Ah bon. Et tu vois Amélie, toi ? Moi, elle ne vient plus jamais me voir.

– Elle est heureuse, papa. Elle jardine, à l'abri du monde.

– C'est pas une vie, quand même, pour une petite jeune fille.

– De quarante-quatre ans, papa. Mais c'est la meilleure vie qu'elle puisse avoir, fais-moi confiance.

– Tu te souviens, quand vous étiez petits ? Elle faisait rire tout le monde, même Mme Farge. Elle voulait une grande famille, avec douze enfants. Je vais te dire un secret : c'était la préférée de Marie, ta mère, Marie comment, déjà ?

– Marie-Thérèse...

– Bravo ! C'est ça !

Pierre ne lui fait pas remarquer que sa mère, Marie-Thérèse, n'a jamais connu sa fille. Qu'elle est morte en couches. Pauvre vieux. Il part en lambeaux.

Valentin a remis son œil en place. D'un geste de la main, il demande à Pierre de lui verser un verre de vin.

– J'ai rédigé mon testament, fiston, je me suis appliqué, sans fautes d'orthographe...

– Papa !

– Je ne savais pas que j'étais si riche. Parfois j'en ai honte. Une fortune accumulée à coups d'obus, je ne sais pas si le bon Dieu sera très content…

– Tu as dit le bon Dieu. S'il est bon, il comprendra.

– Oui, mais les obus, ça vient du diable !

– Le diable fait partie de Dieu, papa. Sans le diable, Dieu serait inhumain.

– Tu crois ?

– Ne t'inquiète pas. Tu es un homme bon. Le bon Dieu le sait.

– C'est vrai. Pour le testament, j'ai bien fait les choses. Tu verras, tout le monde sera content.

– J'en suis sûr. Je vais te laisser, papa. Nous viendrons tous samedi prochain.

– C'est bien, mon fils. Et dis à Jean-Noël de passer me voir…

Pierre le regarde tristement. Lui caresse la joue.

– Au revoir, papa, à samedi, repose-toi.

*

C'est vrai qu'il est bon, Monsieur Valentin. Le bon Dieu le verra, il ne lui en voudra pas. Mais après, qu'est-ce qui se passera ? S'il me laisse un pécule, songe-t-elle, je retournerai au village, j'achèterai une petite maison, des poules et des lapins, comme ici pendant la guerre. On s'installera avec ma sœur, toutes les deux, Monsieur Pierre trouvera quelqu'un d'autre pour la remplacer. Paraît que la petite fricote avec Olivier, c'est Odile qui le dit. C'est pas au village qu'on verrait des choses comme ça. Mais les chiens font pas des chats. Le fils de Madame Odette, il a laissé son enfant, c'est pas un père, c'est normal, parce qu'il en a pas.

– Vous écoutez aux portes, Madame Farge ?

Elle se relève, le toise.

– Voyons, Monsieur Pierre !

– Excusez-moi, Madame Farge. Odette est là ?

– Chez elle. Elle se pomponne.

– Vous ne l'aimez pas beaucoup, n'est-ce pas ?

– Je n'ai pas dit ça, Monsieur Pierre. Madame Odette a toujours été correcte avec moi. Mais vous devriez lui parler. Il se passe des choses.

– Des choses ?

– Je sais pas trop. Et c'est pas à moi de dire tout ça. Je vous annonce ?

– Non merci, je monte.

*

Odette, dans son boudoir, travaille en robe de chambre à son bureau. Elle porte des lunettes qu'il ne lui a jamais vues.

– Bonjour, Odette.

– Bonjour, Pierre. Contente de te voir. Comment l'as-tu trouvé ?

Pierre hausse les épaules, approche une chaise, s'y pose à califourchon.

– Pas terrible, dit-il en cherchant son paquet de cigarettes. Je suis inquiet.

– Moi aussi. J'ai l'impression qu'il est fatigué de la vie, qu'il a hâte de partir.

– Il m'a encore parlé de son testament, cela devient une obsession, tu es au courant ?

Odette ferme son cahier, se lève. Elle ouvre les rideaux, entrouvre la fenêtre. Qu'a dit Valentin à son fils chéri ?

– Tu peux fumer, dit-elle, cela ne me dérange pas.

– Alors, ce testament ?

– Je voulais t'en parler depuis un moment. David est vivant.

– David ?

– David Bronstein…

Pierre sent une bouffée de chaleur lui rougir le visage. Le fils d'Isaac !

– Mais comment… ?

Odette lui raconte le trajet de David, le Vél' d'Hiv', Nice, le retour à Paris. Les études de droit, son office notarial rue de Rivoli.

– Valentin a décidé de le prendre comme notaire, en souvenir de son père. Qu'est-ce que tu en penses ?

Pierre est abasourdi. Le garçon s'est probablement enfui au moment où il rentrait de chez Mireille à Vaugirard. Lorsqu'il lisait le message de Ménélas.

– Quel âge a-t-il ?

– Bientôt trente ans.

Pierre a oublié sa cigarette, qui se consume toute seule dans le cendrier. Ses pensées bouillonnent, contradictoires. La joie de savoir l'un des enfants vivant s'accompagne d'un sentiment qui lui fait horreur : il va revivre son infamie chaque fois qu'il rencontrera le garçon, jamais il ne pourra soutenir son regard, jamais il ne pourra parvenir à oublier ce matin d'été.

– Bien sûr, dit-il. Nous lui devons bien ça.

– Son étude est au Châtelet, tu veux passer le voir ?

– Non, pas pour l'instant. Il n'y a pas d'urgence ?

– Aucune, Dieu merci.

Ils se regardent, étonnés. Pierre par sa sécheresse de ton, elle par son manque de curiosité. Odette attend. Veut-il l'interroger sur le contenu du testament ? Elle en doute. Il s'en fiche, il est ailleurs.

– Tu restes déjeuner avec nous ?

– Non, je dois rentrer.

Pierre se lève, se dirige vers la porte, pose la main sur la poignée. En porcelaine rose, une horreur. Il se retourne.

– Tu sais que Delphine fréquente beaucoup Olivier ?

Odette fronce les sourcils. Qu'est-ce que c'est que cette histoire ?

– Je voudrais que tu lui parles. Delphine a quinze ans et demi, c'est encore une enfant. Tu comprends ce que je veux dire…

– Tu sais, je ne le vois guère. Mais je lui parlerai, promis.

– Je te remercie. À samedi prochain ?

– Je serai là. Au revoir, Pierre.

– Au revoir, Odette.

Odette l'accompagne jusqu'à la porte, suit des yeux la longue silhouette qui descend l'escalier en claudiquant légèrement. Pourquoi n'a-t-il pas de canne ? Coquetterie masculine, sans doute. Delphine et Olivier ! C'est à mourir de rire ! Delphine la petite bâtarde, qui tourne autour de son bâtard de fils. Elle rouvre son cahier, remet ses lunettes, se plonge dans les chiffres tout en pensant à Pierre. S'il ne s'était pas opposé à l'adoption d'Olivier, tout aurait été différent et on n'en serait pas là. Il va falloir qu'il paye. Et cher.

7

(Samedi 24 mai 1958)

Il a acheté ces deux tableaux au marché aux puces de la rue Gracieuse. L'un représente une femme, l'autre un homme, tous deux contemplent les gratte-ciel de New York depuis le pont d'un transatlantique.

– C'est beau, chez toi…

Selon la façon dont on les dispose, l'homme et la femme se regardent ou, au contraire, se tournent légèrement le dos. La facture artistique est plutôt grossière si on les examine de près, mais l'ambiance est là, l'arrivée du *Normandie* au petit matin, les tonalités grises et chocolat comme le cigare de l'homme ou le vanity-case de la femme.

– C'est pas comme chez les parents, à Vaugirard…

Delphine détaille le minuscule appartement. Tout la ravit. Les toilettes sur le palier, les deux tableaux, les poutres, le piano, le petit réchaud noir, la glacière contenant un bloc de glace entouré de flanelle, les chaises dépareillées, le buffet campagnard dont un pied, manquant, est remplacé par des livres. Après le départ de Colette, Olivier a repeint les murs, installé des bibliothèques, aménagé un coin chambre en abattant la moitié d'une cloison. L'ensemble respire le célibat tranquille et décontracté.

– Un Nes ? propose-t-il.

– D'ac.

Tandis qu'il met de l'eau à chauffer, Delphine consulte une coupure de journal coincée sous le sucrier. *Combat*, le journal que lit son père, un entrefilet entouré d'un trait rouge. On y parle de L'Heure Bleue en termes élogieux. Et du quartier de la Contrescarpe, dont l'aura artistique commence à éclipser celle de Saint-Germain-des-Prés.

– Ça marche, le cabaret ? demande-t-elle.

– J'arrive à me payer. Mais pas tous les jours. Un sucre, deux sucres, mille sucres ?

Delphine réchauffe ses mains autour de la tasse. C'est bien, chez lui.

– Et ton père, Olivier, tu n'as jamais cherché à savoir qui c'était ?

– Fais pas chier, Rebecca…

Delphine rit. En deux ans, son paysage intérieur s'est apaisé, l'altercation avec Marie n'est plus qu'un souvenir pittoresque. Elle aime être la fille de Pierre et d'Ariane et, en même temps, n'être la fille de personne. Selon les circonstances, elle est l'une ou l'autre.

– Tu sais que j'ai ma chambre, maintenant, une des deux chambres de bonne ?

– Ne compte pas sur moi pour y mettre les pieds. Toute seule à seize ans, je rêve !

– Et toi ? On m'a dit qu'au même âge, même à quatorze ans, tu dormais n'importe où, chez des voyous !

Olivier lui tend une petite cuillère, fait glisser le pot de Nescafé sur la toile cirée.

– Jean-Louis Barrault, un voyou ? Mais ma petite fille, il faudrait sortir. Tu sais où je dormais ? Dans son atelier, rue des Grands-Augustins, pas très loin de chez toi, on y répétait une pièce de Prévert. Et tu sais qui a repris l'atelier ensuite ? Picasso, oui madame, c'est là qu'il a peint *Guernica* ! Comme voyous, on fait mieux. C'est ma mère qui te raconte toutes ces fariboles ?

– Je ne la vois pas, ta mère !

– J'espère bien, c'est une vipère ! Tes parents savent que tu es ici ?

– Ouais.

– Bon. Bois ton café, je suis déjà en retard.

*

En descendant la rue Mouffetard, Delphine s'émerveille. Si sa mère voyait cela, elle qui se plaint de n'avoir pas un seul commerçant à portée de la main ! Dans la vitrine de la boucherie Dugommier, de petites pancartes sont piquées sur les pièces de bœuf : « Je suis tendre », « Prenez-moi ». À la hauteur de La Laiterie Parisienne, ils croisent un cul-de-jatte remontant péniblement dans une caisse à roulettes qu'il fait avancer à l'aide de ses mains munies de cuillères en bois.

– Lui, murmure Olivier à l'oreille de Delphine, il est millionnaire, il possède quatre immeubles dans Paris.

– Pas possible ?

– Si. Il paraît même que c'est le fils naturel de Maurice Chevalier.

– Tu te fiches de moi !

– Comme toi, avec les racontars de ma mère...

Delphine tente d'ajuster son pas à celui d'Olivier. Pour un de ses pas, elle en fait deux.

– Où va-t-on ? demande-t-elle.

– Je suis garé rue de l'Arbalète, je te dépose à Vaugirard et je vais voir mon fils, au Champ de Mars, c'est mon jour.

– Laisse-moi venir avec toi.

– Non.

– Je jouerai avec lui.

– Pas question, tu rentres ; un enfant, ça me suffit.

Delphine, furieuse, l'invective sous l'œil intéressé de quelques commères.

– Je suis une femme, t'entends ! J'ai seize ans !

Olivier secoue la tête, hausse les épaules. Cette petite commence à être pénible, même si elle est ravissante, avec sa nouvelle coupe de cheveux.

– Arrête, s'il te plaît. Je pourrais être ton père.

– Tu rigoles ? C'est moi qui pourrais être ta mère. La plus adulte de nous deux, c'est moi ! Tu te prends pour qui, avec ta vie d'artiste soi-disant engagé, à refaire le monde toutes les nuits ? Tes Lapointe, tes Béart, ils finiront sous les ponts. Et cesse de me prendre pour une petite fille ! Tiens, tu m'énerves, je me tire ailleurs !

– C'est ça. Va voir si c'est plus bath ailleurs !

– Amusant...

– Mais non, mon petit chat, calme-toi, je vais te raccompagner à Vaugirard.

La voiture d'Olivier est une vieille 4 CV cabossée de tous côtés. Delphine s'installe sans dire un mot, fait claquer la portière.

– C'est vrai, pour Julien ? demande Olivier en actionnant le contact. Il veut devancer l'appel pour partir en Algérie ?

– Il voulait. Mais papa a piqué une crise.

– J'espère bien ! Tu sais ce qui se passe, là-bas ? L'armée s'est rebellée, ils ont pris la Corse et ils veulent faire sauter les paras sur Paris. Tu vois ton frère se poser en parachute dans le jardin du Luxembourg ? Il dit quoi, ton père ?

– Il s'agite. La politique. Ça défile à la maison.

– Et ta mère ?

– Pareil. Sauf que c'est le contraire. Entre sa maison de couture et son combat pour les bonnes femmes, on ne la voit plus. Quel âge il a, Serge ?

– Je ne sais pas, répond Olivier. Six ou sept ans.

– Tu ne connais même pas son âge ! Quel père !

La 4 CV dépasse la rue de Tournon, ralentit à la hauteur de l'orangerie. En apercevant ses deux frères sortir de l'immeuble, Delphine plonge sous le tableau de bord, en attendant qu'ils traversent la rue et disparaissent dans le jardin.

– Ça va, annonce Olivier. Danger écarté.

– Tu vois, dit Delphine en désignant une lucarne du sixième étage, c'est là que j'habite.

– Je sais.

– C'est là que je travaille en pensant à toi.

– Je sais.

– C'est là que tu peux venir me voir quand tu veux. Salut, mon Olivier...

Olivier la regarde se diriger vers le porche, se retourner, lui sourire en agitant la main. Belle fille, songe-t-il. Elle va faire des ravages. Il enclenche la première, met son clignotant. Pour le Champ de Mars, le mieux est de prendre par Montparnasse. Que va-t-il faire avec Serge ? Cinéma ? Jardin d'Acclimatation ? Il aurait dû accepter d'emmener Delphine. Avec son fils, il s'ennuie. Et avec elle, il revit.

*

Le vieil homme a tourné longuement la manivelle, il a poussé de la main l'un des chevaux afin de donner l'impulsion de départ. Autour du manège, les mamans babillent.

– Toujours fidèle au poste, le père Passek, murmure Julien.

– Tu te souviens ? dit François. C'était toujours moi qui gagnais...

– Oui. Et tu sais pourquoi ?

– Le talent, mon cher. Être numéro un, c'est inné chez moi.

– Pauvre pomme. Regarde celui-là, avec son bonnet, il en touche pas une.

Un petit bonhomme solidement attaché s'évertue à décrocher un anneau de fer à l'aide de son bâton. En vain. Au-dessus, au-dessous, jamais au milieu.

– Et alors ?

– Il est gaucher comme moi, patate ! Les gauchers devraient pouvoir payer moitié prix.

François suit des yeux le petit bonhomme. Toujours rien.

– J'aimais bien, reprend-il, le cheval blanc avec des rayures. Et le rouge. Pourquoi les a-t-il remplacés ?

– Piqués par les Boches, tu ne te souviens pas ? C'était affreux à voir, deux trous, ça faisait comme deux dents manquantes au milieu de la bouche.

– T'as raison, dit François en contemplant le visage fermé du petit gamin, tout proche des larmes. C'est vraiment dégueulasse pour les gauchers !

– Ouais. Ne restons pas là. T'es au courant, pour papa ?

– Quoi ?

– Je crois qu'il va quitter la Cour des comptes pour rejoindre Malraux dans un nouveau ministère, ça s'appellerait Affaires culturelles.

– Oui, je suis au courant. Il vire à droite, l'écrivain.

– C'est l'âge, mon vieux !

Dans le jardin du Luxembourg, sous un soleil presque estival, c'est la Sorbonne à la campagne. Ça lit, ça écrit. François et Julien se dirigent vers la fontaine Médicis à la recherche d'une proie de préférence blonde. Ensuite, si tout se passe bien, ils tireront au sort et, qui sait ? Delphine sera priée de laisser sa chambre pendant un moment.

– Tu veux vraiment y aller, abandonner la fac ?

– Non, plus maintenant. Paraît que Coty va rappeler de Gaulle. Le seul problème, c'est qu'on ne connaît pas sa position. Si c'est pour faire comme l'Indochine...

– On n'avait pas le choix, Julien. C'est fini tout ça. Il va falloir t'habituer à une France rétrécie, une puissance de seconde zone.

– On s'est fait baiser par les Viets, on s'est fait baiser au Maroc, en Tunisie, on s'est fait baiser à Suez, mais là, c'est la France, la République, merde ! Si on perd celle-là, alors oui, on deviendra tout petits.

– Celle-là, comme tu dis, c'est une guerre. Une vraie. Et pas une opération de police, comme on le dit si pudiquement. On n'a jamais vu un pays perdre la guerre lorsqu'il s'agit de son indépendance. Il faut t'y faire. Et puis, comment peux-tu cautionner ce qui se passe là-bas ? La torture, la barbarie... Ce n'est pas pour rien que Bollardière a démissionné.

– Ça va, François. On l'a déjà fait cent fois. De toute façon, si ça continue, il faudra bien y aller. On ne va pas être sursitaires pour l'éternité.

Le long de la balustrade, les jambes dénudées, une jeune fille au petit nez insolent est plongée dans *La Chasse royale* de Pierre Moinot.

– Et celle-là, elle te ? demande François.

– Non, j'ai plus env.

– T'es fati ?

– J'ai plus de goût à. Je me sens vieux croulant.

– On ne dit plus « croulant », Delphine prétend que c'est démodé. On dit « moins de vingt dents ».

– Pas drôle, grince Julien. N'est-ce pas, mademoiselle ?

La fille hausse les épaules sans lever la tête.

– Décidément, conclut Julien en se tournant vers son frère, j'ai tout faux aujourd'hui, je ne suis plus bon à. Je crois que je vais me saouler. Viens, je te paye un verre à La Pergola.

– J'aimerais mieux La Rhumerie.

– Va pour La Rhumerie !

La brunette baisse son livre et les regarde avec regret s'éloigner vers le bassin. Des jumeaux, aussi beaux l'un que l'autre. Elle aurait pu répondre, mais après ? Lequel choisir ? J'aurais dû répondre, songe-t-elle. Et j'aurais tiré au sort.

*

(Mardi 23 décembre 1958)

Près du sapin, le grand téléviseur trône au milieu du salon, un Téléavia tout neuf qu'Odette a offert à Valentin pour ses soixante-treize ans. Aux Actualités, l'image de de Gaulle apparaît plein écran. Il a beaucoup vieilli, songe Pierre, mais il a réussi. Comme le disait si bien Malraux, le pouvoir n'était pas à prendre mais à ramasser. Que va-t-il en faire, maintenant, de ce pouvoir suprême qu'il a cueilli presque négligemment ? En rêvait-il vraiment ? Il revoit le visage du Général à la Libération, lors de la remise des croix. Plus lisse, plus rieur. En quinze ans, il en a pris trente.

– Vous viendrez tous pour le réveillon ? demande Valentin d'une petite voix.

– Promis, papa.

Chaque année, immuablement, Pierre et sa famille viennent déjeuner à Fontenay le 23 décembre pour l'anniversaire de son père. Ils passent Noël rue de Vaugirard et reviennent à la villa le soir du 31, afin de fêter la nouvelle année.

Sous une couverture, Valentin est allongé par terre, sur le tapis. Odette est près de lui, attentionnée.

– Tu ne veux pas ton fauteuil ?

– Non. Je suis bien comme ça. Ça me repose les os.

Pierre contemple l'arbre illuminé, des boules rouges, des boules bleues, des guirlandes dorées. Et pas un seul enfant, demain, pour s'en émerveiller. Il repense à ce Noël avec sa mère, en 1919. Il avait sept ans. Sur les branches du sapin, près du jet d'eau, Valentin avait fixé de petites bougies. L'arbre avait pris feu, ils étaient tous sortis sous la neige pour contempler le spectacle. Bouche bée devant l'immense torche qui s'élevait vers le ciel, il s'était mis à applaudir. L'idée qu'il puisse s'agir d'un accident ne l'avait pas effleuré un seul instant. Il s'était persuadé que son père l'avait fait exprès, qu'on brûlerait un arbre chaque jour de Noël en se tenant par la main pour danser autour, comme les Indiens. Ce n'était en fait qu'un signe annonciateur de malheurs et de cendres : sa mère, cette jolie jeune femme, morte à trente-deux ans. Jean-Noël, assassiné à vingt-sept. Amédée en enfer, Amélie dans son paradis amnésique.

Pierre surveille son père, attentif à devancer ses désirs. Où sont passés les Noël d'antan, lorsque les cinq enfants déchiffraient au matin les petits mots glissés dans les souliers ? C'était la valse des billets blancs. « Bon pour un Meccano ». « Bon pour une poupée », « Bon pour une panoplie de cow-boy ». Valentin aurait dû laisser d'autres mots : « Bon pour un monde sans guerre », « Bon pour se retrouver chaque année réunis », « Bon pour surmonter les saloperies de la vie ».

J'ai quarante-six ans, songe Pierre, bientôt quarante-sept, tous mes rêves d'enfant se sont réalisés mais le bonheur tranquille me fuit obstinément. Il se tourne vers Ariane, désemparé. Sa femme discute avec Delphine, de chiffons semble-t-il.

Près de Valentin, Odette dévisage un à un les membres de la tribu Ormen regroupés devant la télévision. Ils font bloc, songe-t-elle, ils emplissent la pièce de leur présence, de leur enfance. Jamais elle n'avait ressenti à ce point l'impression d'être une intruse, une pièce rapportée dont on devinera toujours les défauts aux petites traces de colle. Peut-être est-ce dû à l'absence d'Olivier, à celle du petit Serge ? Ils n'ont pas souhaité venir et elle se retrouve seule, comme d'habitude. Pierre semble un peu absent. À quoi peut-il songer ? À son père ? À ses romans ? Elle en a lu plusieurs, sans jamais le lui dire. Trop torturé, trop compliqué, il ne s'y passe jamais rien. Pense-t-il à David, au testament ? Pense-t-il à reprendre Fontenay, lorsque le moment sera venu, aux dispositions de Valentin envers Amélie et Amédée ? Elle observe Valentin allongé sur le tapis, se demande ce qui a changé ces derniers temps. Ce n'est plus mon mari, songe-t-elle, c'est devenu le père de Pierre, le patriarche usé d'une famille que la guerre a fait exploser, une famille au sein de laquelle je n'ai plus ma place.

Delphine observe Odette. Le petit nez pointu, les yeux qui étincellent curieusement par moments sans qu'on sache pourquoi. Elle aimerait bien connaître le père d'Olivier, car, manifestement, il a tout pris de lui et rien de sa mère. Ce devait être un artiste, un acteur de cinéma, quelque chose comme ça. Et mon père à moi, songe-t-elle, existe-t-il quelque part ? Elle n'aime pas venir à Fontenay le 23 décembre, c'est un jour bâtard, une répétition poussive du jour de Noël. Pourquoi Olivier n'est-il pas là ? Pour les mêmes raisons, sans doute. Un ami de son père – enfin, pas tellement ami que ça – a écrit quelque part « Famille, je vous hais ». Il devait s'y connaître, en famille désunie. Il n'y a que les jumeaux pour ne pas percevoir ce climat étouffant. Normal, ils se suffisent ; leur famille, c'est eux. Ils s'engueulent, comme toujours, mais ce n'est plus aussi drôle qu'avant, ce n'est plus pour rire, ils s'engueulent vraiment, comme des adultes. Delphine râle. Quand est-ce qu'on déjeune, ça traîne, ça traîne, on s'emmerde, on s'emmerde !

Elle se tourne vers sa mère, cherche sa main. Ariane l'attire vers elle, l'embrasse sur la tempe.

– Tout va bien, ma chérie ?

– J'ai faim.

Ariane consulte sa montre : 13 h 20. Ils ne seront pas rentrés avant 17 heures. Elle contemple Valentin, ce petit homme pugnace qui l'impressionnait tant lorsqu'elle venait ici, aux tout débuts. Elle tente de faire le compte : c'était en 1933 ou 1934, cela fait donc vingt-cinq ans, dans ce même salon. Au-delà de son amour pour Pierre, elle était tombée amoureuse de cette grande famille aux antipodes de la sienne, cette joyeuse folie entretenue par les petits, Amédée, Amélie et Olivier. Odette était alors une jolie jeune femme, vive et enjouée, aux petits soins pour son mari.

Pierre, l'air sombre, consulte *Radio Cinéma*. Elle cherche à retrouver son visage d'antan. Le jeune homme qu'elle aimait est devenu l'homme qu'elle aime, mais il a perdu ce qui en faisait la grâce : sa timidité, ses doutes, ses rêves enfantins de succès littéraire. J'aurais préféré, songe-t-elle, qu'il ne réussisse pas si vite, qu'il garde sa part d'innocence, qu'il ait besoin de moi pour continuer à espérer. Mais non, il taille la route comme la statue du Commandeur, grand bloc solitaire, inébranlable. Ses deux rêves têtus, une présidence de la Cour des comptes et un fauteuil à l'Académie, occupent tout son espace. Il y parviendra, elle en est sûre. Quel âge auront-ils alors ? Plus de soixante-cinq ans. Il sera arrivé, mais où ?

– Il y arrivera !

François hausse les épaules. N'importe quoi.

– Ils n'ont rien compris à son « Je vous ai compris ». Il n'a pas prononcé les mots « Algérie française ».

– Il les a prononcés à Mostaganem.

– Une seule fois. Tu verras, dans son discours du 29, ça va déchanter dans les beaux quartiers d'Alger. Avec quatre-vingts pour cent des voix, il a les mains libres.

– Les voix de qui ? Ce n'est pas une élection, c'est un plébiscite de notables ! Avec le suffrage universel, ça se passerait autrement.

– Ah oui ? Et t'aurais voté quoi, ducon ?

– J'aurais voté Massu, mais il n'était pas candidat.

– Et toi, papa, tu aurais voté quoi ?

Pierre se lève, éteint le téléviseur. Il aurait voté quoi ?

– J'aurais voté de Gaulle, parce que c'est le seul qui peut nous sortir du bourbier algérien. En m'excusant auprès de Châtelet. Et toi, Odette ?

– De Gaulle, c'est très bien. Ça va rassurer les milieux financiers.

– Et toi, papa, demande Pierre, tu aurais voté quoi ?

Silence.

– Papa ? Tu dors ?

Pierre s'agenouille, approche son visage de celui de son père.

– Papa ?... Papa... ?

*

(Mercredi 31 décembre 1958)

Au-dessus d'un magasin de chapeaux, face à Rivoli Deuil, l'étude Feigel & Bronstein occupe tout un étage d'un immeuble d'angle à la pierre de taille noircie par les ans. Odette, Pierre et Ariane sont assis dans la salle d'attente, immobiles et silencieux. Pierre porte un brassard noir, Odette a abandonné ses tenues acidulées. Par la fenêtre donnant sur la rue de Rivoli, Pierre regarde la neige qui tombe sans discontinuer en flocons épais, semblables à ceux qui conféraient au cimetière communal de Fontenay-aux-Roses cet aspect irréel et cotonneux. Bompart a déconseillé d'informer Amélie. Plus tard, a-t-il dit. Quant à Amédée, Pierre a dû se résoudre à l'appeler avenue Victor-Hugo. Une voix féminine lui a répondu qu'il était à Genève et qu'il rentrait le lendemain. Pierre a laissé un message, donné la date et l'heure du rendez-vous chez le notaire.

Quand neigeait-il ainsi ? Il se souvient. Cet étonnant silence, les grilles du Luxembourg. C'était fin 1941 ou début 1942, ils étaient descendus chez les Bronstein, Esther avait fait des folies, un rôti, du vin, du fromage. Ils avaient parlé de *L'Heure bleue*, de la filière pour passer en Espagne, des rumeurs inquiétantes concernant les Juifs. Il faisait horriblement froid, un froid qui les tenait en vie.

Pierre aimerait croire en Dieu : Valentin a enfin rejoint son ami Isaac, le petit bonhomme et le géant parlent peinture et politique devant une carafe de vin d'Anjou, ils se penchent parfois, pour observer l'humanité, se détournent, affligés. Papa, songe Pierre, nous ne t'avons pas assez aimé. Tu nous as tout donné et nous n'avons laissé qu'une famille en ruine.

– Bonjour à tous…

Amédée est entré sans frapper. Il enlève son chapeau, dépose son parapluie, retire ses gants. Pierre et Ariane ne l'ont pas vu depuis treize ans, lors de son jugement devant la chambre civique, à la Libération. La silhouette s'est légèrement tassée, le cheveu s'est raréfié mais l'ensemble respire opulence et suffisance. Pierre, par un de ses amis à la préfecture, a suivi discrètement la trajectoire professionnelle de son frère. L'appartement de l'avenue Victor-Hugo, le magasin d'antiquités rue du Faubourg-Saint-Honoré, la galerie de Genève, les rumeurs sur les « parties fines » organisées à Fausses-Reposes dans le pavillon de chasse mis à la disposition de Le Troquer, l'ancien président de l'Assemblée nationale, dossier sur lequel il a instruit à la Cour des comptes.

Dans un mois sortira un article explosif dans *Aux écoutes du monde* qui pourrait bien envoyer Amédée devant un tribunal correctionnel en compagnie d'une brochette de notables.

– Bonjour à tous, répète Amédée.

Odette a ostensiblement tourné la tête. Ariane contemple Amédée avec curiosité. Elle ne pensait pas qu'il viendrait au rendez-vous.

– Bonjour, Amédée, dit Pierre.

– Merci de m'avoir prévenu. J'ai vu la plaque en bas. Bronstein, c'est un parent ?

Odette relève vivement la tête, crache plus qu'elle ne répond :

– Non, dit-elle d'une voix sifflante, les parents, ils sont morts. Lui, c'est David Bronstein, le fils. Ça te rappelle quelque chose ?

Amédée encaisse en silence. David Bronstein, notaire de la succession ! Comment est-ce possible ? Il se tourne vers son frère, attend des précisions ; il lui semble qu'Odette jubile intérieurement. Pourquoi est-il venu ? Qu'est-ce qu'il en a à fiche ? Le vieux l'a certainement déshérité, il aurait mieux fait de rester avec Ghislaine pour préparer l'expo de février.

– Si vous voulez bien me suivre...

Me Feigel est chauve comme un gravier, à part trois petits poils étonnants de hauteur au sommet du crâne. Il devrait les couper, songe Odette, c'est vraiment ridicule. Il devrait les couper, se dit Pierre, c'est tout à fait curieux.

Devant le bureau, cinq chaises sont alignées. Amédée compte : moi, Odette, Pierre, Ariane. Amélie va-t-elle venir ? Son cœur s'emballe. Il ne sait pas très bien s'il espère ou redoute.

– Prenez place, je vous prie. Je suis Me Feigel, l'associé de Me Bronstein, qui n'a pas souhaité prendre en charge directement le dossier. Il m'a prié de vous recevoir afin que je vous communique les termes du testament que M. Valentin Ormen a déposé chez nous il y a un an, testament dûment enregistré. En l'absence de toute disposition ultérieure, ce sont donc ses dernières volontés que nous allons découvrir. Avant de procéder à l'ouverture du testament, avez-vous des questions ?

Amédée s'est placé légèrement en retrait. Des questions, non. Il connaît déjà les réponses. Pierre et Odette sont restés silencieux.

– Bien, poursuit Me Feigel, procédons.

Il chausse ses lunettes, ouvre une enveloppe, se met à lire d'une voix monocorde : « Ceci est mon testament. Je soussigné Valentin Ormen, sain de corps et d'esprit, né le vingt-trois décembre mille huit cent quatre-vingt-cinq, demeurant à Fontenay-aux-Roses, 3, rue des Roses, déclare léguer : à ma femme Odette, les terrains de La Croix-Valmer et mon portefeuille d'actions. À mon fils Pierre, la villa de Fontenay-aux-Roses, dont ma femme Odette aura l'usufruit. À ma fille Amélie, une pension de deux millions de francs par an, montant actualisable selon le coût de la construction, destinée à subvenir à ses besoins. À Mme Farge, la gouvernante qui m'accompagne depuis 1923, une somme de six millions de francs. À mon fils Amédée : le moins possible, c'est-à-dire la réserve légale. Cet acte révoque tous les testaments faits antérieurement. Écrit en entier, daté, signé de ma main. »

Pierre est devenu blême. Amédée sourit, le visage d'Odette est inexpressif.

– Maître, vous pourriez répéter ? demande Pierre.

Tandis que le notaire relit lentement le testament en respectant chaque virgule, Pierre jette un coup d'œil vers Odette, qui esquisse un petit geste désolé des épaules.

– Ce n'est pas du tout ce dont m'avait parlé mon père, dit Pierre.

– Peut-être, cher monsieur, mais ce sont ses dernières volontés.

– Ces derniers temps, il n'avait plus toute sa tête !

– Je vous fais remarquer que ce testament a été rédigé il y a un an…

– Jamais il n'aurait écrit une chose pareille !

Long silence. Ariane fait les comptes, froidement. En fait, Odette hérite pratiquement de tout.

– Souhaitez-vous contester le testament ? s'enquiert Me Feigel en s'adressant à Pierre.

– Pas moi, en tout cas, déclare Amédée.

Pierre regarde sa femme, abasourdi.

– Je ne sais pas, maître, j'ai besoin de réfléchir.

Odette se tourne vers lui :

– Pierre, je suis vraiment désolée, mais c'est ce qu'il souhaitait. Tu pourras venir à Fontenay autant que tu le souhaiteras. Je te laisse l'orangerie, si tu veux. Pour l'argent, si tu en as besoin, je peux t'aider.

– Non, ce ne sera pas nécessaire... Viens, Ariane, on s'en va.

Il se lève, Odette le retient.

– Je vous attends ce soir pour le réveillon ? Mme Farge a tout préparé. Venez, Pierre, il faut que vous veniez, nous parlerons, j'insiste. Et Valentin aurait aimé que nous soyons réunis, avec les enfants.

Pierre hésite.

– Je ne sais pas. On verra, je te téléphonerai...

Tandis que Pierre et Ariane quittent la pièce, Amédée vient s'asseoir à côté d'Odette.

– Je vous laisse, dit le notaire. Prenez votre temps.

Amédée contemple Odette, songeur. Qu'est-ce que c'est que ce testament ? Pas du tout le genre du vieux.

– Je te dépose quelque part ? demande-t-il en posant une main sur son épaule.

Elle se dégage violemment.

– Ne me touche pas ! Et puis oui, dépose-moi à la gare de Sceaux.

*

Dans la rue de Rivoli, la circulation est inexistante. Paris est blanc, vierge, immaculé. La DS d'Amédée est garée devant l'étude.

– David Bronstein, dit-il en ouvrant la portière, c'est vraiment incroyable. Qu'est-ce qui s'est passé, Odette ? Je croyais qu'ils étaient tous morts là-bas…

– Espèce de salaud !

– Odette, je te le jure, ce n'est pas moi !

– Et ne mens pas, en plus !

Amédée met le contact, la voiture se relève comme un chat en colère, afin de mieux affronter la neige.

– Oléopneumatique, dit-il. Ça aide.

– Tais-toi !

La Citroën noire s'engage prudemment sur l'avenue Victoria, se dirige vers le Palais de Justice. Amédée a réglé la température, la buée s'estompe peu à peu sur le pare-brise.

– Je ne suis pas blanc, c'est vrai, mais je ne suis pas noir non plus. Essaie de comprendre, Odette. J'étais un jeune con, à l'époque. Embringué avec une bande de voyous. Un jour, c'est vrai, on a parlé tableaux, j'ai mentionné que le voisin de mon frère, à l'étage au-dessous, était collectionneur, qu'il aimait Picasso. Et j'ai fait une connerie : au lieu de dire Bronville, leur nouveau nom, j'ai dit Bronstein. Personne n'a relevé. Mais trois jours plus tard ils étaient arrêtés. Sans que je sois au courant.

– Petit fumier ! Tu les as dénoncés, c'est toi. Et le déménagement ? Les meubles ? Les tableaux ? C'est toi aussi ?

– Non, ce n'est pas moi. Partis en Allemagne, probablement. Tu sais, Odette, nous portons tous le poids de nos péchés. Toi comme moi.

Odette se raidit.

– Qu'est-ce que tu insinues ?

– Le testament. Ne me dis pas que c'était vraiment Valentin…

– Comment oses-tu ?

– Mais je m'en fous, chérie ! Ce fric ne m'intéresse pas, j'en ai à ne savoir qu'en faire. Quant à la famille, pour ce qu'il en reste, je suis rayé de la carte. Mais toi ? Pour une petite actrice à cent sous la minute, la Miss Roubaix du pauvre, c'est la consécration. Le portefeuille d'actions, je fais confiance au vieux, c'est le très gros paquet, surtout après l'indemnisation de l'usine de Bagneux. J'imagine qu'il existe quelques napoléons dans des bas de laine. La Croix-Valmer, n'en parlons pas, c'est une mine d'or à retardement. Toute la fortune Ormen qui passe chez les Russier, ça, c'est rigolo. Chapeau, l'artiste, joli tour de passe-passe !

– Tu ne sais pas ce que tu dis ! Valentin a rédigé ce testament de sa main !

– Peut-être, ma chère. Ou peut-être pas. Rien n'est noir, rien n'est blanc. Et je te le répète : je m'en fous royalement ! Je suis déjà riche à millions. Ce n'est pas moi qui te ferai des ennuis.

Amédée remonte le boulevard Saint-Michel, stoppe devant l'arrêt du 38 face à la gare du Luxembourg.

– Terminus, tout le monde descend l'escalier de la vie, jusqu'à la cave, jusqu'aux bas-fonds, jusqu'à l'innommable. Ma petite Odette, si tu savais... L'argent n'a jamais fait le bonheur. L'amour non plus, d'ailleurs. La différence entre nous, c'est que je suis un salaud par prédéterminisme. C'était écrit depuis mon enfance, depuis ce jour où vous m'avez envoyé en pension, chez les frères cajoleurs. Toi, ce n'est pas pareil. Tu t'es faite toute seule. Une petite salope qui baise sans vergogne ceux qui l'ont accueillie quand elle battait la purée. Tu me débectes. Barre-toi, roulure !

Odette, blême, lève la main pour le gifler. Il la nargue du regard, ironique, mains sur le volant, sans se protéger le visage. Elle sort de la voiture, traverse le boulevard, disparaît dans la gare sans se retourner. Amédée ricane : bienvenue en enfer, mes petits chéris, nous sommes de la même famille. Déchirez-vous, faites joujou. Question héritage, moi, j'ai déjà mon compte.

*

– On y va, papa ?

– Je ne sais pas, chérie, tu as vraiment envie d'y aller ?

Delphine sourit. Bien sûr qu'elle a envie. Olivier sera là, elle ne l'a pas vu depuis trois semaines.

– Et les jumeaux ?

– Ils sont partis à leur soirée.

– Mais la mort de grand-père, ça ne te gêne pas ? Retourner là-bas ?

– Il était très malade, papa. Je suis triste pour toi, pas pour lui.

– Bien sûr, répond Pierre.

– Je vais m'habiller.

Et moi, songe-t-il, où est ma peine ? Je dois avoir le chagrin à effet retard, la vague noire n'a pas encore atteint mes rivages. Ou bien je suis un monstre d'indifférence. Il allume une Balto, attentif à revivre les derniers instants auprès de son père. Ses paroles, ses gestes. « Et toi, papa, tu aurais voté quoi ? » C'est la dernière question qu'il lui a posée et il en est inconsolable. « Et toi, papa, sais-tu que je t'aime ? » « Et toi, papa, sais-tu que tu m'as offert tous les instruments du bonheur ? » Voilà ce qu'il aurait dû dire. Mais non, il lui a demandé pour qui il aurait voté.

Pieds nus, cigarette entre les lèvres, Pierre contemple la moquette verte posée il y a quinze jours sous la supervision d'Ariane, une moquette bien dense, poil dru, dans le salon et dans les chambres. La cendre tombe sur le sol, il l'étale du pied en cherchant du regard un cendrier. Où sont passées les vieilles tomettes rouges si fraîches en été, l'odeur de la cire, les rouspétances d'Odile ?

Revoir Amédée a été un choc plus violent qu'il ne l'aurait imaginé. Son élégance, sa distance, sa suffisance teintée d'ironie. Devant ce visage familier mais désormais étranger, le passé a rejailli comme une paire de claques : Amélie, les Bronstein. Comment est-ce, là-haut ? Pardonne-t-on vraiment ? Les turpitudes éclatent-elles dans l'azur accompagnées par le son des trompettes ? Il imagine son père couché sur un nuage, assistant du haut des cieux à la lecture du testament, observant la jubilation d'Amédée devant l'incroyable décision testamentaire le mettant, lui, Pierre, au même niveau que son frère.

Ariane entre dans le salon, traits tirés. Compte tenu des circonstances, elle a choisi pour la soirée une robe très simple, un modèle gris anthracite de la ligne Trapèze d'Yves Saint Laurent doté d'un petit col Claudine. Pierre fume en silence. Sacré Valentin. Mourir le jour de sa naissance, toujours cette manie de faire les choses au carré. Les images se bousculent, la villa Godin, les parties de cache-cache avec Amélie, les vacances à Saint-Jean-de-Monts, sa façon de conduire au milieu de la route avec la Chenard, l'œil pas poli, le vin d'Anjou. Et ce sapin qui brûle au milieu de la nuit.

– J'y vais pas, déclare-t-il.

– Il faut, proteste Ariane.

– C'est trop dur.

– Je sais. Mais il faut y aller. Odette a raison : Valentin l'aurait souhaité. Et elle te l'a dit : il faut que nous parlions.

Pierre, à contrecœur, hoche vaguement la tête. Parler de quoi ?

– Tu as informé les enfants, pour le testament ? demande-t-il.

– Cela ne les regarde pas.

– Elle a tout, Ariane. Tu te rends compte ? C'est l'argent des enfants !

– C'est l'argent de Valentin, Pierre. Il en fait ce qu'il veut.

– Tu ne vas pas me dire que tu crois à cette histoire ? Que mon père m'a pratiquement déshérité ?

– Je ne sais pas, chéri. Je n'ai pas encore tout à fait réalisé. Il est possible que ce soit un faux ou que ton père ait écrit sous la dictée dans un moment d'égarement, mais ce sera très difficile à prouver. Tu as l'intention de le contester ? Tu veux les actions, les terrains de La Croix-Valmer ? Tu penses que cela nous rendra plus heureux ?

– Tu as idée de ce que ça représente ? La Croix-Valmer, je ne sais pas, c'est un placement à long terme. Mais pour le reste, avec sa fortune acquise et l'indemnisation de Bagneux, cela représente plus d'un milliard de francs ! Sans compter les biens éventuels que je ne connais pas, l'or, par exemple, mon père aimait bien l'or. Je ne pense pas à nous, je pense aux enfants.

– Nous ne sommes pas pauvres. Et ils auront Fontenay un jour, la maison de ton enfance, c'est le plus important.

Pierre écrase rageusement son mégot sur le marbre de la cheminée.

– D'accord, dit-il, on va y aller. Et je vais l'étrangler. Je vais tous les étrangler, elle, David, Amédée !

– Oui, chéri, bonne idée. N'oublie pas Mme Farge et Olivier.

Pierre hausse un sourcil.

– Pourquoi diable étranglerais-je Olivier ?

– Si c'est un faux, il héritera indûment de la fortune Ormen. C'est assez amusant, finalement...

– Si c'est un faux, répète Pierre en se calmant, c'est assez bien pensé. Le pécule de Mme Farge pour l'empêcher de cancaner, la quote-part minimale pour Amédée, la pension d'Amélie, c'est du grand art. C'est cela dont voulait me parler Mme Farge, lorsqu'elle évoquait des « manigances ». Je n'ai rien vu, rien compris...

– On va être en retard, s'impatiente Ariane.

– En retard pour quoi ? Pour se souhaiter une bonne année ? Elle risque d'être animée, cette nouvelle année...

– Pierre, il faut y aller. Tu le dis toi-même : tout est dans les comptes. Alors, réglons les comptes avec Odette et prends une décision pour le testament.

– Je ne peux pas décider. J'en suis incapable. Si c'est un faux, cela signifie que je n'ai pas su protéger mon père des manigances de sa femme. Si ce n'est pas un faux, cela veut dire que je n'ai pas su l'aimer comme il le fallait.

Ariane réfléchit.

– Parle avec Odette, déclare-t-elle au bout d'un moment. Tente de te forger une intime conviction. On verra après.

Pierre acquiesce mollement. Delphine entre dans le salon, emmitouflée jusqu'au cou.

– Alors, lance-t-elle, c'est pour aujourd'hui ou pour demain ?

– Avec ce qu'il tombe, répond Pierre, je ne sais pas trop. On risque d'arriver après minuit !

– Raison de plus, dit Delphine. On y va, les p'tits gars.

Pierre et Ariane échangent un regard amusé. La petite s'est maquillée, une vraie pin-up. Il va falloir, songe Ariane, mettre un bémol à cette histoire. Delphine suit un peu trop les traces de Marie. L'émancipation des femmes est une bonne chose, mais pas à n'importe quel âge ! Elle en parlera à Olivier. Fermement.

*

Ce sentiment de ne plus être chez soi. De devoir frapper à la porte comme un étranger. Tu viendras quand tu veux, avait-elle dit gentiment – ou narquoisement – chez Me Feigel.

Pierre gare la voiture dans la rue des Roses, pose une pierre sous la roue avant gauche. Il consulte sa montre : 21 h 50. Pourront-ils repartir ? La rue est en pente, la neige s'accumule, il a failli renoncer en traversant Bagneux à dix kilomètres-heure. Ignorant la sonnette, il pousse le lourd portail, cherche la main d'Ariane. Les trois étages de la villa sont illuminés, gros bateau dans la nuit, vide et majestueux. Sous un parapluie, Mme Farge est en larmes sur le perron, elle n'a pas dû arrêter depuis la mort de Valentin, c'est fou ce que ces paysannes possèdent de réserves lacrymales. La vieille femme se jette dans ses bras en reniflant.

– Monsieur Pierre ! Madame Ariane ! Entrez, entrez, vous allez attraper la mort…

Elle se reprend, paniquée.

– Je suis désolée, je voulais dire froid, vous allez attraper froid…

– Mais bien sûr, Madame Farge…

Odette et Olivier les attendent dans l'entrée. Par la porte de la salle à manger, on aperçoit le couvert dressé.

– Je ne vous attendais plus, dit Odette en les aidant à enlever leurs manteaux.

– La neige, soupire Ariane.

– Venez, installez-vous.

Pierre pénètre dans le salon, fronce les sourcils : la télévision a disparu.

– Odette, dit-il, si tu as un moment, avant le dîner, j'aimerais te parler seul à seul.

– Mais bien sûr, Pierre, allons dans le bureau. Olivier va s'occuper des boissons. N'est-ce pas, Olivier ?

*

Rien n'a bougé. Ni l'énorme globe terrestre enchâssé dans son armature en acajou, ni la statuette aux seins nus posée près du sous-main en cuir. Odette a l'élégance de ne pas s'asseoir derrière le bureau, elle dispose deux fauteuils près de la cheminée.

– Je suis heureuse que vous soyez venus, dit-elle. Je t'en remercie. J'imagine que ce n'était pas facile.

– Odette, s'il te plaît, ne prononce pas le mot merci. Tu n'as personne à remercier, sauf toi-même.

– Comme tu voudras. Tu souhaitais que nous parlions, alors parlons.

– Offre-moi un whisky, s'il te plaît.

– Tu connais le chemin !

Pierre se lève, ouvre le bar dissimulé dans un pan de la fausse bibliothèque, retourne s'asseoir. Il contemple la couleur du liquide, le fait tourner lentement dans son verre.

– C'est un faux, assène-t-il. Je ne sais pas comment tu as procédé, mais mon père n'a jamais rédigé ce testament.

– Je regrette, Pierre, mais tu te trompes. Ce sont les volontés de Valentin.

– Ridicule.

– Mais non. Tu devrais le comprendre. Qui s'est occupé de lui ces dernières années ? Qui l'a nourri, choyé, qui lui a lu le journal, qui est resté des heures la nuit près de son lit ? Ce n'est pas toi. Depuis des années, tu venais un samedi sur deux, bonjour bonsoir, vous ne parliez de rien, tu étais là mais tu étais absent, c'est lui qui me l'a dit.

– C'est faux, rétorque Pierre. Tout est faux.

– C'est la vérité, mais tu ne veux pas l'admettre. Vous ne l'avez pas assez aimé, tous autant que vous êtes. C'est moi qui l'aimais. C'est moi qu'il aimait.

– J'irai voir David, pour comprendre ce qui s'est passé. Je demanderai une analyse graphologique.

– David n'a rien à voir avec ça. Laisse-le tranquille !

– Pourquoi as-tu fait cela, Odette ? Qu'est-ce qu'on t'a fait, pour que tu foutes en l'air toute la famille ?

Odette le toise.

– Nous ne sommes pas dans un de tes livres, Pierre. Nous sommes dans la vraie vie, avec des vérités toutes simples. Il a voulu me protéger.

– Nous t'avons accueillie, acceptée, respectée. Tu faisais partie de la famille...

– Vraiment ? Tu crois ça ? Mais mon pauvre ami, écoute-toi ! Nous t'avons accueillie ! Pourquoi pas recueillie, pendant que tu y es, comme une pauvresse sortant du ruisseau ! J'étais actrice, ne l'oublie pas ! Je ne demandais pas l'aumône.

– Ce que je n'oublie pas, c'est que tu l'as rejeté pendant des années. Que tu faisais chambre à part, que tu lui refusais ton lit. C'est cela, aimer ?

– C'était avant la guerre. Nous nous sommes retrouvés, après.

– Tu le trompais avec le père de David, un David que tu as aidé pendant la guerre, un David qui ne peut rien te refuser.

Odette se fige.

– Tu insinues que nous aurions trafiqué le testament, tous les deux ?

– Je m'interroge.

– Eh bien, continue à t'interroger. Sur tes rapports avec ton père. Sur le rôle d'Amédée dans la déportation des Bronstein. Sur l'origine de Delphine.

Le visage de Pierre se décompose.

– Qu'est-ce que tu veux dire ?

– Tout le monde le sait ! C'est ta fille, ton portrait tout craché ! Je ne sais pas où est la mère, je ne sais pas qui c'est, mais tu peux remercier ta femme d'avoir accepté une chose pareille !

– Mais tu es folle !

– Des folles, j'en connais d'autres ! Amélie, Marie ! Je suis vraiment entrée dans une famille de dingues ! Et dire que je voulais qu'Olivier porte votre nom !

Pierre, sidéré, contemple les tics qui parcourent son visage. Un vrai bloc de haine.

– Pour Delphine, déclare-t-il calmement, tu te trompes mais cela n'a pas d'importance. Pour l'adoption d'Olivier, tu sais parfaitement que mon père ne le souhaitait pas.

– Non, sois honnête. Il l'a envisagé. C'est toi qui as refusé, tu as mis ton veto du haut de tes seize ans !

Pierre se remémore les discussions avec Valentin. Elle a raison. Mais ce n'est pas une raison.

– C'est donc ça, dit-il lentement en la regardant droit dans les yeux. Une simple histoire d'état civil. Tu as passé toutes ces années à attendre patiemment le jour de la revanche, celle des Russier sur les Ormen... Je n'en reviens pas.

Odette s'est levée, comme si elle souhaitait le congédier. Pierre esquisse un mouvement pour l'imiter.

– Reste assis, on n'a pas fini ! Si Valentin nous écoute, il doit être totalement effondré. Ce testament est valide. Il n'y a pas de vengeance, pas de ressentiment, simplement la tristesse d'avoir perdu, toi un père, moi un mari. Alors, de deux choses l'une : ou tu contestes le testament, et, crois-moi, nous nous préparons des jours difficiles ; ou bien nous en restons là, nous discutons calmement de ce que je peux faire pour toi, te laisser Fontenay, par exemple, et on tire un trait sur cette histoire.

– Odette ?

– Oui.

– Jure-moi sur la tête de ton fils et de ton petit-fils que ce testament n'est pas trafiqué…

– Jurer ? Pourquoi pas cracher par terre, pendant que tu y es ? Si tu ne veux pas comprendre les raisons de tout cela, je vais te le dire, Pierre, et cela ne va pas te faire plaisir : ton père ne t'a jamais pardonné d'avoir refusé de reprendre l'usine. Il a vécu avec le sentiment que tu le méprisais, que tu méprisais une fortune mal acquise avec des armes de guerre. En refusant de reprendre l'usine, tu l'as puni au-delà de ce que tu imagines. Il t'aimait, bien sûr, mais il n'a pas pardonné. Tu n'as pas voulu l'usine, il ne te l'a pas donnée. La voilà, la vérité. Maintenant, si tu veux aller au procès, allons-y. Et en attendant, allons dîner !

*

Ariane interroge Pierre du regard. Il hausse légèrement les épaules, détourne les yeux. Ébranlé par le discours d'Odette, il s'interroge à nouveau sur la réalité du testament. Comment imaginer que son père ait voulu le déshériter ? Et pourtant. Si c'était vrai ? La petite phrase résonne, il s'en souvient très bien : « Pourquoi me punis-tu, fils ? Cette usine, c'est notre vie, notre sang… »

– C'est tout simple, vous savez, dit Odette. Des huîtres, du foie gras, un rôti, un dessert. Et j'ai sorti un Cheval Blanc, nous resterons au rouge si vous le voulez bien.

L'aisance d'Odette, son enjouement : Pierre est sidéré. Comme s'il ne s'était rien passé. Comme si on allait ouvrir les cadeaux et se lancer des confettis, juste après minuit. Cette femme est un reptile, un animal à sang froid, comme Amédée. Olivier, d'habitude si prolixe, semble songeur. Il contemple sa mère avec curiosité sans dire un mot. Est-il au courant pour le testament ? Se pose-t-il des questions ? Est-il gêné ? C'est possible, songe Pierre. Les rapports entre la mère et le fils ne sont pas des plus simples.

– C'est parfait, réplique-t-il, merci. Nous partirons après le dîner, juste après minuit, je ne voudrais pas être bloqué par la neige.

Dans son joli twin-set gris perle qui fait pointer sa poitrine, Delphine examine les huîtres avec circonspection : c'est verdâtre, ça sent une drôle d'odeur, et il paraît que c'est vivant. Son estomac se noue : c'est vraiment répugnant.

– Alors, Olivier, demande Ariane, comment va L'Heure Bleue ?

– Bien. J'ai agrandi la salle et pris un associé.

– De nouveaux talents ?

– J'ai engagé un type, c'est assez curieux. Il chante comme Boris Vian, des textes intéressants, très modernes, mais il n'a pas de voix. J'ai dû lui mettre un micro. Je crois que c'est un bon, mais il n'a pas le moindre succès. Hier, j'ai vu quelqu'un lire le journal pendant son tour de chant.

– Il est laid, dit Delphine, vous ne pouvez pas imaginer ! Des oreilles comme des choux-fleurs ! Mais il a une chanson sur les poinçonneurs de métro, c'est vraiment génial…

– Et comment tu sais ça, toi ? demande Pierre.

Delphine rougit.

– J'ai assisté à une répétition. Un après-midi. J'ai même fait des croquis.

Croquis, croquis, pense Pierre en contemplant sa fille avec inquiétude. Il ne faudrait pas te faire croquer, ma jolie chérie. Seize ans et demi, même si tu parais plus ! Quel âge avait Amélie lors de son… accident, tout à côté, là, dans l'orangerie ? À peine dix-neuf ans. Et Marie ? Dix-sept ans !

– Il paraît que tu as lâché le lycée, dit Odette en adressant un sourire à Delphine.

– Bien forcé, réplique Pierre. Ce ne sont pas des classes mixtes. Il y a option musique, mais pas option garçons.

– Pierre !

– Excuse-moi, chérie. Ce que je voulais dire, c'est que notre Delphine veut préparer les Beaux-Arts ou les Arts déco.

– Peinture ? demande Odette.

– Architecture, répond Delphine.

– C'est bien, dit Odette. C'est un métier utile. Moi, je n'ai pas eu la chance de faire des études.

– Mais tu as su surmonter ce handicap, glisse Pierre. Les études ne sont pas toujours indispensables pour réussir dans la vie.

– Pierre ! s'écrie Ariane.

– Regardez mon père : même pas son certificat d'études ! Cela ne l'a pas empêché d'amasser une grosse fortune. À la sueur de son front, évidemment.

– Pierre, s'il te plaît...

– D'accord, je me tais.

– Moi non plus, dit Olivier, je n'ai pas fait d'études.

– Tu le regrettes ? demande Ariane.

– Pas du tout. Je n'aimais que le théâtre et c'est ce que j'ai fait.

– Voilà, approuve Odette. L'important, c'est de faire ce dont on a envie.

– Absolument, dit Pierre.

– Absolument, répète Olivier.

Mme Farge s'approche, un grand saladier à la main. Elle ne pleure plus. Elle fait le tour de la table, dépose les coquilles d'huître dans le saladier. La petite n'a rien mangé.

– J'apporte le rôti, Madame Odette ?

– S'il vous plaît, Madame Farge.

Pierre la regarde repartir en trottinant vers le hall. Sa seconde maman. Si elle décide de repartir en Savoie, dans son village, il se promet de ne pas l'oublier, de lui écrire, de passer la voir s'il le peut. Quant aux « manigances », elle ne dira rien, il le sait. Pour ce qui le concerne, il ne lui en parlera pas non plus, pour ne pas la mettre mal à l'aise.

– Et les jumeaux, demande Odette, toujours aussi brillants ?

Ariane ne peut s'empêcher de sourire. Il ne manque plus que Marie et le tour d'horizon sera complet. De quoi pourra-t-on parler ensuite en attendant minuit ? De la neige ? Du nouveau pape ? Du *Scoubidou* de Sacha Distel ? Du hula hoop ? De ce Drugstore aux Champs-Élysées ?

– Toujours, répond-elle. Julien finit Sciences Po, il envisage l'ENA. François est à HEC, boulevard Malesherbes.

– Près de l'ancienne étude d'Isaac, murmure Odette.

– C'est vrai, persifle Pierre, tu connais le quartier.

– Je suis un peu inquiète, poursuit vivement Ariane. Je n'aimerais pas qu'ils aient fini leurs études trop tôt, pas avant la fin de cette sale guerre. Vingt-sept mois de service, vous vous rendez compte ?

– On va les mater, déclare Odette. De Gaulle a de la poigne.

Pierre la regarde, songeur. Comment peut-on encore croire à une Algérie française ? Malraux le lui a dit la semaine précédente, le Général sait que les carottes sont cuites. Il lui aurait confié : « Ceux qui prônent l'intégration ont une cervelle de colibri. » Odette a-t-elle une cervelle de colibri ? Certainement pas. Son affaire semble redoutablement ficelée.

Olivier, tête baissée, roule depuis cinq minutes de petites boulettes de pain entre deux doigts. D'une pichenette, il en envoie une vers sa mère. La boulette frappe un verre, atterrit dans une assiette.

– Tu as quelque chose à me dire, Olivier ?

Olivier relève la tête.

– Oui. Je me demandais ce que tu allais faire de tout ce fric.

Tous les regards convergent vers lui. Sous la table, Delphine saisit sa main, la serre fortement : mais de quoi parle-t-il ? À en croire le silence qui règne dans la pièce, ce doit être important.

– Sors de cette pièce, jette Odette d'une voix blanche. Immédiatement.

Olivier pose sa serviette, repousse sa chaise. Elle a raison. De quoi se mêle-t-il ? Pourquoi a-t-il dit cela ? Et cette main, sous la table, cette petite main Ormen si douce au toucher, que veut-elle lui dire ? Qu'elle est avec lui ? La fille de Pierre est amoureuse, c'est touchant. Et c'est un peu troublant. Ce n'est pas encore une femme, mais ce n'est plus une petite fille.

– Je vais voir la voiture, déclare-t-il. Voir si on peut repartir.

– Je vais avec toi, dit Delphine en se levant précipitamment.

Odette ramasse la boulette de pain, la contemple fixement, l'écrase entre deux doigts. Ariane et Pierre attendent.

– Il ne m'aime pas, murmure Odette. Il ne m'a jamais aimée.

Pierre admire la repartie. Se défendre en attaquant, ça aussi c'est du grand art. Cette femme est une traînée, mais il ne peut s'empêcher de l'admirer.

– Peut-être, dit-il, mais il a soulevé une bonne question. Qu'espères-tu faire de tout cet argent ?

Odette s'est ressaisie. Elle met de l'ordre dans des cheveux qui n'en ont nullement besoin, esquisse un sourire interrogatif.

– Est-ce à dire, cher Pierre, que je peux en disposer ?

Pierre tend la main vers la bouteille de Cheval blanc, verse le vin méticuleusement, vide le verre d'un trait. Il ferme les yeux, songe à son père. Il l'imagine allongé sur son petit nuage blanc, enlevant son œil de verre, crachant dessus, l'essuyant soigneusement avant de le remettre en place.

– Bonjour, papa. Excuse-moi d'être brutal, mais est-ce toi qui as rédigé ce testament ?

– Bien sûr que non ! C'est pas mal imité, mais ce n'est pas moi.

– La salope !

– Mais non, Pierre ! Ce n'est pas pour l'excuser, mais il faut la comprendre. Chez elle, c'est maladif, elle a peur de manquer. Et puis, c'est vrai, ce n'était pas sympa pour le petit Olivier. Tu aurais pu accepter qu'on l'adopte, il s'appellerait Ormen, on n'en serait pas là...

– Mais qu'est-ce que je fais, papa ?

– Démerde-toi, fiston, ce n'est plus mon argent, tu fais ce que tu veux. Et puis je vais te dire, c'est plutôt rigolo, cette histoire d'héritage, on n'a pas beaucoup de distractions, ici.

– Tu t'ennuies ?

– Pas du tout. J'ai retrouvé Jean-Noël. Et Isaac.

– Tu sais tout, alors...

– Évidemment. Je sais pour Amédée, je sais pour Amélie, je sais pour Delphine, je sais pour les Bronstein, c'est comme ça ici, on sait tout sur tout.

– Tu m'en veux, pour les Bronstein ? Tu penses que c'est ma faute ?

– Mais non, Pierre. Cesse de te torturer. Tu es un type très bien, pour moi, en tout cas. Promets-moi d'y penser et d'oublier tout cela.

Pierre contemple le plafond pendant un long moment. Il faudrait repeindre, comme à Vaugirard.

– J'y penserai, papa, je te le promets.

– C'est bien, mon fils, appelle-moi quand tu veux.

Ariane a posé sa main sur la sienne. Douce et fraîche.

– Eh bien, Pierre, tu rêves ? murmure-t-elle.

– Qu'as-tu décidé ? demande Odette.

Pierre ouvre les yeux. Oui, il rêvait.

– J'ai pris ma décision, dit-il posément en fixant Ariane. Ce testament n'est pas valable, j'en ai la conviction. Je le conteste donc. Calmement mais fermement.

Le regard d'Odette s'électrise d'une fureur rapidement maîtrisée.

– Surtout, que cela ne nous empêche pas de nous embrasser pour la nouvelle année, ajoute Pierre en souriant.

– Et nous, s'écrie Delphine en poussant la porte et en secouant son manteau, on peut participer ?

Ses cheveux sont recouverts de neige, ses joues sont rouges de plaisir. Olivier, tout aussi enneigé, fait le tour de la table et va embrasser sa mère du bout des lèvres.

– C'est cuit, dit-il à Pierre. Impossible de repartir. Il va falloir coucher là et déblayer demain matin.

Odette fixe Pierre avec étonnement. Mal vu, elle s'en veut. Jamais elle n'aurait pensé qu'il puisse avoir le courage de contester, qu'il puisse envisager des années de procédure, d'expertises contradictoires, de déchirements familiaux.

– Mais ce n'est pas un problème, déclare-t-elle sèchement. Mme Farge va préparer les chambres.

– J'apporte le dessert, Madame Odette ?

Mme Farge a ouvert la porte à double battant, elle pousse une table roulante sur laquelle commence à fondre une bûche glacée. Elle secoue la tête avec commisération. Tout son beau dîner saccagé !

– Oui, répond Odette, approchez le dessert. Le champagne également. Et vous resterez pour trinquer avec nous.

– Très bien, Madame.

Odette ferme les yeux. Pour la première fois, Mme Farge l'a appelée « Madame ». Elle s'était juré qu'elle ne finirait pas comme ses parents. Qu'elle porterait un jour une bague à chaque doigt. Qu'on lui dirait « Madame ». C'était il y a quarante ans et c'est arrivé. Mais le plus dur reste à venir. Pierre Ormen, contre toute attente, a décidé de se battre. Elle le fera plier, par tous les moyens. Elle lève sa coupe, les yeux étincelants. David l'aidera, David lui doit bien ça.

*

– Tu vas bien ?

– Je t'aime.

– Moi aussi, je t'aime. Tu vas voir, on va la pulvériser.

– J'ai des choses à te dire, Ariane.

– Demain, mon chéri, on dort.

– Non, tout de suite. Sais-tu qu'il existe sur le Niger une île qui ne figure sur aucune carte ?

– J'ai sommeil.

– Il s'agit de Badjibo, une petite enclave française en Nigeria britannique, entre Bussa et Djebba. Depuis 1904, cet État grand comme quatre terrains de football n'est peuplé que d'un seul habitant, un brigadier veillant sur une tombe…

– Et alors ? demande Ariane en se collant contre lui.

– Je possède moi aussi une île secrète où je veille sur des tombes. Tu te souviens de la soirée précédant la rafle du Vél' d'Hiv'… ?

Ariane ne répond pas, Pierre se penche vers elle :

– Tu m'écoutes ? C'est important.

– Je t'écoute, Pierre. Mais je n'ai pas besoin de savoir. Quoi que tu aies fait, je t'absous. Et quoi que tu fasses, je serai avec toi, nous serons toujours deux à monter la garde entre Bussa et Djebba.

– Mais c'est important !

– Plus tard, Pierre, plus tard. Et je crois savoir ce que tu veux me dire. Tout va bien. Dors, mon chéri.

*

Un petit pas de souris dans le corridor. Léger comme les bulles de son premier verre de champagne. Qui l'entendrait ? Elle avance à tâtons en se répétant je suis folle, je suis folle mais je l'aime. Et il m'aime aussi, sinon, il ne m'aurait pas serrée aussi fort dans ses bras sous cette neige de théâtre qui tombait sur nous comme des confettis blancs. J'ouvrirai la porte silencieusement. La couverture, le drap. Je me glisserai contre lui pour me réchauffer, je poserai ma tête contre son épaule, je respirerai l'odeur vanille de ses cheveux. Il dira mais tu es folle. Je dirai oui.

C'est au bout du couloir, à gauche, la petite chambre sous les toits. Il paraît que faire l'amour, c'est comme monter au ciel, c'est comme exploser parmi les étoiles. Il sera prudent, il doit savoir.

Tourner à gauche, faire attention à la marche, avancer invisible dans la nuit vers le grand jour de ma vie. Personne ne peut me voir. Sauf grand-père, évidemment, mais il comprendra. Là-haut on comprend tout puisque tout est amour.

La porte, la refermer, ça respire quelque part. Elle s'avance, heurte un obstacle, s'immobilise.

– Olivier, murmure-t-elle.

Ça respire et ça bouge. C'est un lit, c'est sûr. Ça se redresse contre le mur, l'éternité défile avant qu'une main ne se tende enfin vers elle. Et c'est sa voix.

– Viens…

Du même auteur

Mortelles Voyelles
Roman policier, Parigramme, 2010

Mouloudji
Biographie, L'Archipel, 2009

Nuages
Roman, L'Harmattan, 2009

Le Cabaret « rive gauche » :
de la Rose rouge au Bateau ivre, 1946-1974
L'Archipel, 2006

1 franc ou l'étonnante destinée
de six grammes de nickel
Chronique romanesque, avec Thomas Schlesser,
L'Harmattan, 2001

Trois bulles d'éternité
Roman, Presses de la Renaissance, 1991

Nomade's land
Poésie, Caractères, 1991

La Natchave
Roman, Denoël, 1970

COMPOSITION : PARIGRAMME
RELECTURE-CORRECTION : IRÈNE COLAS

ACHEVÉ D'IMPRIMER EN FRANCE EN MARS 2011
PAR CPI BUSSIERE, À SAINT-AMAND-MONTROND (CHER)

DÉPÔT LÉGAL : AVRIL 2011.
N° D'IMPRESSION : 110840/1.